Tim und Beverly LaHaye
WIE SCHÖN IST ES MIT DIR

Tim und Beverly LaHaye

WIE SCHÖN IST ES MIT DIR
Das Intimleben in der Ehe

VERLAG SCHULTE + GERTH ASSLAR

Die Originalausgabe erschien unter dem Titel „The Act of Marriage"
im Verlag Zondervan Publishing House, Grand Rapids, Michigan
© 1976 by The Zondervan Corporation
© der deutschen Auflage 1979 Verlag Schulte + Gerth, Aßlar
Übertragen aus dem Amerikanischen von Gerhard Ströhla

Best.-Nr. 15 509
ISBN 3-87739-509-0
1. Taschenbuchauflage 1982
2. Taschenbuchauflage März 1983
3. Taschenbuchauflage Oktober 1983
4. Taschenbuchauflage 1984
Umschlaggestaltung: Gisela Scheer
Druck und Verarbeitung: Elsnerdruck, Berlin
Printed in Germany

INHALT

VORWORT

„Wir sollten uns nicht schämen, die Dinge beim Namen zu nennen, die Gott sich nicht geschämt hat, zu erschaffen", schrieb Bischof Clemens von Alexandrien ca. 200 Jahre nach Christi Geburt.

Wer als Christ dieses Buch in die Hand nimmt, sollte sich von diesem Motto leiten lassen. Völlig unverständlich haben in der Vergangenheit Kirchen, Bischöfe, Pfarrer und gläubige Christen Zeugung und Geschlechtsverkehr, Liebe und Zärtlichkeit tabuisiert. Gottes Geschenk an die Menschen wurde versteckt, ignoriert und diffamiert. Die Verfasser zeigen, daß das Sexuelle nichts Abgesondertes, Schmutziges und Minderwertiges ist. Es gehört zum Leben eines Christen dazu – wie das Gebet. Das Sexuelle sollte nicht an den Rand des christlichen Lebens gedrängt werden. Dankenswerterweise stellen die Autoren das „Herzen", die zärtliche und sexuelle Begegnung der Ehepartner, das nie im biblischen Denken ausgeklammert wird, heraus. Der Mut zur Offenheit ist ein Lobpreis des Schöpfers. Das „Ja" zur Sexualität ist ein „Ja" zum ganzen Menschen – nach Leib, Seele und Geist.

Die Verfasser ermutigen uns Christen, die Dinge beim Namen zu nennen, die uns im sexuellen Bereich Schwierigkeiten machen können. Hemmungen, Ängste und falsche Rücksichtnahme erschweren die eheliche und partnerschaftliche Beziehung. Prüderie und unangemessene Scham, die aus falschem biblischem Verständnis erwachsen, belasten die Eheleute. Das Glaubensleben erfährt Spannungen. Die Familie leidet unter den nicht bearbeiteten Problemen. Verschweigen, Um-den-Brei-Herumreden und Heuchelei sind eines Christen unwürdig. Wer das Sexuelle ein „heikles Problem" nennt, kritisiert den Schöpfer und bezichtigt ihn, „heikle Dinge" geschaffen zu haben.

Die Autoren – in Seelsorge und Eheberatung erfahren – greifen die häufigsten sexuellen Probleme auf. Offen und detailliert, aber nicht schamlos sezieren sie die Ursachen und lassen niemals die seelsorgerliche Komponente, die Beziehung zum lebendigen Gott, außer acht. Die Bibel ist ein offenes und ehrliches Buch. Und soll die Liebe der Eheleute harmonisch sein, verlangt die Partnerschaft, daß beide ehrlich über ihre sexuellen Gefühle und Wünsche sprechen. Der Weg in unbefriedigende sexuelle Beziehungen ist oft mit falschen Annahmen gepflastert. Ein negatives Selbstbild, falsche Schuldgefühle und verkehrte Erziehungsgrundsätze hemmen das eheliche Zusammenspiel. Die Autoren heben solche irrigen Vorstellungen ins Licht und verdeutlichen klare biblische Perspektiven; sie verschweigen auch nicht die neuesten wissenschaftlichen Ergebnisse der Sexualforschung in Amerika. Die auch bei uns bekannten Untersuchungen von Dr. William Masters und Virginia E. Johnson werden zitiert und in die praktischen Hilfen und seelsorgerlichen Überlegungen mit einbezogen.

Das Sexuelle ist Gottes Geschenk, es ist Gabe und Aufgabe für beide Eheleute. Beide tragen die Verantwortung für eine gelungene Partnerschaft. Alle Probleme – auch die sexuellen – sind *zwischen*menschliche Probleme, keine *binnen*seelische Probleme. Alle Störungen gehen beide an. Mann *und* Frau gehören dann in Seelsorge beziehungsweise Therapie.

Ehe ist Kooperation.

Ehe ist Geben und Nehmen,
Schenken und Beschenktwerden,
Lieben und Geliebtwerden,
Gelten und Geltenlassen,
Selbstliebe und Nächstenliebe.

Eine gelungene Ehe spiegelt den Kardinalsatz des Alten und

Neuen Testamentes wider: Liebe deinen Nächsten wie dich selbst. In vielen Beispielen verdeutlichen die Verfasser, daß Geben und Nehmen im Gleichgewicht sein müssen.
Für bewußte Christen ein hilfreiches Nachschlagewerk.
Ein mutiges Buch. Ich kann es meiner Tochter empfehlen.

Reinhold Ruthe

EINFÜHRUNG

Dieses Buch sollte nur von Ehepaaren und von Menschen gelesen werden, die heiraten wollen, oder von solchen, die Ehepaare beraten.

Es ist bewußt offen geschrieben. Ich habe lange erwogen, ob es ratsam ist, eine klare und ausführliche Beschreibung der intimen ehelichen Beziehungen zu wagen. Die meisten christlichen Bücher zu diesem Thema umgehen den wirklichen Sachverhalt und überlassen vieles der Fantasie. Doch das ist meistens nicht sehr hilfreich, so daß auch Christen nach weltlichen Sex- und Ehebüchern greifen. Aber in diesen Publikationen werden sexuelle Dinge oft in geschmackloser Weise ausgedrückt. Außerdem befürworten viele solcher Bücher manchmal Praktiken, die, an biblischen Maßstäben gemessen, ungehörig sind.

Ich schrieb dieses Buch zusammen mit meiner Frau Beverly, mit der ich seit 28 Jahren verheiratet bin. Neben dem Einfühlungsvermögen und Taktgefühl, das sie für diese Arbeit mitbrachte, waren mir ihre großen Erfahrungen in der Seelsorge sehr wertvoll, die sie durch ihren Dienst als Pastorenfrau, Referentin bei Seelsorgeseminaren und als Archivarin des Christian Heritage College gewonnen hat.

Wir haben beide genug Ehepaare beraten, um behaupten zu können, daß sich viele Eheleute nicht der Gaben erfreuen, die sie genießen dürfen, weil Gott sie ihnen gegeben hat. Bei anderen haben wir entdeckt, daß sie die intimen Beziehungen der ehelichen Liebe widerlich und unangenehm empfinden.

Im Lauf der Jahre entwickelten wir mehrere Lehrgrundsätze, die solchen Menschen innerhalb kurzer Zeit halfen. Die Nachfrage von seiten einiger Berater und Pastoren brachte uns zu der Überzeugung, daß diese Grundsätze Tausenden von Menschen helfen könnten, wenn sie in Buchform erscheinen würden.

Bevor wir Zeit hatten, das Projekt in Angriff zu nehmen, lud uns Dr. Robert K. DeVries, der leitende Vizepräsident des Zondervan-Verlages, zum Essen ein, um uns die Erstausgabe meines Buches: ,,Wie wird man mit Depressionen fertig?" zu überreichen. ,,Heute wäre ein Buch bitter nötig, das von einem christlichen Ehepaar verfaßt wird und Richtlinien für das Geschlechtsleben in der Ehe gibt", bemerkte er, ,,wir möchten Sie bitten, es für uns zu schreiben." Wir dankten ihm und versprachen, darüber zu beten.

Zuerst zögerte Bev, sich damit näher zu befassen, bis ihr der Herr ein besonderes Zeichen gab: Innerhalb der folgenden beiden Monate beriet sie mehr als zehn gefühlskalte Ehefrauen. Das Glücksgefühl, das diese Frauen bald nach der Beratung im Intimverkehr erlebten, überzeugte sie davon, daß Gott ihre aktive Beteiligung an der Aufgabe forderte.

Wir wissen: Gott will, daß sich beide Ehepartner an der körperlichen Liebe freuen sollen, und so begannen wir, aktuelle Literatur über das Thema zu lesen. Wir beteten um Gottes Führung, damit diese Arbeit biblisch sauber begründet und sehr praktisch werden möchte. Gott konfrontierte uns mit vielen Beispielen aus der Seelsorge und ließ uns hilfreiche Vorschläge von Pastoren, Ärzten und Freunden zukommen. Wir lernten auch Dr. Ed Wheat, einen praktischen Arzt, kennen, der eine ausgezeichnete Vortragsreihe zu diesem Thema verfaßt hat. Als wir ihn in unserem Seminar über Familienleben in Tulsa (Oklahoma) trafen, schenkte er uns einen vollständigen Satz seiner Tonbänder und gab uns die Erlaubnis, alles zu verwenden, was uns brauchbar erscheinen sollte. Diese Tonbänder sind das Beste, was wir je gehört haben. Dr. Wheat gibt darin Informationen, die wir in den über 50 Büchern nicht fanden, die wir zu diesem Thema durchgearbeitet hatten. Da die meisten Menschen, die *wir* beraten, Christen sind, schlossen wir aus dem Gelesenen, daß Christen im allgemeinen mehr Freude an geschlechtlichen Beziehungen erfahren müßten als Nichtchristen. Wir hatten jedoch keine Möglichkeit, unsere Annahme zu beweisen. Deshalb bereiteten wir eine vertrauliche Fragebogenaktion vor und fragten Ehepaare, die unsere Seminare über Familienleben besucht hatten. Beim Vergleich dieser Antworten mit solchen von Nichtchristen über Sex wurden unsere Annahmen bestätigt und andere interessante, wertvolle Tatsachen entdeckt. Ausschnitte aus unserer Umfrage finden sich in diesem Buch verstreut.

Während wir das letzte Kapitel dieses Buches schrieben, veröffentlichte die Zeitschrift REDBOOK eine Umfrage über sexuellen Genuß. Sie enthielt Aufschlüsse darüber, was 100 000 Frauen sexuell bevorzugen. Der wichtigste und zuerst aufgeführte Befund der REDBOOK-Umfrage war, daß sexuelle Befriedigung eindeutig mit Religiosität in Zusammenhang steht. Je stärker die religiöse Überzeugung einer Frau ist, um so wahrscheinlicher ist es, daß sie mit der Sexualität in der Ehe zufrieden ist.

Natürlich freuten wir uns, als wir entdeckten, daß die Umfrage von REDBOOK ganz ähnliche Resultate erbrachte wie unsere eigene. Aufgrund der Beweiskraft seiner Forschungen betont Robert J. Levin, der Autor des Buches „The Pleasure Bond" nachdrücklich, daß tief religiöse Frauen (über 25 J.) anscheinend sexuell ansprechbarer sind und mit größerer Wahrscheinlichkeit zum Orgasmus kommen als nicht religiöse Frauen. Dies zeigte uns, daß unsere Vermutung richtig ist.

Kein einziges von Menschen geschriebenes Buch wird je das letzte Wort zu einem Thema sagen können. Deshalb meinen wir nicht, daß dieses Handbuch über Liebe in der Ehe endgültig ist. Aber wir glauben, daß es viele wertvolle Informationen enthält, die für fast jedes Ehepaar hilfreich sein können.

Manche Aussagen dieses Buches findet man im allgemeinen nicht in derartigen Publikationen. Wir begleiten es auf seinem

Weg in die Öffentlichkeit mit unseren Gebeten. Gott möge es gebrauchen, um die eheliche Liebe derer zu bereichern, die es lesen.

Tim LaHaye
San Diego, Kalifornien

1

DIE HEILIGKEIT
DES GESCHLECHTSLEBENS

Der Liebesakt ist die innigste Beziehung zwischen Mann und Frau. Er kann deshalb nur in der Ehe wirklich beglückend erlebt werden. Gott schuf Mann und Frau für diese Beziehung.

Den Beweis dafür finden wir in Gottes erstem Gebot an die Menschen: *„Seid fruchtbar und mehret euch und füllet die Erde" (1. Mose 1, 28).* Dieser göttliche Auftrag wurde den Menschen gegeben, bevor die Sünde in die Welt kam und bevor der Mensch seinen Status der Unschuld verlor.

Dies schließt aber auch die natürliche Bereitschaft zur engsten Gemeinschaft ein. Obwohl uns jeder schriftliche Hinweis fehlt, haben wir Grund anzunehmen, daß Adam und Eva einander schon liebten, ehe sie die Sünde durch ihren Ungehorsam bejahten (1. Mose 2, 25).

Der Gedanke, Gott habe die Geschlechtsorgane zu unserer Freude geschaffen, ist für manche Leute fast eine Überraschung. Dr. Henry Brandt, ein christlicher Psychologe, ruft in Erinnerung: *„Gott schuf jeden Teil des menschlichen Körpers, er schuf nicht einige zum Guten und andere zum Bösen, sondern er schuf sie alle zum Guten, denn als er seine Schöpfung beendet hatte, sah er sie an und sprach: ,Und siehe, es war sehr gut!"' (1. Mose 1, 31)* Das geschah, bevor die Sünde die Vollkommenheit des Paradieses verdarb.

Während siebenundzwanzig Jahren Eheberatung haben wir immer wieder feststellen müssen, daß viele Ehepartner der irrigen Meinung sind, am ehelichen Liebesakt sei etwas falsch und schmutzig. Zugegeben, viele christliche Persönlichkeiten lehnten es in der Vergangenheit weithin ab, offen darüber zu sprechen. So bekam der Sexualbereich des Ehelebens etwas Anrüchiges. Wenn wir uns aber an Gottes Wort orientieren, dann merken wir, daß der Mensch die Pläne Gottes verdreht hat.

Um diese falschen Vorstellungen zu beseitigen, möchten wir erwähnen, daß alle drei Personen der heiligen Dreieinheit diese Beziehung bestätigen, wie sie die Bibel aufzeigt. Auf das „Ja" Gottes, des Vaters, in 1. Mose 1, 28, haben wir schon hingewiesen. Und Jesus Christus selbst wählte eine Hochzeit als Schauplatz für sein erstes Wunder. Die Theologen legen dies im allgemeinen als ein göttliches Zeichen der Bejahung der Ehe aus. Außerdem stellt Christus in Matthäus 19, 5 fest: *„Und die zwei werden ein Fleisch sein!"* Die Trauung selbst ist nicht das Geschehen, das ein Paar im heiligen Ehestand vor den Augen Gottes vereint. Sie gibt lediglich die Erlaubnis der Gesellschaft, sich zurückzuziehen und die Beziehung des „einen Fleisches" zu erfahren, die sie als Mann und Frau vereint.

Gott, der Heilige Geist, schweigt nicht zu diesem Thema. Er bekräftigt diesen heiligen Akt an vielen Stellen der Bibel. In den folgenden Kapiteln werden wir einige davon näher betrachten. Wir zitieren hier nur eine Schriftstelle, um das zu belegen. In Hebräer 13, 4 inspirierte der Heilige Geist den Verfasser dazu, folgenden Grundsatz aufzuschreiben: *„Die Ehe ist von allen in Ehren zu halten und das Ehebett unbefleckt."* Nichts kann klarer sein als diese Feststellung. Wer meint, daß im Liebesakt zwischen Ehemann und Ehefrau etwas Ungehöriges sei, hat die Aussagen der Heiligen Schrift nicht verstanden. Der Verfasser hätte nur festzustellen brauchen: „Die Ehe ist von allen in Ehren zu halten." Aber um ganz sicherzugehen, daß niemand seine Absicht mißversteht, erweiterte er den Satz mit der Wendung: „und das Ehebett unbefleckt". Es ist unbefleckt, wenn der Liebesakt ein heiliges Geschehen bleibt.

Unbewußt zögerte ich bis vor kurzem, das Wort *Koitus* zur Beschreibung des Liebesaktes zu verwenden, obwohl es die genaue Bezeichnung ist. Das änderte sich, als ich feststellte, daß der Ausdruck für *Ehebett* in Hebräer 13, 4 das griechische Wort *koite* ist, welches zunächst Schlafengehen, dann auch

Beischlaf oder Liebesgenuß bedeutet. *Koite* entwickelt sich aus der Wortwurzel *keimai*, was „liegen" bedeutet, es ist mit „*koimao*" verwandt, das „zur Ruhe bringen" heißt. Obwohl unser Wort *Koitus* vom lateinischen *coitio* kommt, hat das griechische Wort *koite* dieselbe Bedeutung und bezeichnet die Beziehung, die ein Ehepaar im Ehebett erfährt. Aufgrund dieser Bedeutung des Wortes könnte man Hebräer 13,4 auch so übersetzen: „*Der Koitus in der Ehe soll in Ehren gehalten werden bei allen und unbefleckt.*" Die Partner nutzen im Koitus die Möglichkeit des gottgegebenen Vorrechts auf Neuschöpfung eines menschlichen Wesens, als Ergebnis des Ausdrucks ihrer Liebe.

Mehr als nur Fortpflanzung

Meine erste Erfahrung als Eheberater traf mich völlig unvorbereitet. Als Theologiestudent wurde ich eines Tages mit einem ehelichen Problem eines Kommilitonen konfrontiert. Mir war schon seit längerer Zeit aufgefallen, daß dieser große, athletische junge Mann nicht mehr er selbst zu sein schien. Wir waren beide etwas länger als ein Jahr verheiratet. Von Natur aus war er ein unbekümmerter Bursche, aber nach einigen Monaten Ehe wurde er reizbar, angespannt und nervös. Schließlich platzte er heraus: „Wie lange soll ich denn diese eheliche Enthaltsamkeit noch aushalten?" Seine junge Frau meinte anscheinend, daß sexuelle Beziehungen nur „zur Erhaltung der menschlichen Art" da seien. Weil sie vereinbart hatten, mit Kindern bis nach dem Examen zu warten, war aus ihm ein völlig enttäuschter junger Ehemann geworden. Er fragte: „Tim, gibt es in der Bibel irgendeine Stelle, die besagt, daß Sex auch zum Vergnügen da ist?"

Ich wußte nicht genug, um eine wirklich helfende Antwort geben zu können. Glücklicherweise hatte ich eine Frau, die sich nicht mit solchen Vorstellungen abgab. Bis zu diesem Zeitpunkt hatte ich mir keine Gedanken über dieses Problem gemacht, doch dann sammelte ich während meines Studiums einschlägige Schriftstellen, um herauszufinden, was Gottes Wort zu diesem Thema sagt. Ich habe viele Verse entdeckt, die den ehelichen Liebesakt betreffen. Einige sprechen in erster Linie von der Fortpflanzung, aber viele andere zeigen, daß Gott den ehelichen Liebesakt zu beiderseitiger Freude bestimmte. Wenn man hinter die Kulissen schauen könnte, käme man sicher zu der Ansicht, daß der Liebesakt für Mann und Frau die stärkste Quelle ehelicher Freuden seit den Tagen Adams und Evas ist.

Was sagt die Bibel zum Thema Sex?

Die Bibel äußert sich meistens nur über den Mißbrauch von Sex, den sie mit „Ehebruch" und „Unzucht" bezeichnet. Deshalb haben manche – unabsichtlich oder auch um ihre Zuchtlosigkeit zu rechtfertigen – diese Lehre falsch interpretiert und gemeint, Gott verdamme alle Sexualität. Das Gegenteil stimmt! Die Bibel spricht immer bejahend von der sexuellen Beziehung – solange sie auf verheiratete Partner beschränkt ist. Das Verbot bezieht sich in der Bibel auf außereheliche oder voreheliche Beziehungen. Sie äußert sich sehr klar zu diesem Thema.

Gott ist der Schöpfer der Sexualität. Er weckte die menschlichen Triebe, nicht um Männer und Frauen zu quälen, sondern um ihnen Freude und Erfüllung zu geben. Halten wir uns vor Augen, wie alles begann. Der erste Mensch im Garten Eden war nicht ausgefüllt, weil er keine Gesellschaft hatte, die ihm entsprach. Da nahm Gott eine Rippe aus der Seite Adams und schuf ein weiteres Wunder: die Frau, die dem Mann in allem ähnlich ist – außer in ihren Fortpflanzungsorganen, die sich aber ergänzen. Was wäre das für ein Gott, der seine vornehmsten Geschöpfe für eine bestimmte Tätigkeit ausrüstet, ihnen den nötigen Antrieb dazu mitgibt und dann die Ausübung verbietet? Sicher wäre dies nicht der liebende Gott, der uns durch die Bibel so klar vor Augen gestellt wird. Römer 8, 32 versichert: „*Welcher sogar seines eigenen Sohnes nicht verschont, sondern ihn für uns alle dahingegeben hat, wie sollte er uns mit ihm nicht alles schenken?"* Wenn wir es objektiv betrachten, dann wurde die Sexualität zumindest teilweise zur Freude in der Ehe gegeben.

Einen weiteren Beweis dafür, daß Gott den Liebesakt zwischen Ehepartnern gutheißt, finden wir in der Geschichte, die den Ursprung des Menschen beschreibt. Von allen Geschöpfen Gottes wurde nur der Mensch *„zum Bilde Gottes geschaffen"* *(1. Mose 1, 27)*. Das allein macht den Menschen zu einem einzigartigen Lebewesen auf der Erde. Der nächste Vers stellt fest: *„Und Gott segnete sie und sprach zu ihnen: Seid fruchtbar und mehret euch!"* *(V. 28)*. Dann heißt es: *„Und Gott sah an alles, was er gemacht hatte; und siehe, es war sehr gut"* *(V. 31)*.

In 1. Mose 2 finden wir eine ausführliche Beschreibung, wie Gott Adam und Eva schuf, und er die Frau selbst zu Adam brachte *(V. 22)* – offensichtlich, um sie feierlich miteinander bekannt zu machen und ihnen das Gebot zu geben, fruchtbar zu sein. Diese Textstelle verdeutlicht auch sehr gut die Unschuld der ersten Menschen mit den Worten: *„Und sie waren beide nackt, der Mensch und sein Weib, und schämten sich nicht"* *(V. 25)*. Adam und Eva kannten aus drei Gründen keine Entrüstung oder Scham: Sie wurden von dem heiligen und gerechten Gott miteinander bekannt gemacht, der ihnen gebot, sich zu lieben; sie konnten sich keiner Schuld bewußt werden, weil sie keine Verbote bezüglich der ehelichen Liebe hatten; es waren keine anderen Menschen in der Nähe, die ihre intimen Beziehungen hätten beobachten können.

Adam „erkannte" sein Weib

Gottes Segen auf dieser Beziehung erscheint in noch klarerem Licht in dem Ausdruck, der zur Beschreibung der ehelichen Liebe zwischen Adam und Eva in 1. Mose 4, 1 verwendet wird: „Und Adam *erkannte* sein Weib Eva, und sie ward schwanger . . ." Gibt es ein besseres Wort, um das großartige intime Zusammenspiel von Geist, Herz, Gefühl und Körper in einem leidenschaftlichen und überwältigenden Höhepunkt zu beschreiben, der die Partner in einer Welle unschuldiger Spannung und Entspannung mitreißt und in dem sich ihre Liebe ausdrücken kann? Diese Erfahrung ist ein gegenseitiges „Erkennen", das heilig, zutiefst persönlich und intim ist. Diese Beziehung wurde von Gott zum beiderseitigen Segen und zur Freude beider Beteiligten bestimmt.

Manche Menschen meinen seltsamerweise, daß man an allem, was Gott gefällt, keine Freude haben kann. In den vergangenen Jahren haben wir hilfesuchenden Ehepaaren oft geraten, regelmäßig miteinander zu beten. Das Buch „Glücklich trotz Ehe" beschreibt eine besondere Art, betend miteinander zu sprechen, die wir als sehr hilfreich erkannt haben. Wir empfehlen diese Methode oft wegen ihrer Vielseitigkeit und guten Anwendbarkeit. Im Lauf der Jahre haben viele Paare sie erprobt und von bemerkenswerten Ergebnissen berichtet.

Eine gefühlsbetonte junge Ehefrau sagte, daß das Gebet ihre Beziehung völlig verändert habe. Sie gab auch zu: „Der Hauptgrund, warum ich zögerte, mit meinem Mann vor dem Zubettgehen zu beten, war die Befürchtung, dies könnte unsere Liebesbeziehung stören. Aber zu meinem Erstaunen stellte ich fest, wir stimmten nach dem Gebet in unseren Gefühlen so stark überein, daß unsere Liebe nun erst den richtigen Hintergrund bekam." Ihre Erfahrung ist keine Ausnahme. Wir sehen tatsächlich keinen Grund, warum ein Paar nicht vor oder nach einem Liebesakt beten kann. Allerdings sind die meisten Paare danach so entspannt, daß sie nur noch schlafen wollen – den Schlaf der Glücklichen.

Liebhaber

Auf die Gefahr hin, einige Leser zu erschrecken, wollen wir darauf hinweisen, daß die Bibel bei dem Thema „Liebhaber" kein Blatt vor den Mund nimmt. Das Hohelied Salomos ist bekanntlich sehr frei in dieser Hinsicht (siehe Hohelied 2, 3–17 und 4, 1–7).

Das Buch der Sprüche warnt davor, sich mit einer „fremden

Frau" (einer Prostituierten) einzulassen, aber es fordert den Ehemann auf: *„Freue dich des Weibes deiner Jugend."* Wie? *„Möge dich ihr Busen allezeit ergötzen, mögest du dich an ihrer Liebe stets berauschen"* (Sprüche 5, 18 und 19). Selbstverständlich soll diese Liebeserfahrung einem Mann Freude bereiten und ihm höchstes Glück schenken. Der Zusammenhang macht klar, daß diese Erfahrung zum beiderseitigen Vergnügen dienen soll. Diese Verse deuten auch an, daß ein solcher Liebesakt nicht nur für die Erhaltung der menschlichen Art gedacht ist, sondern auch zur reinen Freude der Partner. Es sollte keine übereilte oder nur erduldete Erfahrung sein. Die Fachleute sagen, daß ein „Vorspiel" vor der Vereinigung wichtig für ein beiderseitig befriedigendes Erleben ist. Wir finden nichts Falsches daran, möchten jedoch darauf hinweisen, daß Salomo dieselbe Empfehlung schon vor dreitausend Jahren gab.

Alle Bibelstellen sollte man im Zusammenhang und im Blick auf ihre Zielsetzung lesen, um ihren Sinn nicht zu verfehlen oder zu verdrehen. Die Auffassung, wie wir sie oben dargelegt haben, ist genügend begründet, aber sie wird noch überzeugender, wenn wir ihren Hintergrund erfahren. Die vom Geist eingegebenen Worte in Sprüche 1–9 geben die Lehren des weisen Salomo an seinen Sohn wieder. Sie lehren, den gewaltigen Geschlechtstrieb zu meistern und sich nicht durch unangemessenen Gebrauch in Versuchung und Schuld bringen zu lassen. Salomo wollte, daß sich sein Sohn lebenslang am rechten Gebrauch dieses Triebes erfreuen sollte. Daher beschränkte er die Entfaltung der Liebe auf die Ehe. Der gesamte Text zählt Lebensweisheiten auf. Von daher wird klar, daß die befriedigende Liebe in der Ehe viel mit Weisheit zu tun hat. Außereheliche Liebe wird als unklug bezeichnet; sie bietet nur kurze Freuden und bringt am Ende die „Zerstörung" (Leid, Schuld, Sorge).

Wir müssen auch auf Sprüche 5, 21 hinweisen: *„Denn eines jeglichen Wege liegen klar vor den Augen des Herrn, und er achtet auf alle seine Pfade."* Dieser Vers schließt auch die Liebesbeziehung mit ein: Gott sieht die Intimitäten zwischen Ehepartnern, und sie gefallen ihm. Sein Gericht wird nur denen angedroht, die gegen seinen Plan handeln und sich selbst durch außereheliche sexuelle Beziehungen entweihen.

„Scherzen" im Alten Testament

Es fällt uns vielleicht schwer, die Heiligen des Alten Testamentes als gute Liebhaber zu sehen, aber sie waren es. In der Praxis hört man nie eine Predigt über Isaaks Beziehung zu seiner Frau Rebekka, wie sie in 1. Mose 26, 1–11 aufgezeichnet ist. Dieser Mann, der sogar in Gottes Verzeichnis der berühmten Glaubenspersönlichkeiten in Hebräer 11 erscheint, wurde vom König Abimelech beobachtet, wie er mit seiner Frau „scherzte" (zärtlich war). Es ist uns nicht überliefert, wie weit er ging, aber die Szene war offensichtlich intim genug, um den König erkennen zu lassen, daß Rebekka die Frau Isaaks war und nicht seine Schwester, wie er zuerst behauptet hatte. Isaak handelte falsch, nicht im Blick auf das sexuelle Vorspiel mit seiner Frau, sondern darin, daß er sich nicht in der Abgeschiedenheit des Schlafraums befand. Auch zu jener Zeit war es also für Ehepaare an der Tagesordnung, miteinander zu „scherzen".

Weitere Einblicke in Gottes Wertschätzung des ehelichen Liebesaktes gewähren uns die Gebote und Verordnungen Gottes, die er Mose für das Volk Israel gab. Er bestimmte, daß ein Mann für sein erstes Ehejahr vom Militärdienst und allen Geschäftsverpflichtungen frei sein sollte (5. Mose 24, 5). So konnten sich die beiden Ehepartner „erkennen", zu einem Zeitpunkt, da ihr Geschlechtstrieb am stärksten war und man viel Gelegenheit zum Ausprobieren hatte. Zugegeben, diese Vorschrift wurde auch erlassen, um es einem jungen Mann zu ermöglichen, sich „fortzupflanzen", bevor er vielleicht auf dem Schlachtfeld sterben mußte. Verhütungsmittel wurden zu dieser Zeit nicht benutzt, und da das Paar viel Zeit hatte, ist es klar, warum oft schnell Kinder kamen.

Ein weiterer Vers zeigt, daß Gott den Menschen versteht und ihm zu Hilfe kommt. *1. Korinther 7, 9: „Denn heiraten ist besser, als in Glut geraten."* Warum? Weil es eine legitime, gottbefohlene Weise gibt, dem natürlichen Drang, den Gott im Menschen schuf, Raum zu geben: den ehelichen Liebesakt. Er ist Gottes ursprünglicher Plan zur Befriedigung des Geschlechtstriebes. Er wollte, daß die Ehepartner bei der sexuellen Befriedigung völlig voneinander abhängig sein sollten.

Das Neue Testament zum Liebesakt

Die Bibel enthält den besten Leitfaden, der je für das menschliche Verhalten verfaßt wurde. Er behandelt alle Arten von zwischenmenschlichen Beziehungen einschließlich der geschlechtlichen Liebe. Einige Beispiele haben wir schon erwähnt, aber einen wichtigen Text finden wir im 1. Korinther-Brief. Wir wollen als Übersetzung „Die Gute Nachricht" verwenden, um diese klarste Stelle zu diesem Thema in der Bibel wirklich zu verstehen:

„Aber damit ihr nicht der Unzucht verfallt, sollte jeder Mann seine Ehefrau haben und jede Frau ihren Ehemann. Der Mann soll seine Frau nicht vernachlässigen, und die Frau soll sich ihrem Mann nicht versagen. Die Frau verfügt nicht über ihren Körper, sondern der Mann; ebenso verfügt der Mann nicht über seinen Körper, sondern die Frau. Keiner soll sich dem anderen entziehen – höchstens wenn ihr euch einig werdet, eine Zeitlang auf den ehelichen Verkehr zu verzichten, um ungestört beten zu können. Aber dann sollt ihr wieder zusammenkommen; sonst verführt euch der Satan, weil der Trieb in euch zu mächtig ist" (1. Korinther 7, 2–5).

Diese Grundsätze sollen in diesem Buch noch ausführlich erklärt werden. Hier wollen wir nur die vier zentralen Sätze der ehelichen Liebe umreißen.

1. Mann und Frau haben sexuelle Begehren und Triebe, die in der Ehe erfüllt werden sollen.
2. Wenn jemand heiratet, verliert er die Verfügungsgewalt über seinen Körper an seinen Ehepartner.

21

3. Die Partner dürfen sich dem sexuellen Begehren des anderen nicht versagen.

4. Der eheliche Liebesakt wird von Gott gutgeheißen.

Eine junge Mutter von drei Kindern kam zu mir und bat mich, ihr einen Psychiater zu empfehlen. Als ich sie fragte, warum sie denn einen Psychiater konsultieren wolle, erklärte sie mir zögernd, ihr Mann glaube, sie müsse tief verwurzelte, psychisch bedingte sexuelle Probleme haben. Sie hatte nie einen Orgasmus erlebt, konnte sich während des Liebesaktes nicht entspannen und fühlte sich deshalb schuldig. Auf die Frage, wann sie zum ersten Mal diese Schuldgefühle gehabt hätte, gab sie zu, vor der Ehe entgegen ihren christlichen Grundsätzen und den Mahnungen ihrer Eltern mit ihrem Partner sehr intime Zärtlichkeiten ausgetauscht zu haben. Sie bekannte schließlich: „Die vier Jahre unseres Kennenlernens verbrachten wir fast nur damit, daß Tom mich verführen wollte und ich ihn abwehren mußte. Ich schloß viele Kompromisse und bin ehrlich erstaunt, daß wir nicht schon vor der Hochzeit aufs Ganze gingen. Nach der Hochzeit ging es ähnlich weiter. – Warum brachte Gott überhaupt diese ganze Sexgeschichte in die Ehe?"

Diese junge Frau brauchte keine psychologischen Tests und jahrelange therapeutische Beratung, sondern sie mußte ihre Sünden aus der Zeit vor ihrer Ehe bekennen und lernen, was die Bibel über eheliche Liebe sagt. Als ihre Schuld vergeben war, begriff sie schnell, daß ihre Vorstellung vom ehelichen Liebesakt völlig falsch war. Nach dem Studium der Bibel und einiger Bücher zu diesem Thema und nach der Versicherung ihres Pastors, daß der Liebesakt ein wunderbarer Bestandteil des herrlichen Planes Gottes für Eheleute sei, verwandelte sie sich in eine neue Ehefrau. Ihr Mann, der immer nur ein lauer Christ gewesen war, sprach mich eines Sonntags zwischen zwei Gottesdiensten an: „Ich weiß nicht, was Sie meiner Frau gesagt haben, aber unsere Ehe hat sich völlig verändert!" Es war ergreifend, sein geistliches Wachstum zu beobachten – und alles nur, weil eine Ehefrau den großen Gedanken begriffen hatte:

Gott hat den Liebesakt als Erlebnis gegenseitiger Freude geplant.

Fragen Sie sich, warum wir heutzutage mit kommerziellem Sex überall förmlich bombardiert werden? Die meisten Bestseller, die meistbesuchten Filme und die Illustrierten strotzen von Sexgeschichten und niemand leugnet, daß Sex ohne Frage das verbreitetste Vergnügen in aller Welt ist. Der heutige Trend, alles „ganz deutlich zu sagen", hat nur ans Licht gebracht, was bei den Menschen seit Adam und Eva ohnehin an höchster Stelle steht.

Natürlich wollte Gott nie den billigen, pervertierten Sexrummel, der uns heute überall entgegenschreit. Er ist das Ergebnis der verdorbenen menschlichen Natur, die das Gute zerstört, das Gott dem Menschen zugedacht hat. Gott wollte den ehelichen Liebesakt als die großartigste Erfahrung, die zwei Menschen auf der Erde miteinander haben können.

Christen, die der Heilige Geist erfüllt hat, sind nicht sexbesessen, verunreinigen ihr Denken nicht mit abartigen Vorstellungen und sprechen auch nicht dauernd über Sex. Dennoch meinen wir, daß sie ein ganzes langes Leben hindurch mehr Freude daran haben als Weltmenschen. Wir sind zu dieser Meinung nicht nur durch den jahrelangen Dienst in der Eheberatung gekommen, sondern weil die Bibel uns zeigte: Die Sexualität war schon Gottes Wille, als er uns schuf.

2

DIE BEDEUTUNG DES LIEBESAKTES
FÜR DEN MANN

Es dient in jedem Fall zum besseren Verständnis, wenn man das Leben mit den Augen eines anderen sieht. Viele Frauen wissen nicht, was der Liebesakt für den Mann bedeutet. Dies führt oft zu irrigen Annahmen, die ihre natürliche Fähigkeit, auf die Aktivitäten des Mannes einzugehen, hemmen.

Susie begann das Beratungsgespräch, indem sie schimpfte: „Bill ist wie ein wildes Tier – das ist unser Problem. Sein einziger Gedanke ist Sex, Sex, Sex! Seit ich ihn kenne, muß ich ihn immerzu abwehren. Vielleicht ist er übertrieben sexbesessen!" Was für einen Mann stellen Sie sich vor, nachdem Sie diese Beschreibung von Bill gehört haben? Wahrscheinlich einen braungebrannten Riesen, bei dem jedes Körperhärchen Männlichkeit ausstrahlt, mit Stielaugen, die mit jedem hübschen Mädchen, das ihm begegnet, einen Flirt anfangen. Nichts aber geht mehr an der Wahrheit vorbei! Bill ist ein stiller, zuverlässiger, schwerarbeitender Familienvater Ende der Zwanzig, der immer noch etwas unsicher ist. Auf die Frage, wie oft sie einander liebten, antwortete seine Frau: „Drei- oder viermal in der Woche." (Wir haben festgestellt, daß Frauen meistens häufigere Liebesbeziehungen angeben als ihre Männer, und daß ein unbefriedigter Mann gewöhnlich von weniger Liebeserfahrungen spricht als seine Frau. Wenn man den Durchschnitt solcher Angaben nimmt, erhält man ein genaueres Bild.) Bill ist alles andere als nicht normal. Unsere und andere Umfragen ergaben, daß er im Durchschnittsbereich der Ehemänner seines Alters liegt.

Susie hatte drei Probleme: Sie mochte sexuelle Beziehungen

nicht; sie hatte kein Verständnis für Bills Bedürfnisse; und sie beschäftigte sich mehr mit.sich selbst als mit ihrem Mann. Als sie die Sünde ihrer Selbstsucht begriffen und bekannt hatte, veränderte sich ihr Liebesleben. Heute hat sie Freude an der körperlichen Liebe, und vor kurzem bekamen wir einen Dankesbrief von ihr. Er schloß mit den Worten: „Würden Sie es für möglich halten, daß Bill neulich nachts sagte: ‚Schatz, was ist nur mit dir passiert? Jahrelang mußte ich dich ums Bett jagen, und jetzt jagst du mich'!" Vermutlich mußte sie ihn nicht sehr weit jagen.

Der eheliche Liebesakt ist für den Mann aus mindestens fünf Gründen lebenswichtig:

1. Zur Befriedigung seines Geschlechtstriebes. Es herrscht eine allgemeine Übereinstimmung: Bei allen Lebewesen besitzt der männliche Teil den stärkeren Geschlechtstrieb. Der Homo sapiens bildet keine Ausnahme. Das bedeutet nicht, daß der Frau ein starker Geschlechtstrieb fehlt, aber wie wir im nächsten Kapitel sehen werden, tritt er bei ihr nur zeitweise in Erscheinung, während er beim Mann fast dauernd funktionsbereit ist.

Gott bestimmte den Mann zum Ernährer und Oberhaupt der Familie. Das wirkt sich auch auf seinen Geschlechtstrieb aus. Der Frau, die den Geschlechtstrieb ihres Mannes ablehnt und gleichzeitig seine aktive Führungsrolle fordert, muß gesagt werden, daß sie das eine nicht ohne das andere haben kann.

Um den physischen Hintergrund des männlichen Geschlechtstriebs aufzuzeigen, müssen wir die wissenschaftlich erwiesene Tatsache erwähnen, daß *„jeder Tropfen Samenflüssigkeit etwa 300 Millionen Spermien enthält"*. Da für den Mann, je nach Alter, täglich zwei bis fünf Samenergüsse möglich sind, ist es klar, daß er jeden Tag einen Samenvorrat und viele Millionen winziger Spermien erzeugt. Wenn sie nicht im Koitus ausgestoßen werden, kann sich das auf sein geistiges und körperliches Wohlbefinden sehr negativ auswirken. Ein Autor schreibt dazu: *„Ein normaler, gesunder Mann erzeugt innerhalb von 42 bis 78 Stunden so viel Samen, daß ein Druck* *entsteht, der abgelassen werden muß!"* Eine Reihe von Voraussetzungen bestimmt die Häufigkeit dieses Dranges. Wenn er zum Beispiel unter psychischen Belastungen steht, wird er sich dieses Dranges nicht so bewußt, als wenn er entspannt ist. Studien haben ergeben, daß Männer aus ländlichen Gebieten den Koitus durchweg häufiger begehren als Männer derselben Altersstufe aus Stadtgebieten. Die Forscher erklären das damit, daß Städter mit größerer Wahrscheinlichkeit psychischem Druck ausgesetzt sind als die Vergleichsgruppe auf dem Land. Eine andere Erklärung dafür könnte sein, daß Männer aller Altersstufen auf dem Land körperlich schwerer arbeiten und daher offensichtlich in besserer körperlicher Verfassung sind als die Vergleichsgruppe in der Stadt.

Sehr häufig haben junge Ehefrauen eine falsche Vorstellung im Blick auf die sexuellen Bedürfnisse ihres Mannes. Aus mangelnder Erfahrung, aufgrund von Vorurteilen und vor allem aus Furcht vor Schwangerschaft teilen viele junge Frauen die Begeisterung ihres Mannes für die sexuelle Liebe nicht. Das verliert sich zwar anscheinend im Lauf der Ehe, doch entzünden sich in den ersten Jahren oft Streit und Meinungsverschiedenheiten an der Frage: Wie oft sollen wir Geschlechtsverkehr haben? Junge Frauen setzen unter Umständen die jugendliche Leidenschaft ihres Mannes mit Perversität gleich und sind sich nicht klar darüber, daß der Geschlechtstrieb des Mannes nichts Abnormes ist. Dieser Trieb ist eine Gottesgabe und ist der Anreiz für die Fortpflanzung – nach wie vor die erste Aufgabe der Menschheit. Diese Gabe beeinflußt nicht nur das Sexualverhalten des Mannes, sondern auch die Persönlichkeit, die Arbeit, die Stimmung und fast jeden anderen wichtigen Bereich seines Lebens. Ohne diesen Trieb wäre er nicht der Mann, in den sich seine Frau verliebt hat. So sollte sich eine kluge Frau lieber auf dieses Bedürfnis einstellen und nicht dagegen ankämpfen.

2. *Der Mann braucht ein erfülltes Sexualleben, damit sein Selbstbewußtsein nicht gefährdet wird.* Der Mann besitzt gewöhnlich ein empfindlicheres Selbstbewußtsein als die Frau.

Wenn er in seinen eigenen Augen kein „richtiger Mann" ist, ist er ein Nichts. Irgendwie scheint sein Selbstbewußtsein stark an seinen Sexualtrieb gebunden zu sein. Ich habe nie einen impotenten oder sexuell unbefriedigten Mann getroffen, der ein starkes Selbstbewußtsein gehabt hätte. Ein sexuell zufriedener Ehemann wird auch in anderen Lebensbereichen sehr schnell Selbstvertrauen entwickeln.

Die meisten Männer schreiben allerdings etwa vorhandene Unsicherheit nicht sexueller Frustration zu, weil sie entweder zu stolz dazu sind, oder weil sie den Zusammenhang nicht sehen. Ich habe dies aber oft beobachtet, so daß ich bei einem Mann mit gebrochenem Selbstbewußtsein jedesmal nach sexueller Enttäuschung suche. Ein Mann kann Mißerfolg im Studium, im Beruf und im sozialen Leben verkraften, solange er und seine Frau im Bett harmonieren. Erfolg auf anderen Gebieten wird für ihn aber zum blanken Hohn, wenn er im Bett Schwierigkeiten hat. Für den Mann bedeutet Mißerfolg beim Geschlechtsakt Mißerfolg im ganzen Leben.

Eine liebevolle Ehefrau fragte mich einmal, was sie für ihren Mann tun könnte, dessen Geschäft gerade zusammengebrochen war. Er war so niedergedrückt, daß sie nicht mehr wußte, was sie tun sollte, aber sie sagte: „Ich bin zuversichtlich, er wird wieder aufkommen. Er besitzt zuviel Dynamik, als daß ein einziger Fehlschlag sein ganzes Leben ruinieren könnte." Da sie schon miteinander gebetet und ihre wirtschaftliche Zukunft Gott übergeben hatten, schlug ich ihr vor, sie solle ihn zum Liebesspiel herausfordern, sich aufreizend anziehen und ihren weiblichen Charme spielen lassen, um ihn zu verführen. Sie fragte sofort: „Glauben Sie nicht, daß er Verdacht schöpft? Er war immer der aktive Teil auf diesem Gebiet." Ihre Bemerkung gab mir die Gelegenheit, ihr zu erklären, daß sein erschüttertes Selbstbewußtsein die Gewißheit ihrer Liebe während dieser Zeit der Niederlage brauche. Viele Männer hegen unbewußt die Furcht, daß ihre Frauen die körperliche Liebe nur aus Pflichtgefühl oder noch niedrigeren Beweggründen über sich ergehen lassen. Was jeder Mann – besonders in einer Zeit der

Niederlagen – braucht, ist die Überzeugung, daß seine Frau ihn um seinetwillen liebt, nicht wegen irgend etwas, was er für sie tut. Ich kannte ihren dynamischen, cholerischen Mann gut genug, um zu wissen, daß er für einen solchen Verdacht zu unkompliziert war. Einen möglichen Verdacht würde er aber in der Steigerung seiner Gefühle bis zur Ekstase bald vergessen. Später berichtete die Frau, daß er nicht nur keinen Verdacht geschöpft hatte, sondern daß er schon fünf Minuten nach dem Liebesakt über eine neue Idee für ein Geschäft mit ihr zu sprechen begann. Obwohl diese Idee nie Wirklichkeit wurde, gab sie ihm Auftrieb. Er fand bald eine neue berufliche Chance und erfreut sich heute einer erfolgreichen Karriere.

Dieser Mann rechnet es seiner Frau heute noch hoch an, daß sie ihm half, „wieder auf die Beine zu kommen". Er erwähnt natürlich nie die Liebeserfahrung, sondern sagt etwa: „Meine Frau ist schon ein toller Kerl. Als ich völlig am Boden lag, glaubte sie immer noch an mich. Es war ihr Vertrauen, das mir meines wiedergab." Bevor sie zu mir kam, hatte sie ihm ihr Vertrauen schon oft ausgesprochen mit Worten wie: „Laß dich davon nicht kleinkriegen; du kannst von neuem anfangen." Aber erst durch die körperliche Liebe konnte sie ihm ihr Vertrauen so mitteilen, daß er es wirklich glauben konnte. Einige Zeit später lieferte sie mir noch einen recht interessanten Aspekt: „Ich kann mich nicht erinnern, daß mich mein Mann während eines Liebesaktes jemals so fest an sich gepreßt hätte wie damals." Das ist allerdings nicht sehr schwer zu verstehen. Männer sind nur erwachsene Jungen. Der Mißerfolg hatte die Männlichkeit dieses Mannes erschüttert und den Jungen zum Vorschein kommen lassen, der im Herzen jedes Mannes versteckt ist. Nur die Liebe hatte Erfolg; alles andere versagte.

Manche Frauen werden wahrscheinlich an einer solchen Sicht vom Zweck der sexuellen Liebe Anstoß nehmen und ein weiteres Beispiel von „Ausbeutung des Sex" darin sehen. Wir wollen es lieber als Ausdruck einer uneigennützigen Liebe bezeichnen. Mit dieser Liebe schuf die oben erwähnte Frau eine Atmosphäre des Vertrauens auf der Basis der Bedürfnisse ihres Mannes, nicht seiner Gefühle – und auch nicht der ihren in diesem Falle. Hier wurde in die Tat umgesetzt, was die Bibel unter Liebe versteht: *„Jeder sehe nicht nur das Seine (seine eigenen Bedürfnisse), sondern auch das des anderen" (Philipper 2, 4).*

Eine Frau teilte uns mit: „Ganz egal, wie unser Liebesleben sonst verläuft: Einmal im Monat versuche ich meinen Mann zum Liebesakt zu bewegen, und das tue ich dann, wenn er die Monatsrechnungen für die Familie bezahlt hat. Es ist anscheinend das einzige Mittel, um ihn wieder ins Gleichgewicht zu bringen." Der Mann dieser Frau verdient die Note Sechs, weil er seine Probleme nicht Gott übergibt und im Glauben lernt, in allen Dingen dankbar zu sein (1. Thessalonicher 5, 18), aber seine Frau verdient eine Eins, weil sie eine kluge und liebevolle Frau ist.

Diese beiden Beispiele bilden einen starken Gegensatz zu dem, was man normalerweise sieht, wenn das Selbstbewußtsein des Mannes durch Mißerfolge, Schulden oder andere Probleme angeknackst ist. Die meisten ichbezogenen Frauen sind vom Anblick ihres verunsicherten Mannes in einer Zeit der Niederlagen so erschüttert, daß sie kaum fähig sind, die „Gehilfin" ihres Mannes zu sein. Lassen Sie sich nicht von der dünnen Schicht zäher Mannhaftigkeit täuschen, die die meisten Männer dann zur Schau tragen. Darunter liegen viele Gefühlsnöte, die nur eine liebevolle Frau abwenden kann.

Der moralische Unsinn aus dem vergangenen Jahrhundert, „eine anständige Frau tut nicht so, als genösse sie den Sex", steht im Kontrast zu dem Bedürfnis des liebenden Ehemannes, der wissen will, daß er seine Frau mit seiner Liebe wirklich glücklich macht. Die Menschen des letzten Jahrhunderts unterschieden anscheinend nicht zwischen vorehelichen und ehelichen Tabus. Natürlich trägt eine gute, gesunde, christliche Ehefrau nicht zur Schau, daß sie Freude am Sex hat. Leider wird aber vielen verunsicherten Frauen heute eingeredet, daß sie öffentlich sexbetont aussehen und auftreten sollen. Das ist ein Mißbrauch der sexuellen Anziehungskraft! Eine Frau, die sich ihrer selbst sicher ist, wird sich mit ihren erotischen Empfindungen und Wünschen nur ihrem Ehemann öffnen. Es macht ihn froh und erhöht seinen eigenen Sexualgenuß, wenn er sicher sein kann, daß sie sich beide daran freuen. Das stärkt sein Selbstbewußtsein und fördert die ehrliche Anteilnahme aneinander. Ein falsches und unangebrachtes Schamgefühl schadet in diesem Fall. Wirkliche Liebe lebt vom Geben.

Durch solch eine Liebe wird nicht nur die Gemeinschaft der Liebenden tiefer, sondern sie wird auch zum Segen für die Kinder. Ein selbstbewußter Ehemann ist ein besserer Vater, er kann unbelasteter urteilen und seine Familie mit größerer Liebe umsorgen.

3. Die Liebe des Mannes zu seiner Frau nimmt durch eine befriedigende Beziehung zu: Wir kennen das Wort „Syndrom", aber wir bringen es gewöhnlich mit negativen Dingen wie Depression, Zorn oder Angst in Verbindung. Es bezeichnet eine Anhäufung von verschiedenen Symptomen, die miteinander ein bestimmtes Erscheinungsbild formen. Dies gibt es auch im Bereich der Liebe. Ein Liebessyndrom tut aber niemandem weh. Eine befriedigende sexuelle Beziehung bringt eine Reihe von Symptomen mit sich, die den Zustand der Befriedigung in der Ehe zur Folge haben.

Weil der Mann von Gott nicht nur einen starken Geschlechtstrieb, sondern auch ein Gewissen bekommen hat, stärkt das unbelastete Ausleben dieses Triebes seine Liebe zu der Person, die ihm das ermöglicht. Dies aber kann nur ein Mensch auf der Erde – seine Frau.

Wir wollen diesen Gedanken noch ein wenig weiter verfolgen. Der Geschlechtstrieb des Mannes wird nur durch Samenerguß befriedigt. Das kann erreicht werden: durch Geschlechtsverkehr, Selbstbefriedigung, nächtliche Pollution oder Homosexualität. Der Geschlechtsverkehr ist der bei weitem befriedigendste Weg zur Ejakulation, der aber kann nur stattfinden: im ehelichen Liebesakt, bei Prostituierten oder im Ehebruch. Nur eines davon wird man jedoch mit gutem Gewissen erleben können – die Liebe in der Ehe. Alle unerlaubten Beziehungen haben eines gemeinsam: Obwohl sie Triebbefriedigung bieten, können sie keine bleibende Freude garantieren, weil das Gewissen, das Gott jedem Menschen gegeben hat, ihn „verklagt", wenn er die göttlichen Moralgesetze verletzt (Römer 2, 14 und 15). Wenn Sexualität nur körperliche Befriedigung bietet und sich darauf Schuldgefühle aufbauen, dann wird Gottes Absicht zum Hohn, der die höchste Erfüllung wollte. Im Unterschied dazu folgt einem Liebesakt unter göttlichen Voraussetzungen körperliche Entspannung, die auf einem guten Gewissen „ruht". Weil Sexualität ein sehr wichtiger Teil im Leben des Mannes ist und eheliche Liebe die Reinheit seines Gewissens bewahrt, wird seine Liebe zu der Frau, bei der er das findet, immer inniger werden.

Anne war eine typische Schöne aus dem Süden, die zu uns zur Beratung kam, weil sie meinte, daß Joe, ihr Mann, sie nicht mehr liebe. Sie konnte es zwar nicht beweisen, behauptete aber steif und fest: „Ich bin überzeugt, daß er sich mit einer anderen Frau trifft!" Es schien uns unglaublich, daß ein Mann sich nach einer anderen Frau umschauen sollte, wenn er selbst eine so schöne Frau hatte. Aber nach einigen Fragen stellte sich heraus, daß sie ihre sexuelle Beziehung zu ihm eingeschränkt hatte und sie nur als Belohnung gewährte, wenn Joe sich gut benahm. Wie jeder normale Mann fand Joe das untragbar. Es steht nicht fest, ob er wirklich untreu war, aber nach einigen offenen Gesprächen ging Anne nach Hause und liebte ihren Mann ohne Vorbedingungen. Zunächst war er darüber verblüfft, doch dann paßte er sich in typisch männlicher Art der Situation an. Er fand die legitime, beglückende Liebe mit seiner Frau so befriedigend, daß er nicht mehr versucht war, sich nach anderen umzuschauen.

Das Denken der Frau hat sich auf sexuellem Gebiet in den letzten Jahren zum Guten gewandelt. Früher sahen viele Frauen die Sexualität als „notwendiges Übel in der Ehe" oder als „Pflicht der Ehefrau" an. Jetzt sieht eine wachsende Anzahl von Frauen darin eine von Gott gegebene Möglichkeit und Gabe, ihr Leben auf wunderbare Weise zu bereichern.

4. Häusliche Reibereien werden leichter abgebaut. Eine weitere Folge befriedigender sexueller Beziehungen eines Paares ist, daß kleine häusliche Reibereien gewöhnlich schnell abgebaut werden. Ein sexuell befriedigter Mann ist im allgemeinen ein zufriedener Mann. Größere Probleme werden durch Sex natürlich nicht behoben. Ein verbeulter Kotflügel wird nicht repariert und zuviel ausgegebenes Haushaltsgeld findet sich auch nach einem befriedigendem sexuellen Erlebnis nicht wieder ein. Aber kleine Spannungen werden abgebaut. Schon manche Frau bemerkte: „Ich komme mit meinem Mann sehr viel besser aus, wenn unser Liebesleben in Ordnung ist. Der Lärm der Kinder geht ihm nicht so schnell auf die Nerven, und er bringt viel mehr Geduld für andere auf."

Die meisten Männer denken nicht daran, daß einige ihnen selbst unerklärliche Spannungen auf einen unbefriedigten Geschlechtstrieb zurückgehen können. Eine kluge Frau sollte diese Möglichkeit aber immer im Auge haben. Irgendwie wird die Welt schöner, und Schwierigkeiten schrumpfen auf ihr Normalmaß zusammen, wenn sexuelle Harmonie da ist. Die schwere Arbeit und die Belastungen des Lebens sind für den Mann erträglicher, wenn er und seine Frau ihre Liebe in rechter Weise ausleben.

Dieses Ausleben der Liebe bedeutet natürlich mehr als nur die Befriedigung der Drüsenfunktionen. Der Mann opfert sehr viel, wenn er heiratet – zumindest glaubt er es. Als lediger Mann ist er ziemlich sorgenfrei und unbelastet. Wenn er eine Nacht mit seinen Freunden verbringen will, braucht er niemandem Rechenschaft darüber abzulegen. Wenn er etwas sieht, was er haben will, kauft er es eben, ob er es sich leisten kann oder nicht. Das alles ändert sich in der Ehe.

Seine Sorglosigkeit muß in der Ehe einer wachsenden Verantwortung Raum geben. Die Frau denkt meist nur an Geldangelegenheiten, wenn es um einzelne überschaubare und kurzfristige Überlegungen geht. Der Mann aber geht mit dem Wissen zu Bett, daß er der Ernährer der Familie ist. Morgens erwacht er mit dem Gedanken: „Meine Frau und meine Kinder sind von mir abhängig, ich muß heute etwas schaffen." Wenn er nicht früh im Leben lernt, seine Wege dem Herrn anzubefehlen, kann das zur schweren Belastung werden.

Ein charakterlich schwacher Ehemann kam eines Abends nach Hause und kündigte seiner Frau an: „Ich ziehe heute noch aus, denn ich habe die Ehe satt." Unsere Untersuchung ergab, daß er sich nicht für eine andere Frau interessierte, sondern er bekannte: „Ich möchte an meinen Abenden lieber an meinem Rennwagen arbeiten, anstatt eine Nebentätigkeit ausüben, damit meine Familie einen höheren Lebensstandard hat." Seine Frau räumte ein, daß sie mit ihrem Mann kaum eheliche Gemeinschaft pflegte und sie habe ihm auch nie irgendeine Anerkennung für das erwiesen, was er für die Familie geleistet hatte. Sie erkannte, daß ihre Gleichgültigkeit seine Unzufriedenheit und Verwirrung verursacht hatte und bat ihn flehentlich: „Gib mir noch eine Chance. Ich will dir zeigen, daß die Ehe jeden Verzicht wert ist, wenn wir ihn beide leisten wollen." Manche Frauen bekommen noch eine Chance und können es zeigen, doch diese bekam sie nicht. Der Mann ging seinen eigensüchtigen Weg der Verantwortungslosigkeit weiter.

5. Es ist die erregendste Erfahrung im Leben. Der gewaltige Gefühlsausbruch, der den ganzen Körper durchflutet und den ehelichen Liebesakt krönt, ist für den Mann jedesmal die erregendste Erfahrung. In diesem Augenblick sind alle anderen Gedanken wie ausgelöscht, jedes Organ seines Körpers erreicht anscheinend den Gipfel der Erregung. Sein Blutdruck und seine Körpertemperatur scheinen ins Unermeßliche zu steigen. Dabei wird sein Atem schneller und er stöhnt vor Erregung, wenn die Spannung mit dem Samenerguß ihren Höhepunkt erreicht. Worte sind zu schwach, um diese großartige Erfahrung zu beschreiben. Wir kennen Skispringer, Motorradrennfahrer, Jetpiloten, Fallschirmspringer und Berufsfußballer – ihre Aussagen stimmen darin überein, daß die Liebe alles übertrifft.

Ein Herzkranker beschrieb wohl am treffendsten, was der Liebesakt für den Mann bedeutet. Trotz der Warnung seines

Arztes, daß ihn jede unnötige körperliche Anstrengung töten könnte, hielt er die Liebesbeziehungen zu seiner Frau aufrecht. Manchmal mußte er danach Schockzustände ertragen, die ihn zu zerreißen drohten, sein Herz raste, die Farbe wich aus seinem Gesicht, seine Arme und Beine wurden kalt und feucht. Manchmal dauerte es ein oder zwei Stunden, bis er wieder aufstehen konnte. Als ich ihm vorhielt, daß er sich eines Tages durch die Liebesbeziehungen zu seiner Frau töten könnte, gab er mir sofort zur Antwort: „Ich kann mir keinen schöneren Tod denken."

Das wunderbarste bei allem ist, daß Gott diese Erfahrung für den Mann bestimmte, damit er sie in der Ehe mit seiner Frau machen sollte. Wenn er sie so liebt und schätzt, wie Gott es ihm anbefiehlt, entwickelt sich eine gefühlvolle, harmonische Ehe, die das Leben beider Partner bereichert; beide werden die erregende Liebeserfahrung vieltausendmal in ihrer Ehe machen.

Napoleon Hill vertritt in seinem sonst so lebensnahen Buch „Nachdenken und reich werden" eine allgemein verbreitete irrige Ansicht im Blick auf den männlichen Geschlechtstrieb, wenn er Kaufleute ermahnt, ihrem Geschlechtstrieb nicht so häufig nachzugeben, weil es sie wahrscheinlich in ihrer Tatkraft lähmt. Nichts könnte unzutreffender sein. Ein sexuell zufriedener Mann ist ein tatkräftiger Mann. Hill geht hier mit der für die vorige Generation typischen Ansicht einig, weil er selbst wohl auch der Meinung ist, daß Sex einen großen Energieaufwand bedeute, der in jedem Fall an den Kräften des Mannes zehren müsse. Wenn Hill nicht eine abnorme Häufigkeit der sexuellen Aktivität – mehrmals täglich – meint, ist seine Warnung unbegründet. Ein sexuell unzufriedener Mann kann sich nur schwer konzentrieren, neigt zur Reizbarkeit, ist schwieriger in der Zusammenarbeit und kann, was noch wichtiger ist, kaum größere Ziele anpeilen. Im Unterschied dazu verbringt der wirklich zufriedene Mann seinen Arbeitstag nicht mit Nebensächlichkeiten. Er möchte jeden Augenblick nutzen, um eher zu seiner Frau und seiner Familie zurückzukommen, die seiner Arbeit erst wirklichen Sinn und echte Bedeutung geben.

Zwei Briefe an „Onkel Abby" (Briefkastenonkel), die im Abstand von kaum zehn Tagen ankamen, brachten uns zum Schmunzeln, sie bestätigten aber unsere Ansicht. Der erste kam von einem zornigen Ehemann, der sich über die unordentliche Haushaltsführung seiner Frau beschwerte. Er billigte ihr aber einen positiven Zug zu: „Sie geht mit mir ins Bett, wann immer ich will." Der zweite Brief war von einem Geschäftsmann, der „Abby" bat, dem ersten Briefschreiber zu bedeuten, er solle für die Segnungen in seiner Ehe dankbar sein: „Wenn ich eine solche Frau hätte, wäre das für mich Grund genug, lange und hart zu arbeiten, um so viel zu verdienen, daß ich eine Putzfrau für sie anstellen könnte, die ihren Haushalt in Schuß hielte."

Marabel Morgan, die Autorin des Buches „Die totale Frau", meint, daß ein Mann an zwei Dinge denkt, wenn er abends nach Hause kommt: Essen und Sex – und das nicht immer in dieser Reihenfolge.

Der Geschlechtstrieb und die Gedankenwelt

Für den im Leben stehenden Durchschnittschristen ist seine Gedankenwelt ein ständiges Problem. Der männliche Geschlechtstrieb ist so stark, daß Sex oft in seinen Gedanken vorzuherrschen scheint. Jeder, der beim Militär war, kann bestätigen, daß der Gesprächsstoff der Soldaten außer Dienst zu 95 Prozent mit Sex zusammenhängt. Schmutzige Witze und Geschichten, die durch unanständige Ausdrücke akzentuiert werden, sind so verbreitet, daß sie in den Kasernen einer dauernden Berieselung gleichkommen.

Wenn ein Mann aus dieser Umgebung Christ wird, überzeugt ihn das Wort Gottes und der Heilige Geist davon, daß er sein Denken ändern muß. Natürlich kannte Jesu Christus dieses allgemeine Problem der Männer, denn er mahnte: „*Wer eine Frau ansieht, ihrer zu begehren, der hat in seinem Herzen schon Ehebruch mit ihr begangen!*" *(Matthäus 5, 28).* Ein solcher Ehebruch in Gedanken hat vielen Männern vielleicht mehr geistliche Niederlagen eingebracht als jede andere Sünde.

Viele Frauen haben keine Ahnung von diesem Problem der Männer. Daher kommt es, daß sie oft unbedacht zu knappe Kleidung wählen. Wenn sie wüßten, welche Verwirrung ihre ungehörige Zurschaustellung beim Mann hervorruft, würden sich viele weniger aufreizend kleiden. Doch weil sie selbst durch den Anblick eines männlichen Körpers geschlechtlich nicht besonders erregt werden, kennen sie die Folgen bei den Männern nicht ohne weiteres. Ich erfuhr das, als ich als Soldat auf dem Militärflugplatz von Las Vegas stationiert war. Nach 19 Tagen Wache erhielt ich die Anweisung, die ich als die schönste aller Möglichkeiten empfand: die Unterkünfte der weiblichen Hilfskräfte auszufegen. Nachdem ich mir den kleinsten Handfeger ausgesucht hatte, sah ich zu meinem Mißvergnügen, daß die Unterkünfte leer waren; alle Frauen arbeiteten. Ich ging zum Quartiermeister zurück und holte mir einen normal großen Besen. Während ich kehrte, stellte ich etwas recht Verblüffendes fest: Kein einziges Foto von einem nackten Mann hing in den zwei Stockwerken dieser Unterkunft. Im Unterschied dazu hatten sich die 197 Männer in unserer Kaserne mit 193 Aktfotos von Mädchen versorgt.

Erst durch die Überbetonung des Sex in letzter Zeit sind für Frauen auf diesem Gebiet wachsende Schwierigkeiten entstanden. Doch müssen sie dieses Bedürfnis augenscheinlich erst entwickeln, Männer haben es von Natur aus.

Ein weiteres Beispiel, daß Frauen offensichtlich das Problem der sexuellen Erregung durch Bilder nicht kennen, ereignete sich kürzlich bei uns zu Hause. Beim Durchblättern einer Sportillustrierten stieß ich auf ein Bild von Mister Amerika. Als ich gerade seinen vorspringenden Bizeps und seine heraustretenden Muskeln bewunderte, trat Bev hinter mich, sah, was ich mir anschaute und bemerkte spontan: „Oh, wie grotesk!" Frauen haben ihre speziellen geistlichen Schwierigkeiten, aber durch Fantasie bedingte sexuelle Erregung ist selten darunter.

Wir haben das alles aufgeführt, um eine wichtige Tatsache

herauszustellen. Eine liebende, sexuell aufgeschlossene Ehefrau kann für ihren Mann eine große Hilfe sein, damit seine Gedankenwelt vor Gott in Ordnung bleibt. Das soll nicht bedeuten, daß sein Sieg in Christus vom Verhalten seiner Frau abhängt – das ist nie der Fall. Gott hat auch einem warmherzigen, liebevollen Gatten die Kraft verheißen, mit einer kalten, gleichgültigen Frau leben zu können. Aber manch ein fleischlich gesinnter Christ hat die sexuelle Zurückweisung durch seine Frau als Entschuldigung genommen, um nicht gegen seine Schwäche – sexuell erregende Gedanken – ankämpfen zu müssen. Eine liebevolle Frau, die die Versuchungen ihres Mannes auf diesem Gebiet begreift, unterdrückt den Wunsch, seine Annäherungsversuche abzublocken und schenkt ihm bereitwillig ihre Liebe, weil sie mehr an seine Bedürfnisse denkt als an ihre eigene Müdigkeit. Ihre Belohnung ist dann sein bereitwilliges Eingehen auf ihre Stimmungen und Wünsche.

3

DIE BEDEUTUNG DES LIEBESAKTES FÜR DIE FRAU

Glücklicherweise haben sich Männer und Kulturen geändert. Es wird berichtet, daß vor einer Generation viele Männer als eigensüchtige Liebhaber auftraten. Die Gesellschaft trug noch dazu bei, das Ideal von einem „richtigen Mann" zu schaffen, das ihn als wildes Tier im Bett erscheinen ließ. Sexuelles Vergnügen durch die „kleine Frau" hielt man für sein göttliches Recht. Seine sexuelle Aktivität war meistens einseitig und ließ die liebevolle Frau mit dem enttäuschten Gefühl zurück, sie sei gebraucht, aber nicht geliebt worden.

Solche Männer (und einige davon gibt es noch heute) waren sexuelle Analphabeten, die von den gefühlsmäßigen und körperlichen Bedürfnissen einer Frau keine Ahnung hatten. Sie waren der Meinung, daß sie auf sexuellem Gebiet besonders begabt seien und führten ihre unschuldige Braut in ihr Liebesnest. Doch sie zeigten ihr nur, was sie zur Befriedigung des männlichen Geschlechtstriebes wissen mußte.

Kein Wunder, daß viele Frauen frigide wurden. Der Liebesakt verwandelte sich in eine eheliche Pflicht. Dazu kam, daß einige frustrierte Frauen über ihre Erfahrungen nicht schweigen konnten und jungen Bräuten eine entsprechende Warnung mit in die Ehe gaben. Häuslichkeit, Mutterschaft und ein guter Ruf seien wunderbar – der einzige Haken an der Ehe sei die Szene im Bett.

Der Christ von heute wird vom Wort Gottes durch den Pastor aufgefordert: *„Ihr Männer, liebet eure Frauen, gleichwie auch Christus die Gemeinde geliebt hat. Ebenso sind auch die Männer schuldig, ihre eigenen Frauen zu lieben wir ihre eige-*

nen Leiber" (*Epheser 5, 25, 28*). So geht ein Christ heute mit mehr Gefühl für das Liebesbedürfnis seiner Braut und mit mehr Sorge um ihre Zufriedenheit in die Ehe. Er achtet sie als besonderes Geschöpf Gottes, das angenommen und verstanden werden will. Während des letzten Jahrzehnts hat eine Reihe von Ehebüchern, die das Thema recht freimütig behandeln, den Mann gelehrt, seine Frau besser zu verstehen. Wenn er den Kopf nicht in den Sand steckt, kann er viel über sie lernen. Und je besser er sie kennt, desto besser kann er seine liebevolle Leidenschaft den Bedürfnissen ihrer Gefühle anpassen.

Ein Weiser sagte einmal: *„Eine Frau ist das komplizierteste Geschöpf auf der Erde."* Es mag sein, daß kein einziger vernünftiger Mann für sich in Anspruch nehmen kann, er könne sie ganz verstehen. Nachdem wir aber mit Hunderten dieser heiklen Geschöpfe in der Abgeschlossenheit des Beratungszimmers zu tun hatten, haben meine Frau und ich immer mehr erkannt, was der eheliche Liebesakt für die Frau bedeutet. Jeder Mann kann aus der Lektüre dieses Kapitels etwas lernen. Je mehr ein Mann über die erotischen Bedürfnisse seiner Frau weiß und darüber, was eheliche Liebe wirklich für sie bedeutet, desto mehr können seine Frau und er sich aneinander erfreuen, nicht nur körperlich, sondern auch in jedem anderen Lebensbereich.

Wir wollen fünf wichtige Bereiche betrachten, die zeigen, was der Liebesakt für die Frau bedeutet:

1. Die Erfüllung ihrer Weiblichkeit. Die eigene Person psychologisch zu durchschauen, ist zur Zeit sehr modern und beliebt. Jede Buchhandlung führt mehrere Veröffentlichungen über psychologische Selbsthilfe; viele davon sind Bestseller. Wir Christen stimmen zwar nicht mit all ihrem humanistischen Gedankengut überein, können aber sicher die wichtige Tatsache nicht leugnen, daß dauerndes Glück unmöglich ist, wenn ein Mensch es nicht lernt, sich selbst anzunehmen. Das gilt auch für die Ehefrau. Wenn sie glaubt, daß sie im Bett versagt, wird es ihr schwerfallen, ihre Weiblichkeit in vollem Umfang anzunehmen.

Es sollte nicht überraschen, daß sich fast jede Braut unsicher fühlt, wenn sie heiratet. Im Alter von achtzehn bis fünfundzwanzig Jahren sind nur wenige Menschen selbstbewußt. Oft brauchen sie ein Drittel oder die Hälfte ihrer Lebenszeit, bis sie sich annehmen können. Natürlich trägt es zum Selbstbewußtsein bei, wenn jemand ein geisterfüllter Christ ist. Die Heirat ist jedoch eine der wichtigsten Entscheidungen, die man im Leben fällt, folglich wird jeder normale Mensch ihr mit einem gewissen Maß an Angst entgegensehen. Wenn sich dann ein bestimmter Bereich des Ehelebens als unbefriedigend erweist, wird dies das Selbstbewußtsein stören. Nicht selten müssen wir allerdings auch frigide Frauen mit einem starken Selbstbewußtsein beraten.

Wenn man die weibliche Denkart verstehen will, dann sollte man sie dem Denken des Mannes gegenüberstellen. Der Mann hat die gottgegebene Aufgabe, Ernährer der Familie zu sein. Deshalb ist seine Psyche so angelegt, daß er sein Selbstbewußtsein zum großen Teil aus einem erfolgreichen Berufsleben bezieht. Das ist der Grund dafür, daß die Ziele und Träume des Mannes schon in jungen Jahren durch das Berufsleben beeinflußt werden. Wenn man einen Jungen fragt, was er werden will, antwortet er gewöhnlich: Feuerwehrmann, Polizist, Doktor, Fußballspieler oder Jetpilot. Wenn sich diese Berufsziele während des Heranwachsens auch öfter ändern, zeigt dies doch, daß sein Denken zunächst einmal aufs Berufliche ausgerichtet ist. Wenn man ein kleines Mädchen fragt, was es werden will, erwidert es gewöhnlich: „Mutter" oder „Hausfrau". Als Erwachsene und auch nach gründlicher Berufsausbildung halten viele Frauen die Rolle der Hausfrau für ihr Hauptberufsziel.

In Jackson, Mississippi, wurde ich auf einem Seminar für Familienleben von einer jungen Reporterin interviewt. Nach kurzer Zeit zeigte sie eine intensive Feindseligkeit, weil sie es als Erniedrigung empfand, einen Pfarrer interviewen zu müssen. Augenscheinlich wäre sie lieber zu jemand „Wichtigem" geschickt worden. Ich faßte ihre Feindseligkeit als Herausforderung auf und beschloß, die harte Schale ihrer Berufstüchtigkeit mit der Frage zu durchbrechen, die ich schon Dutzenden von Menschen gestellt habe. Ich hatte erfahren, daß sie an der Universität Journalismus als Hauptfach studiert hatte und für die beste künftige Reporterin im Staat gehalten wurde. Ich kam auch dahinter, daß sie wegen einer unglücklichen Liebesgeschichte im Alter von zweiundzwanzig Jahren die Männer haßte. Als sie schließlich etwas freundlicher wurde, fragte ich sie: „Ich führe eine inoffizielle Umfrage durch. Wären Sie bereit, auf eine persönliche Frage zu antworten?"

Jede neugierige Frau steht einer solchen Aufforderung positiv gegenüber. Ich fuhr fort: „Was ist die höchste Erwartung, die Sie im Blick auf Ihr Leben haben?"

Sie überlegte einen Augenblick und erwiderte: „Ein Haus und eine Familie." Etwas herausfordernd fragte ich: „Und einen Mann?" Sie errötete und sagte sanft: „Ich glaube."

Ich war selbst etwas überrascht über diese Frau, deren äußere Fassade mich veranlaßt hatte, sie in die Emanzipationsbewegung und deren Philosophie einzureihen. Und doch gab sie die natürliche Sehnsucht jeder Frau zu – ein Zuhause zu schaffen.

Unserer Meinung nach sind die meisten Frauen überwiegend intuitiv angelegt. Sie sollten sich dieser Eigenschaft ihrer Psyche nicht schämen; Gott schuf sie so. Die unglücklichsten Frauen der Welt sind die, die diesen Trieb durch Unwesentlicheres unterdrücken oder ersetzen. Wenn unsere Annahme richtig ist – und wir glauben das – dann ist die Rolle der Ehefrau überaus wichtig für eine Frau.

Sie fragen vielleicht: „Was bedeutet das für die Liebe in der Ehe?" Alles! Die Frau ist mehr als Mutter und Hausfrau. Sie ist auch die sexuelle Partnerin ihres Mannes. Wie der Mann so hat auch sie Mißerfolg in manchen Lebensbereichen, wenn sie im Bett versagt. Das hat zwei Gründe: Erstens gibt es Männer, die ein Versagen im Bett nicht ohne beleidigende Bemerkungen durchgehen lassen. Zweitens, und das ist noch wichtiger: Wenn ihr Mann sich an ihrer Liebe nicht erfreut, dann wird er seine

Enttäuschung zeigen. Die Frau bezieht einen Großteil ihres Selbstwertgefühls aus der Beziehung mit ihrem Mann. Die Frau müßte erst noch gefunden werden, die ein starkes Selbstbewußtsein hat und sich gleichzeitig für eine schlechte Ehefrau hält. Das ist unserer Meinung nach auch ein Grund dafür, daß geschiedene Frauen das zweite Mal oft unter ihrem Niveau heiraten – sie wurden vorher von ihren Männern unterdrückt und haben das Selbstbewußtsein verloren, das für jeden lebenswichtig ist.

Eine besorgte Frau kam zur Beratung, um meine Meinung zu hören, ob sie oder ihr Mann recht hätte: „Ich glaube, daß Sex in einer christlichen Ehe unnötig ist. Mein Mann ist anderer Meinung." Frauen mit der richtigen Einstellung zur Sexualität und alle Männer würden sich eindeutig auf die Seite ihres Mannes stellen, aber unsere Umfrage zeigt, daß einige sexuell frustrierte Frauen ihr recht geben würden. Diese Dame verkündete entschieden: „Ich kann den Rest meines Lebens ohne Sex auskommen!" Ist es ein Wunder, daß sie von allen Frauen, die wir je beraten haben, das geringste Selbstbewußtsein hatte? Auf die Warnung hin, daß sie sich nie als Frau annehmen könnte, wenn ihr Mann sie nicht als Ehefrau annähme, ging sie mit neuer Motivation zu ihrem Mann zurück. Mit der Zeit und mit Gottes Hilfe änderte ihre neue Haltung ihre Beziehungen zu ihrem Mann und gleichzeitig auch ihre Persönlichkeit. Heute ist sie eine gereifte Frau mit einem recht starken Selbstbewußtsein.

2. *Die Frau wird durch die Liebe ihres Mannes in ihrem Selbstbewußtsein gefestigt.* Alle Psychologen stimmen in einem Punkt überein: daß alle Menschen ein grundlegendes Liebesbedürfnis haben. Im allgemeinen gilt das aber mehr für Frauen als für Männer. Frauen haben enorme Möglichkeiten, Liebe zu geben und zu empfangen. Man könnte Hunderte von Beispielen von Mutterliebe, ehelicher Liebe und Schwesternliebe anführen, aber der Leser wird ohne Zweifel selbst viele kennen. Wer aber weiß Bescheid über die fünf Arten von Liebe, die eine Frau braucht?

a) Kameradschaftliche Liebe. Wenige Frauen genießen über längere Zeit die Einsamkeit. Nur wenige leben als Einsiedler oder Eremiten. Man findet vielleicht ein paar Ausnahmen, aber höchstens im Alter, wenn die Lebenskraft der Frau verbraucht ist oder wenn alle ihre Lieben gestorben sind. Eine Frau sieht die Ehe als dauernde Kameradschaft an, das erklärt, warum so viele Eheprobleme auftreten, wenn ein Mann aus Berufsgründen längere Zeit außer Haus ist. Allzuoft aber versteht er dieses Bedürfnis seiner Frau nach Zweisamkeit nicht.

Doch wenn sich ein Mann dieses Bedürfnisses seiner Frau bewußt wäre, verbrächte er zu Hause weniger Zeit vor dem Fernseher und lernte es, die Gesellschaft seiner Frau mehr zu genießen. Allerdings täte auch manche Ehefrau besser daran, das Zusammensein mit ihrem Mann anziehender zu gestalten, zum Beispiel durch Gesprächsthemen, die Männer interessieren. Es ist unklug, wenn eine Frau die Unterhaltung nur auf ihre eigenen Interessen lenkt, sobald ihr Mann nach Hause kommt. Sie sollte es sich zur Regel machen, ihn zu Hause mit angenehmen Gesprächen zu empfangen, mit Dingen, die ihn interessieren und die ihm eine Liebes- und Willkommensbotschaft signalisieren. Das hat gewöhnlich zur Folge, daß der Mann ihr seine Gedanken mitteilen und sie Interesse an seinem Beruf zeigen kann. Dies wiederum gibt ihr Gelegenheit, ihn durch positive Bemerkungen zu ermutigen.

Die meisten Paare haben keine Schwierigkeiten, vor der Ehe gute Kameraden zu sein, sie bauen aber diese Beziehung nicht aus, und so geht dieser Aspekt der Ehe verloren. Neun Monate nach seiner Hochzeit schrieb unser Sohn an seine Mutter: „Kathy ist mein bester Freund." Er war sich dessen nicht klar bewußt, aber er nahm die kameradschaftliche Liebe seiner Frau für sich in Anspruch.

Es fällt einer Frau oft schwer, einem Mann körperliche Liebe zu geben, der ihre kameradschaftliche Liebe nicht erwidert. Es ist immer leichter, Liebe zu geben, wenn sie vom anderen gebraucht und geschätzt wird. Der Mann muß seiner Frau zu verstehen geben, daß er ihre Gesellschaft genauso möchte wie sie die seine wünscht, egal, wie erfolgreich und beschäftigt er auch sein mag. Tatsächlich braucht sie seine Nähe um so mehr, je erfolgreicher er in seinem Beruf ist.

b) Helfende Liebe. Eine Frau hat meistens von Natur aus eine gute Art, mit Kranken umzugehen, aber nur wenige Männer können auf diese Weise einem anderen helfen. Wenn ein Kind oder der Mann Schmerzen hat, wer läuft dann um Hilfe? Wer springt um halb drei Uhr früh aus dem Bett, wenn das Baby nur das leiseste Wimmern hören läßt? Selten der Vater! Der Mutter geht dieses selbstlose Helfen nicht deshalb so von der Hand, weil sie Mutter, sondern weil sie Frau ist.

Die Männer müssen lernen, daß die Fähigkeit der Frau zu helfender Liebe auch ihr Bedürfnis offenbart, solche Liebe zu empfangen. Das gilt besonders, wenn sie seelisch oder körperlich leidet. Es ist bedauerlich, daß sich der Mann über diese Liebe freut, wenn er krank ist, sie aber nur zögernd erwidert, wenn seine Frau sie braucht. Die goldene Regel Jesu (Matthäus 7, 12) paßt auch hier sehr gut.

c) Romantische Liebe. Frauen sind romantisch! Im Herzen jedes Mädchens (auch wenn es erwachsen ist) lebt im stillen das Bild des anmutigen Prinzen auf seinem weißen Roß, der kommt, um die Prinzessin mit dem ersten Kuß seiner Liebe zu wecken. Daher braucht sie Romantik, Blumen, Musik, gedämpftes Licht, Essen im Lokal und eine Menge anderer Dinge. Unglücklicherweise verstehen das viele Männer nicht, vor allem, weil ihr Bedürfnis nach romantischer Liebe entweder nicht vorhanden oder kaum ausgeprägt ist. Nun sind sie aber mit einem Geschöpf verheiratet, das ein außerordentliches Bedürfnis nach Romantik hat. Manche Männer haben ein falsches Bild von ihrer Frau und halten sie für „nüchterner" veranlagt als andere Frauen. In Wahrheit haben diese Frauen wahrscheinlich versucht, ihre „Träume" durch praktische Orientierung zu überwinden. Es erscheint ihnen besser, ihren Wunsch zu unterdrücken als von der mangelnden romantischen Veranlagung ihrer Männer dauernd enttäuscht zu werden. Manchmal abends ohne Kinder auszugehen, ein kleines unerwartetes Geschenk oder ein anderes Zeichen von Romantik – dies alles kann sehr wertvoll für die Frau sein.

Dieser Unterschied zwischen Mann und Frau weckt vielleicht ein gewisses Gefühl der Gegensätzlichkeit nach der Hochzeit. Eine Frau verliert nie die Sehnsucht, romantisch umworben zu werden, während der Mann dieses Bedürfnis nicht einmal besitzt. Seine Gefühle bewegen sich nahe an der Oberfläche und sind leicht zu entflammen, die Gefühle der Frau dagegen kommen nur langsam zur vollen Entfaltung. Diese romantische Liebe läßt die Frau gern auf die kleinen Aufmerksamkeiten ihres Mannes eingehen: ihr die Autotür aufzuhalten, sie beim Überqueren der Straße am Arm zu nehmen oder ihr die Hand zu küssen. Vielleicht kommt er sich manchmal etwas dumm vor, aber ihre Reaktion ist die Verlegenheit wert.

Ich erinnere mich, wie ich eines Sonntags auf den Parkplatz unserer Kirche vorfuhr. Fünf Männer schauten zu, wie ich um das Auto herumging und für Beverly die Tür öffnete. Offen gesagt, kam ich mir dabei komisch vor, aber ihre Reaktion wog alles auf, nicht nur durch den kleinen Händedruck, als wir in die Kirche gingen, sondern auch später an diesem Abend. Nach fünf Predigten an diesem Tag war ich ziemlich erschöpft, als wir nach Hause kamen. Es war etwa elf Uhr, und es regnete leicht. Als ich beim Halten die Handbremse zog, sah ich erstaunt, wie sie die Tür öffnete und ins Licht der Scheinwerfer lief, um das doppelte Garagentor zu öffnen. Wieso? Um fünf Uhr hatte sie eine romantische Sehnsucht, vor den Augen unserer Freunde geehrt und bevorzugt zu werden, um elf Uhr zeigte sie mir ihre Wertschätzung und ging auf meine Bedürfnisse ein.

Fallen Sie nicht auf den Irrtum herein, daß die moderne Frau von heute irgendwie anders ist, nur weil sie sich vielleicht schlampig kleidet und manchmal so tut, als kümmere sie sich wenig um gute Sitten und Etikette. Tief im Herzen der Frau schreit etwas nach romantischer Liebe.

Elisabeths Fall paßt dazu. Mit einundzwanzig kam sie durch eine junge Frau, mit der sie die Oberschule besucht hatte, in unserer Gemeinde zu Christus. Als sie die ersten Male den Gottesdienst besuchte, trug sie Blue Jeans und einen weißen Pulli. Äußerlich schien sie derb und emanzipiert. Als sie im Glauben an den Herrn Jesus wuchs, fing sie an, sich passender anzuziehen und ihr Haar zu frisieren. Überraschenderweise zeigte sie sich als sehr attraktive junge Frau. Bald darauf traf sie Roy, und er bat sie um einen Besuch bei ihren Eltern. Etwa ein Jahr später kam Elisabeth in mein Büro, um Heiratspläne zu besprechen. Auf die Frage, was sie an Roy liebe, antwortete sie: „Er behandelt mich wie eine Dame. Er ist der erste, der mich von der Haustür zu einer Verabredung abholte, mir die Autotür öffnete und mir einen Platz am Tisch aussuchte." Auf meine Frage, ob sie diese Art des Umgangs möge, flüsterte sie unter Tränen: „Ich liebe das." Sie hatte sieben Jahre lang Verabredungen mit Jungen gehabt, aber der erste, der sie wie eine Dame behandelte, gewann ihr Herz. Der Grund ist einfach: Frauen brauchen romantische Liebe.

d) Herzliche Liebe. Die meisten Frauen sehnen sich nach liebevollen Küssen. Sie kennen vielleicht einige Ausnahmen – wir auch – aber wenn Sie näher hinsehen, entdecken Sie, daß ein solcher Verzicht angelernt ist. Manchmal wird er durch einen Ehemann verursacht, der schnellen Sex fordert und langsame Vorbereitung zur körperlichen Liebe ablehnt. Manche gedankenlosen Männer mögen damit zufrieden sein, die Frauen sind es im allgemeinen nicht. Für sie ist eine liebevolle Berührung, ein herzliches Umarmen und die Nähe des Geliebten fast ebenso wertvoll wie der intime Kontakt. Viele Frauen sprechen auf einen liebevollen Blick und lobende Worte an. Ein kluger Ehemann verläßt manchmal die eingefahrenen Gleise und macht seiner Frau Komplimente. Solche Männer brauchen keine Gleichgültigkeit auf sexuellem Gebiet zu fürchten, sie wissen, daß ihre Frauen durch die kleinen Liebesbeweise entflammt werden.

Mir persönlich bedeuten Blumen überhaupt nichts. Auch wenn wir nie welche zu Hause hätten, würden sie mir nicht fehlen. Aber fast jedesmal, wenn ich am Samstagabend von einem

Seminar zurückkomme, kaufe ich einen Rosenstrauß für Bev im Flughafen von San Diego. Warum? Weil ich mich auf die Reaktion freue, die bei ihr dadurch entsteht. Offen gesagt, brauchte ich mehrere Jahre, bis ich begriff, daß es sich lohnte, mein Verhalten auf ihr Liebesbedürfnis einzustellen. Sie liebt nicht nur gelbe Rosen, sondern ist dankbar, weil ich an sie denke, wenn ich in die Stadt zurückkomme.

e) Leidenschaftliche Liebe. Der Mann hat diese Form von Liebe von Natur aus aufgrund seines starken Geschlechtstriebes. Die meisten Frauen müssen sich die Freude an leidenschaftlicher Liebe erst aneignen, aber seien Sie überzeugt – die Lernfähigkeit dafür haben sie. Der Mann, der seine Partnerin herzlich liebt, kann sie auch leidenschaftliche Liebe lehren. Und jeder Mann, der das fertiggebracht hat, wird bestätigen, daß diese Zeit gut genutzt war.

Bei der Leidenschaft der Frau gibt es eher ein Auf und Ab als bei der des Mannes, wie wir noch sehen werden. Wenn der richtige Ort und die Zuneigung vorhanden sind, kann sie leidenschaftliche Liebe wirklich genießen. An eines sollte man aber denken: Es ist für eine Frau leichter, leidenschaftliche Liebe zu zeigen, wenn andere Liebesbedürfnisse vorher befriedigt wurden.

Wenn diese im Herzen der Frau vorhandenen Liebesbedürfnisse richtig befriedigt wurden, sind sie eine sichere Grundlage für die Liebe ihres Mannes. Das wird immer wichtiger in einer Zeit, in der Männer jeden Tag im Berufsleben mit Frauen zusammentreffen. Manch ein Ehemann ist von Sekretärinnen oder anderen Angestellten umgeben, deren körperliche Reize während der Arbeitszeit auf ihn einwirken. Wenn ein Ehemann einer anderen Frau begegnet, die gerade auf seiner Wellenlänge liegt, ist die beste Bewahrung vor moralischen Schwierigkeiten die herzliche Liebesbeziehung zu seiner Frau. „Männliche Erotik, die zu Hause erfüllt wird, lechzt nicht draußen nach mehr." Das gilt auch für die Frau. Weil sie wissen muß, daß ihr Mann sie braucht, wird der Liebesakt zum notwendigen Beweis, der sie von seiner Liebe überzeugt.

Diese Sehnsucht nach Gewißheit der Liebe wurde in wunderbarer Weise von einem uns nahestehenden Freund geschildert, dessen entzückende Frau von einer Lähmungskrankheit befallen wurde, die ihre körperliche Beweglichkeit langsam einschränkte. Weil er sie innig liebte und wußte, daß sie große Schmerzen litt, hielt er sich mit Gewalt davon zurück, mit ihr zu schlafen. Eines Nachts lag er neben ihr und versuchte einzuschlafen, aber er merkte, daß seine Frau unruhig war. Er lauschte einen Moment und hörte gedämpftes Schluchzen. „Schatz, warum weinst du?" Sie antwortete zögernd: „Weil ich denke, du liebst mich nicht mehr."

Erstaunt fragte er: „Was habe ich denn getan?"

„Gar nichts, eben deshalb! Du schläfst nicht mehr mit mir."

Zuerst dachte er: „Was gibt es denn für einen größeren Liebesbeweis, als mir das zu versagen, wonach jedes Organ meines Körpers förmlich schreit?" Aber dann sah er ein, daß seine leidende Frau den Beweis seiner Liebe durch den Liebesakt dringend brauchte. Alle Frauen brauchen ihn.

3. Der Geschlechtstrieb der Frau wird durch die sexuelle Begegnung befriedigt. Die Frau hat keinen so starken und ständig wachen Geschlechtstrieb wie der Mann. Umfragen ergaben, daß fast alle Frauen vor, während oder kurz nach ihrer monatlichen Regel und natürlich in der Mitte ihrer Monatsperiode – zur Zeit der höchsten Fruchtbarkeit – leidenschaftlicher sind. Darüber hinaus steigt ihre Freude an der Sexualität mit den Jahren. Wenn sie lernt, auf ihren Mann einzugehen und öfter bis zum Orgasmus zu gelangen, steigt ihre Wertschätzung des Aktes und ihr Verlangen nach diesem Erlebnis.

Anscheinend wird die Frau von sexuellen Vorstellungen nicht so leicht versucht wie ihr Mann. Sie hat jedoch die Fähigkeit, sich in romantischer Weise an solche erregenden Erfahrungen der Vergangenheit zu erinnern. Infolgedessen verstärkt jeder erregende Liebesakt ihren Geschlechtstrieb in demselben Maß, wie jede unbefriedigende Erfahrung ihn schwächer werden läßt. Ein wachsender Geschlechtstrieb sucht nach Befriedigung. Die eheliche Liebe ist nach Gottes geheiligtem Plan der Platz für sein Ausleben.

4. Das Nervensystem entspannt sich. Wir haben immer wieder bemerkt, daß frigide Frauen nervös sind. Aber das heißt nicht, daß jede nervöse Frau frigide ist, denn manche Frauen sind von Natur aus nervös. Es ist daher wichtig, daß die Ehefrau das gesunde Ausleben ihrer Sexualität zusammen mit ihrem Mann lernt.

Wie beim Mann ist auch bei der Frau das Nervensystem mit den Geschlechtsorganen gekoppelt. Gott hat alle Frauen so angelegt, daß sie im Geschlechtsakt eine gesunde Entspannung erfahren können. Der eheliche Liebesakt dient zur Arterhaltung und zur persönlichen Freude, er fördert die Treue und schafft Erfüllung. Aber er sorgt auch für eine sehr nötige Entspannung des Nervensystems.

5. Die sexuelle Begegnung ist das außerordentlichste Erlebnis, das man haben kann. Wenn die eheliche Liebe, wie es sein sollte, im Orgasmus gipfelt, bietet sie der Ehefrau die erregendste Erfahrung ihres Lebens. Eine junge Mutter wandte dagegen ein, daß die Schwangerschaft ein noch tieferes Erlebnis sei. Uns geht es aber um eine Erfahrung der Frau, die normalerweise öfter gemacht werden kann. Es gibt kein Erlebnis, das man mit dem ehelichen Liebesakt vergleichen könnte, sowohl für den Mann wie für die Frau, die einander brauchen, um diesen Höhepunkt zu erreichen.

Die allerschönste Bedeutung

Eine wichtige Bedeutung des ehelichen Liebesaktes wurde mit Absicht ans Ende gestellt. Wir glauben, es ist die schönste von allen. In einfachen Worten: dieses Geschehen ist eine lebenslange Erfahrung, die Mann und Frau einzig mit dem Partner erleben. In allen anderen Tätigkeiten des Lebens haben wir den anderen nicht für uns allein. Wenn der Mann Lehrer oder Handwerker ist, haben andere Leute an den Früchten seiner Geschicklichkeit Teil. Ob die Frau eine gute Köchin ist oder attraktiv aussieht – der Ehemann ist nicht der einzige, der sich an diesen Gaben erfreut. Aber hinter der geschlossenen Schlafzimmertür erfährt ein Paar sein völliges Einssein. Diese Augenblicke, die sie in einem ausschließlichen, innigen Ganzen vereint, werden von niemand anderem auf Erden geteilt. Das ist ein weiterer wichtiger Grund dafür, daß der eheliche Liebesakt einen solchen verbindenden, einigenden und bereichernden Einfluß hat.

Die Bedeutung des Einsseins, die sich aus dem Lieben ergibt, ist viel wichtiger als die Zeit, die man für dieses Erlebnis braucht. Wenn ein durchschnittliches Paar etwa dreimal in der Woche dreißig Minuten zu einem Liebesakt braucht, würde das Lieben nur eineinhalb Stunden pro Woche beanspruchen; das sind 0,9 Prozent der Zeit. Aber kein anderes, wiederholbares Erlebnis ist wichtiger für dieses Paar. Die Partner, die ihre gegenseitige Beziehung genießen, verbringen viele Stunden in der Harmonie der Gefühle und des Geistes in Erwartung des Erlebnisses, und viele Stunden gemeinsamer Zufriedenheit und Nähe aufgrund ihrer Liebe folgen danach. Wahrscheinlich festigt keine andere auch noch so großartige menschliche Tätigkeit ihre Beziehung stärker als der eheliche Liebesakt.

4

SEXUELLE AUFKLÄRUNG

Gott hat nie Wert auf Unwissenheit gelegt. Das gilt auch für die sexuelle Aufklärung. Seine Feststellung: „Mein Volk ist zugrunde gerichtet, weil ihnen das Wissen fehlt" gilt in diesem Lebensbereich ebenso wie im geistlichen. Millionen Ehepaare nehmen ein Liebeserlebnis zweiter Klasse in Kauf, weil sie über die Geschlechtsorgane und die sexuellen Vorgänge nichts wissen und auch nichts lernen wollen.

Viele, die wegen sexueller Störungen zur Beratung kamen, haben nie ein Buch zu diesem Thema gelesen noch vorher eine angemessene Beratung erfahren. Diese hartnäckige Unwissenheit gab selbsternannten Sexwissenschaftlern die Gelegenheit, ins andere Extrem zu verfallen und die Kinder vom Kindergarten bis zur letzten Schulklasse mit Überdosen sexueller Aufklärung einzudecken. Beide Extreme führen in Unglück und Unzufriedenheit.

Die staatlichen Schulen haben sich auf dem Gebiet der sexuellen Aufklärung als unfähig erwiesen, weil sie von zwei irrigen Voraussetzungen ausgegangen sind:

1. Sie bestehen darauf, sexuelle Aufklärung ohne moralische Absicherungen zu geben und entschuldigen dieses Fehlen durch die Behauptung, der Pluralismus der Meinungen in der Demokratie erfordere das Weglassen moralischer Leitlinien. Das ist nicht nur lächerlich, sondern auch gefährlich! Sexuelle Aufklärung ohne moralische Prinzipien zu betreiben bedeutet, Öl ins Feuer zu gießen. Die Forschung zeigt, daß der Mann seinen Geschlechtstrieb zwischen dem sechzehnten und einundzwanzigsten Lebensjahr am stärksten erlebt. Das Letzte, was

er in diesem Alter brauchen kann, ist sexuell erregende Information, die er noch mehrere Jahre lang nicht anwenden kann. Darüber hinaus braucht er ein moralisches Grundprinzip zur Kontrolle dieser Triebe, bis er alt genug ist, um die Verantwortung für ihr Ausleben zu übernehmen.

2. Diese „Sexerten" nehmen irrigerweise an, daß Aufklärung selbstverständlich sexuelles Glück zur Folge hat. Eine solche Annahme entspringt dem humanistischen Konzept, der Mensch sei eigentlich ein Tier und sollte daher auch wie ein solches leben. Diese Philosophie hat ungebundene Geschlechtsbeziehungen vor und in der Ehe gefördert, was wiederum die Geschlechtskrankheiten zu einem der größten Gesundheitsprobleme der Nationen für Menschen unter vierundzwanzig Jahren werden ließ und das Auftreten von Schuldneurosen nach der Hochzeit steigerte. Wir sagen für die nächste Generation, aufgrund dieser mutwilligen geistigen Zerstörung unserer Jugend, nie dagewesene Angst und Depressionen voraus.

Sexuelle Unkenntnis ist jedoch keine Alternative. Es muß jungen Leuten gesagt werden, daß die Sexualität heilig ist, daß sie Erfahrungen beinhaltet, die Gott der Ehe vorbehalten hat. Der hohe Preis ungebundener Geschlechtsbeziehungen und die Gefahren der Geschlechtskrankheiten müssen ihnen eindeutig klargemacht werden. Wenn junge Leute miteinander befreundet sind, müssen sie sich dessen bewußt sein, daß der Körper beider Partner ein Tempel des Heiligen Geistes ist. Die meisten bibelorientierten Gemeinden bekennen sich unzweideutig auf Jugendfreizeiten und vielen Jugendtreffen zu diesen Maßstäben.

Durch Praxis lernen

Am besten befaßt man sich kurz vor der Hochzeit ausführlich mit dem, was man über Sexualität lernen kann und wissen muß. Gott gab Adam und Eva kein Handbuch über Sexualverhalten, sie lernten das Nötige aus der Praxis. Wir sind der Überzeugung, daß der moderne Adam und die moderne Eva dasselbe können, wenn sie uneigennützig genug sind, um auf die Befriedigung ihres Partners größeren Wert zu legen als auf ihre eigene. Arbeitet man einige gute Bücher zum Thema zwei oder drei Wochen vor der Hochzeit sorgfältig durch, spricht offen mit dem Hausarzt und läßt sich von einem Seelsorger beraten, dann ist man im allgemeinen gut vorbereitet.

Eine weitere Hilfe kann ein aufrichtiges Gespräch mit dem gleichgeschlechtlichen Elternteil sein. Wir freuten uns als Eltern, unsere Erfahrungen und Erkenntnisse an zwei unserer Kinder weitergeben zu können. Aufgrund dieses Gespräches und der vorgeschlagenen Lektüre haben sie sich offenbar gut zurechtgefunden. Im folgenden finden Sie etwas von dem, was wir mit ihnen im Hinblick auf sie selbst und ihren Partner besprachen. Solche Studien erweisen sich meistens für Ehepaare oder kurz vor der Hochzeit stehende Paare als äußerst fesselnd. Wenn man diese Informationen im Hinblick auf den Sinn der Ehe – Empfängnis, Freude und Bindung der Ehepartner aneinander – betrachtet, kommt man kaum an der Erkenntnis vorbei, daß Gott den Menschen wunderbar geschaffen hat. Kein Wunder, daß der Psalmist erklärt, daß „ich wunderbar gemacht bin" (Psalm 139, 14). Man tut gut daran, die folgenden Seiten sorgfältig zu lesen. Jedes Organ ist der Reihenfolge seiner geschlechtlichen Funktion gemäß aufgeführt, entsprechend der Beschriftung in der folgenden Skizze (S. 54).
Es ist wichtig, die Grundbestandteile der eigenen Geschlechtsorgane und die des Partners zu kennen. Man sollte auch ihre wichtigsten Aufgaben und Funktionen verstehen.

Hodensack oder *Skrotum*: der kleine Sack, der die Hoden enthält und zwischen den Beinen des Mannes hängt.

Hoden: die empfindlichen, eiförmigen, samenerzeugenden Organe, die im Hodensack hängen. Sie haben die Größe und Form einer großen Nuß, sind etwa vier Zentimeter lang und enthalten eine lange Röhre, deren Durchmesser etwa 0,02 Millimeter und deren Länge etwa 300 Meter beträgt. Sie können täglich 500 Millionen Samenzellen erzeugen. Üblicherweise hängt der linke Hoden tiefer als der rechte, das sollte nieman-

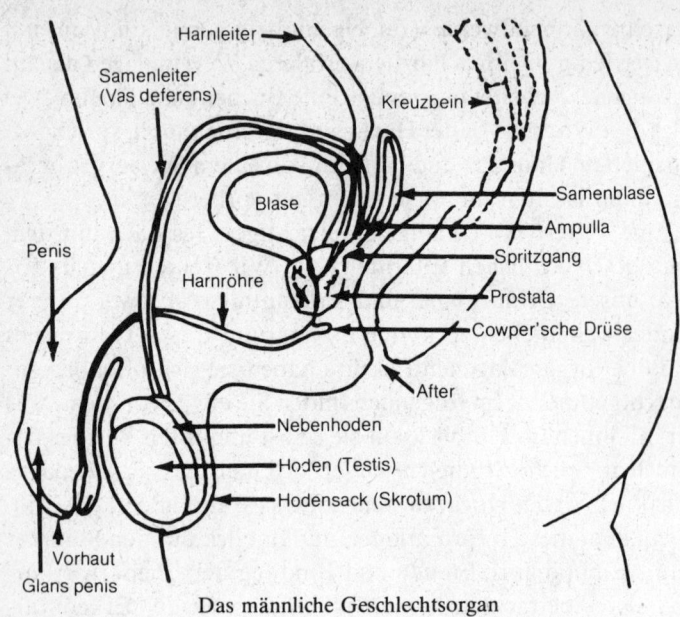

Das männliche Geschlechtsorgan

den erschrecken, es ist ganz natürlich. Manchmal ist nur ein Hoden nach unten gewandert, sogar nach der Pubertät trifft man dies oft noch an. Dies hat für die sexuelle Funktion keine Bedeutung, zumal auch ein gesunder Mann mit nur einem funktionsfähigen Hoden durchaus zeugungsfähig ist. Ein chirurgischer Eingriff oder eine Hormonbehandlung können das Problem aber auch beheben. Es tritt bei nicht nach unten gewanderten Hoden eine höhere Tumoranfälligkeit auf, und es ist ratsam, daß ein Junge mit einem solchen Befund vor dem zehnten Lebensjahr ärztlich untersucht wird, damit Komplikationen früh erkannt werden.

Sperma oder *Spermatozoen* (*Spermien*): der männliche Samen, der in den Hoden erzeugt wird und die weibliche Eizelle befruchten kann. Dieser Samen enthält alle Erbinformationen, die auch das Geschlecht des Kindes festlegen. Beim Geschlechtsverkehr wird er durch den Penis in die Scheide der

Frau ausgestoßen. Die Zellen messen vom Kopf bis zur Geißelspitze etwa $1/20$ Millimeter.

Nebenhoden: der kleine Kanal im Hodensack, in dem der im Hoden erzeugte Samen einem Reifungsprozeß unterliegt.

Samenleiter (*Vas deferens*): der vom Nebenhoden ausgehende Kanal, der den Samen in die Ampulla leitet. Bei der Vasektomie zur Sterilisation des Mannes wird ein Abschnitt von etwa zwei Zentimetern von jedem Samenleiter entfernt. Diese Operation kann normalerweise unter örtlicher Betäubung in der Arztpraxis durchgeführt werden und behindert den Mann etwa ein oder zwei Tage. Die Operation beeinflußt sein Geschlechtsleben nicht, sie verhindert nur, daß der Samen in den Penis gelangt.

Ampulla (*Ductus deferentis*): der Speicher für die Spermien, die den Nebenhoden verlassen haben und durch den Samengang gewandert sind.

Bläschendrüse: das die Samenflüssigkeit erzeugende Organ, das den Samen zur Prostata bringt.

Spritzgang: das Organ, das Samen und Samenflüssigkeit durch den Penis in die Frau ausstößt.

Prostata: eine wichtige Drüse von der Form einer großen Walnuß, die sich zusammenzieht und beim Samenerguß hilft. Sie produziert zusätzliche Samenflüssigkeit, enthält die Nerven zur Kontrolle der Erektion des Penis. Sie liegt zwischen Harnblase und innerem Teil des Penis und umgibt den Ausfuhrkanal der Harnblase. Die Prostata kann sich beim älteren Mann vergrößern und den Urinfluß blockieren, was eine Prostatektomie nötig macht, das heißt: die Entfernung der Prostata. Nach dieser Operation geht der Samen bei einer Ejakulation in die Blase und verläßt den Körper überhaupt nicht. Das verändert das körperliche Erleben des Orgasmus nicht, man braucht jedoch spezielle Anleitungen, wenn eine Schwangerschaft eintreten soll.

Cowpersche Drüsen: die ersten Drüsen, die auf die sexuelle Erregung des Mannes antworten. Sie entlassen einige Tropfen schleimiger Flüssigkeit in die Harnröhre und bereiten sie so auf den Durchtritt des Samens vor, indem sie die Säuren des Urins neutralisieren, die sonst die Spermien abtöten würden.

Harnröhre: der Kanal, der den Urin von der Blase durch den Penis nach außen führt. Sie leitet auch den Samen und die Samenflüssigkeit aus der Prostata durch den Penis.

Penis: das Geschlechtsteil des Mannes, durch das sowohl Urin wie Samen nach außen gelangen. Der Penis kann durch Bluteintritt auf geistige oder körperliche Reizung hin vergrößert werden und wird dann steif und aufgerichtet. Der Penis besteht aus drei Körpern von schwammigem, dehnbarem Gewebe (Schwellkörper): der mittlere enthält die Harnröhre. Die Länge des nicht erregten Penis kann sehr verschieden sein, die Länge des aufgerichteten Penis beträgt fast immer fünfzehn bis achtzehn Zentimeter. Der Rand der Eichel wird während der Erektion härter als die Spitze, das trägt durch Reiben zur Erregung der Frau bei.

Eichel: (Glans penis): die Spitze des Penis, der sehr empfindliche Teil des Organs, der auf Reiben hin den Ausstoß des Samens und der Samenflüssigkeit veranlaßt.

Vorhaut: die lockere Haut, die die Eichel zum Schutz umgibt. Ein Stoff, der als Smegma bezeichnet wird, sammelt sich oft unter der Vorhaut und verursacht einen schlechten Geruch. Daher sollte man den Penis täglich waschen. Eine Beschneidung der Vorhaut wird aus hygienischen Gründen empfohlen, hat aber kaum Auswirkungen auf die Erregbarkeit der Eichel.

Erogene Zonen: das männliche Geschlechtsorgan, bestehend aus Penis, Hodensack und den umgebenden Bereichen, ist außerordentlich berührungsempfindlich. Wenn es von der Frau liebkost wird, erzeugt sie bei dem Mann eine angenehme sexuelle Erregung, die ihn auf den Geschlechtsverkehr vorbereitet, gewöhnlich innerhalb kürzester Zeit.

Nächtliche Pollution: (Samenerguß): ein Vorgang, der für den unvorbereiteten jungen Mann eine beunruhigende Erfahrung sein kann. Wenn er beim Aufstehen seinen Schlafanzug feucht oder klebrig oder steif verhärtet findet, ist er vielleicht erschrocken. Was geschah? Aufgrund gesteigerter Samenbildung hatte sich ein Druck aufgebaut: die Samenbläschen und die Prostata sind bis zum äußersten gefüllt, so daß das ganze Geschlechtsorgan förmlich auf einen Ausbruch wartet. Manchmal werden durch einen Traum während der Nacht solche Bedingungen geschaffen. Die Schwellkörper des Penis füllen sich mit Blut und verursachen so eine Erektion. Die Cowperschen Drüsen senden ihre neutralisierende Flüssigkeit in die Harnröhre, dann arbeiten die ejakulatorischen Muskeln und Gänge, Sperma und Samenflüssigkeit mischen sich und schießen durch die Harnröhre und den Penis. Vom zehnten bis zum zwanzigsten Lebensjahr gibt es beim jungen Mann oft solche nächtlichen Ergüsse.

Die ständige Produktion von Sperma und Samenflüssigkeit veranlaßt den Mann gewöhnlich, nun den Liebesakt in der Ehe beginnen zu lassen.

Man sollte seine Aktivität nicht nur als Mittel ansehen, seinen Geschlechtstrieb zu befriedigen, sondern auch als Erfüllung des von Gott gegebenen Plans geschlechtlicher Verbindung zwischen Mann und Frau.

Ejakulation: der sexuelle Höhepunkt, wenn die Samenflüssigkeit aus den Speicherräumen durch kleine Kanäle gepreßt wird, die sich zum Spritzgang vereinigen, kurz bevor sie in die Basis des Penis eintreten. Das Zusammenziehen der Muskeln an der Basis des Penis preßt die Samenflüssigkeit an der Prostata vorbei, wo zusätzliche Drüsenausscheidungen aufgenommen werden, und dann weiter durch die Harnröhre und aus ihr heraus, womit die Aufgabe der Befruchtung der Frau erfüllt wird. Diese Flüssigkeit kann unter Druck bis etwa dreißig und fünfzig Zentimeter weit ausgestoßen werden. Man nimmt allgemein an, daß der halbe Teelöffel Samenflüssigkeit, der sich während eines normalen Geschlechtsaktes nach zwei- bis dreitägiger Enthaltsamkeit ergießt, 250 bis 500 Millionen Samenzellen enthält. Der Samen besteht in erster Linie aus Protein, einem eiweißähnlichen Stoff, und ist weder schmutzig noch unhygienisch, obwohl er einen eigenartigen Geruch hat.

Die Frau braucht die Samenflüssigkeit nicht durch Duschen zu entfernen, wenn sie nicht will.

An der wunderbaren Ergänzung der männlichen und weiblichen Geschlechtsorgane kann man die kunstvolle Schöpfung Gottes erkennen. Die weiblichen Genitalien (oder Geschlechtsorgane, vom Lateinischen „erzeugen, gebären") haben zwei Bereiche. Der äußere Bereich, der leicht sichtbar, außerhalb des Körpers liegt, bildet den Eingang in den Körper. Der zweite, innere Bereich besteht aus den zwei Eierstöcken, den zwei Eileitern oder Tuben, der Gebärmutter und der Scheide.

Die Geschlechtsorgane werden einige Monate vor der Geburt gebildet, bleiben aber bis zur Pubertät (gewöhnlich mit zwölf bis fünfzehn Jahren) inaktiv, bis sie das Signal erhalten, sexuell zu reifen. Dieses wichtige Signal kommt von der Hypophyse, einer kleinen Drüse an der Basis des Gehirns.

Eierstöcke (Ovarien): Organe, die nach dem lateinischen „ova" benannt sind, was „Eier" bedeutet. Eine Frau hat zwei Ovarien, jedes etwa von der Größe eines Amseleis, eines auf jeder Körperseite.

Die Ovarien, die den Hoden des Mannes entsprechen, erzeugen die weiblichen Eizellen. Die Ovarien eines neugeborenen Mädchens enthalten zwischen 300 000 und 400 000 kleine Bläschen, die als Ova bezeichnet werden. Nur etwa 300 bis 400 werden jemals reif und verlassen den Eierstock. Bei Eintritt der Geschlechtsreife beginnen sich in den Ovarien des Mädchens die weiblichen Geschlechtshormone zu bilden, die die Entwicklung zur Frau bedingen. Seine Brüste vergrößern sich, Haare wachsen unter den Achselhöhlen und in der Schamgegend, die Hüften werden breiter und das Mädchen nimmt allmählich das rundliche, weibliche Aussehen an. In Abständen von etwa einem Monat reift ein Ei, bis es etwa einen Durchmesser von $1/10$ Millimeter hat, dann wird es aus dem Eierstock in den Eileiter gestoßen.

Eileiter: auch Ovidukt genannt, etwa zehn Zentimeter lange Schläuche, die sich an die Ovarien anschließen und die Eizelle

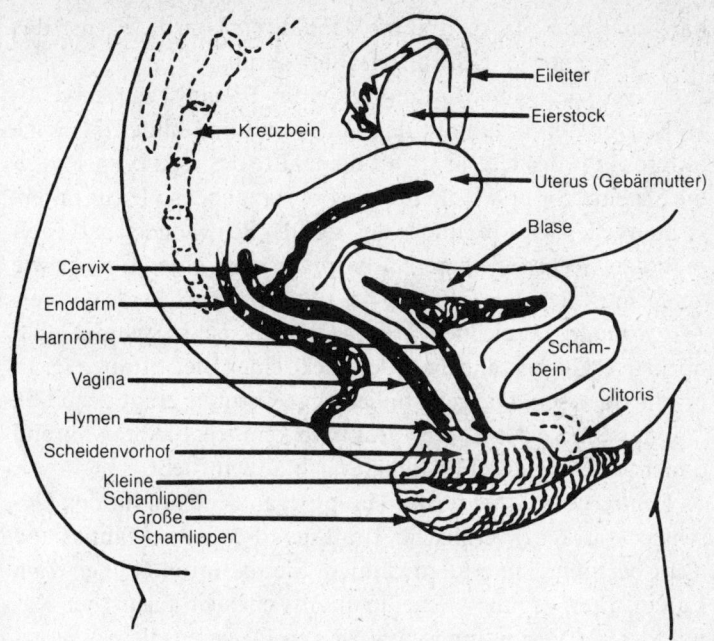

Das weibliche Geschlechtsorgan

Eileiter

Eierstock

Kreuzbein

Uterus (Gebärmutter)

Blase

Cervix

Enddarm

Harnröhre

Scham-
bein

Vagina

Clitoris

Hymen

Scheidenvorhof

Kleine
Schamlippen
Große
Schamlippen

zur Gebärmutter führen, was etwa zweiundsiebzig Stunden dauert. Wenn während dieser Zeit Geschlechtsverkehr stattfindet, ist es sehr wahrscheinlich, daß wenigstens eine der aktiven Samenzellen ihren Weg durch die Scheide und die Gebärmutter in den Eileiter findet und sich mit der Eizelle vereinigt. In diesem Augenblick entsteht Leben. Wird das Ei nicht vom Samen im Eileiter befruchtet, wandert es in die Gebärmutter und löst sich dort auf.

Gebärmutter oder Uterus: das feste Muskelorgan (vom lateinischen Wort *uterus*, was „Schoß" oder „Bauch" bedeutet), das gewöhnlich in Größe und Form einer Birne vergleichbar ist und etwa zehn Zentimeter lang ist. Das Innere des Uterus ist eine dreieckige Höhlung, die von starken Muskelwänden umgeben ist. Die beiden Eileiter treten oben ein. Der untere Teil der Uterushöhle, der die schmale Basis bildet, wird als Halskanal bezeichnet. In dem stark dehnbaren Uterus wächst das Kind während der Schwangerschaft heran.

Cervix: der Gebärmutterhals, vom Lateinischen cervix – Hals. Der Cervix umgibt den Halskanal und bildet das enge untere Ende des Uterus. Etwa die Hälfte des Cervix springt in die Scheide vor und kann daher vom Arzt ebenso leicht untersucht werden wie Ohr und Nase. Vor der Schwangerschaft fühlt man den Cervix wie eine Nasenspitze, nach einer Geburt wie eine Kinnspitze. Die Öffnung des Cervix in die Scheide wird als *Muttermund* bezeichnet. Diese Öffnung ist so schmal, daß höchstens Gegenstände von der Dicke einer Bleistiftmine leicht hindurchpassen. Die gewöhnlich enge Öffnung trägt dazu bei, daß das Innere des Uterus praktisch keimfrei bleibt, während dauernd reinigende Flüssigkeit nach außen fließt.

Vagina oder *Scheide*: das Hauptorgan der Frau für den Geschlechtsverkehr, vergleichbar mit dem Penis des Mannes und dazu bestimmt, ihn aufzunehmen. Sie hat ihren Namen vom Lateinischen vagina – Scheide und ist ein sehr elastischer Kanal, der als Verbindungsgang zu den Organen dient, die geschützt im Körperinneren liegen. Sie ist acht bis zwölf Zentimeter lang. Ihre Innenwände aus feinem Muskelgewebe liegen normalerweise aneinander, dabei weist ihre sonst glatte Oberfläche Falten auf.

Die Scheidenwand enthält viele kleine Drüsen, die dauernd einen reinigenden Flüssigkeitsfilm erzeugen, der gleichzeitig eine gute Gleitfähigkeit vermittelt, so daß sich die Vagina selbst reinigt (in dieser Hinsicht ist sie dem Auge ähnlich). Im oberen Teil bildet die Vagina ein Gewölbe, das die Spitze des Cervix umgibt. Nahe der Öffnung nach außen befinden sich an der Vagina eine Vielzahl empfindlicher Nerven. Diese Öffnung wird von einem Schließmuskel umgeben, der auf die Signale dieser Nerven anspricht. Dieser Muskel kann willentlich angespannt und entspannt werden. In diesem Ringmuskel eingebettet liegen zwei Drüsen, genannt: Bartholinische Drüsen, die zusätzliche Gleitflüssigkeit erzeugen, vor allem auf sexuelle Erregung hin.

Die erste Reaktion auf eine sexuelle Erregung bei der Frau besteht in der Befeuchtung der Vagina, die gewöhnlich nach zehn bis dreißig Sekunden eintritt. Man hat vor kurzem entdeckt, daß sich auf diese Erregung hin die Scheidenwand mit Feuchtigkeitstropfen bedeckt, ähnlich wie der Beschlag auf einer kalten Glasscheibe, was große praktische Bedeutung für die Einführung des Penis beim Geschlechtsverkehr hat.

Schamgegend: die Öffnung der Scheide nach außen, die mehrere Organe umfaßt, einschließlich der äußeren großen Schamlippen, die als *Labia maiora* bezeichnet werden. Die Schamlippen sind aus der gleichen rauhen Haut gebildet wie der Hodensack des Mannes. Bei sexueller Erregung schwellen diese Schamlippen an und werden dicker. Wenn man sie öffnet, erscheinen die inneren kleinen Schamlippen, die als *Labia minora* bezeichnet werden. Es sind sehr feine Hautfalten an der Vorderseite der Schamgegend. Diese kleinen Schamlippen bestehen aus einer Haut, die der Eichel sehr ähnlich ist.

Hymen: dieser Name leitet sich vom Hochzeitsgott der Sage ab. Es ist eine Haut am hinteren Teil der äußeren Öffnung der Vagina, die relativ fest sein kann. Das Hymen kann aber von Geburt an fehlen und ist daher kein Zeichen für den Verlust der Jungfräulichkeit. Die Öffnung im Hymen hat bei einer Jungfrau etwa zwei Zentimeter Durchmesser, muß aber für einen schmerzfreien Verkehr etwa drei Zentimeter groß sein. Fünfzig Prozent der Ehefrauen sagen aus, sie hätten beim ersten Verkehr geringfügig Schmerzen verspürt, 20 Prozent hatten keine Schmerzen und 30 Prozent hatten ziemlich starke Schmerzen.

Vor der Ehe sollte sich jede Frau ärztlich untersuchen lassen. Unter ärztlicher Schweigepflicht und mit der Zustimmung der Frau kann das Hymen zerstört werden, um eine unnötige Verzögerung des Geschlechtsverkehrs nach der Hochzeit zu vermeiden. Wenn die junge Frau ernstliche Einwände gegen dieses Vorgehen hat, kann eine ärztliche Untersuchung auf den Tag nach der Hochzeit festgesetzt werden. Wenn sie will, daß ihr

Mann in der Hochzeitsnacht das Hymen einreißt, ist es sehr wichtig, daß reichlich Gleitflüssigkeit an den Penis und um die Öffnung der Vagina gebracht wird. Welche Stellung beim Geschlechtsverkehr auch gewählt wird – am besten ist es, wenn der Penis nach unten gegen den hinteren Teil der Scheidenöffnung gerichtet ist. Sie sollte sich dem Penis entgegenschieben, damit sie besser den Druck kontrollieren kann, den sie noch aushält. Man muß oft mehrfach ansetzen, bis das Hymen zerstört ist. Führen diese Versuche nicht zum Erfolg, sollte dieser Bereich nicht weiter belastet werden, weil das für die Frau Schmerzen und nicht Freude bedeutet. Das Paar sollte dann lieber nur sanft und langsam die Genitalien des anderen liebkosen, bis beide sexuell befriedigt sind.

Schmerz vermeiden

Mit reichlich Gleitflüssigkeit an den Fingern und kurz und glatt gefeilten Fingernägeln kann der Mann die Scheidenöffnung mit der Hand erweitern. Er muß sanft erst einen, dann zwei Finger in die Vagina einführen und dabei allmählich fest nach unten zum After hin drücken, bis wirklicher Schmerz entsteht und beide Finger leicht bis zum Ende eingeführt werden können. Wenn das noch zu schmerzhaft ist, geduldet man sich besser bis zum nächsten Tag, bevor man die Einführung des gut mit Gleitmitteln versehenen Penis versucht. Der größte Schmerz entsteht, wenn man zu schnell eindringt, weil die Muskeln um die Vagina dann zu wenig Zeit zur Entspannung haben. Manchmal kann ein übereifriger Bräutigam der Frau erhebliche körperliche Schmerzen verursachen, weil das Hymen noch vorhanden ist. Dies hinterläßt keinen körperlichen Schaden, kann aber psychische Narben zurücklassen, wenn die Frau mit dem Eindringen des Penis in die Vagina die Vorstellung von Schmerzen verbindet. Wenn es soweit kommt, wird ihre Angst den natürlichen Zufluß von Körperflüssigkeit im Scheidenbereich unterbinden, und der Geschlechtsverkehr bleibt schmerzhaft und ist für beide Partner höchst unbefriedigend.

Wenn das Hymen gedehnt oder zerrissen wird, kann es zu geringfügigen Blutungen kommen, in der Regel fließt aber nicht mehr als ein bis zwei Teelöffel voll Blut. Wenn die Blutung anhält oder mehr als etwa ein Eßlöffel Blut kommt, braucht die Frau nicht besorgt zu sein, sondern muß nur die genaue Stelle der Blutung suchen und ein sauberes Tuch fest auf diese Stelle drücken. Es gibt keine Blutungen, die nicht auf diese Weise gestillt werden könnten. Man sollte das Tuch etwa zwölf Stunden an der Stelle lassen und es dann durch Aufweichen in einem warmen Bad entfernen, um eine neue Blutung zu vermeiden. Das Paar kann den Verkehr am nächsten Tag wieder aufnehmen. Wenn die Blutung erneut auftritt, wiederholt man den örtlichen Druckverband.

Harnröhre: der Ausgang, durch den der Urin aus der Blase tritt. Die Öffnung der Harnröhre liegt etwa einen Zentimeter über der Scheidenöffnung und ist von ihr völlig getrennt. Sie bildet eine rundliche Vertiefung mit einem kleinen Schlitz.

Die Harnröhre ist ein Kanal, der knapp unter dem Schambein verläuft und in den ersten Tagen nach der Hochzeit leicht gequetscht werden kann, wenn nicht genug Gleitflüssigkeit für den Penis in der Vagina vorhanden ist. Die Quetschung erzeugt das, was häufig als „Flitterwochenzystitis" bezeichnet wird. Anzeichen dafür sind Schmerz in der Blasenregion, Blut im Urin und ziemlich starkes Brennen beim Harnlassen, ein Zeichen dafür, daß durch eine Verletzung der Harnröhre ein Bakterienbefall möglich wurde. Das kann sich steigern und eine gefährliche Blaseninfektion, die Zystitis, erzeugen. Sie vergeht rasch und der Schmerz verschwindet schneller, wenn man die vom Arzt verschriebenen Medikamente einnimmt und mehr als sonst trinkt. Es ist sehr wichtig, daß jedes Paar, ohne Rücksicht auf frühere sexuelle Erfahrungen, ein medizinisches Gleitmittel zur Hand hat, um diese Quetschung zu vermeiden. Das ist besonders in den ersten Wochen der Ehe von Bedeutung.

Clitoris: der Name kommt vom Lateinischen *clitoris*, was „das Eingeschlossene" bedeutet. Es ist das feinste, empfindlichste Organ im Körper der Frau. Als solches wird es als „Auslöser der weiblichen Lust" bezeichnet. Die Spitze, etwa ein bis zwei Zentimeter lang, wird von der höchsten Stelle der Schamlippen etwa drei Zentimeter über der Scheidenöffnung und über der Öffnung der Harnröhre eingeschlossen. Am äußeren Ende sitzt ein kleiner runder Körper von Erbsengröße, der *Glans* genannt wird und soviel wie „Eichel" bedeutet.

Soweit man bisher weiß, ist die einzige Aufgabe der Clitoris die sexuelle Erregung. Allein die Reizung der Clitoris erzeugt bei fast allen Frauen den Orgasmus. Gewöhnlich vergrößert sie sich auf Streicheln hin etwas, aber es gibt keinen Grund zur Besorgnis, wenn das nicht eintritt. In einer Studie über Hunderte von Frauen, die zum Orgasmus fähig waren, zeigte über die Hälfte überhaupt keine sichtbare Vergrößerung der Clitoris. Bei vielen war diese Vergrößerung nur schwer erkennbar, selbst nicht nach Berührung, da sich die Clitoris zum größten Teil im Durchmesser, nicht in der Länge erweitert. Die Größe der Clitoris oder ihre Erweiterungsfähigkeit hat nichts mit sexueller Befriedigung oder sexuellen Fähigkeiten zu tun. Die Clitoris muß direkt oder indirekt gereizt werden, damit die Frau zum Orgasmus kommt.

Labia minora: Es sind die beiden parallelen Falten aus glattem, haarlosem, weichem Gewebe, die als Schutz über der Clitoris zusammenstoßen und knapp unterhalb der Scheidenöffnung enden. Sexuelle Erregung läßt diese Schamlippen auf das Doppelte und Dreifache ihrer Normalgröße anschwellen. Oft erzeugt das Streicheln dieser kleinen Schamlippen ein schöneres Gefühl als das Streicheln der Clitoris. Die direkte Reizung der Clitoris ist nicht immer nötig, um die Intensität der sexuellen Gefühle zu steigern.

Jede Frau muß ihrem Mann in besonders liebevoller Weise, mit Worten oder feinen Zeichen mitteilen, welche Art von Reizung in diesem Gebiet ihr am jeweiligen Punkt des Vorspiels oder beim Erreichen des Orgasmus am meisten Freude verschafft.

Labia maiora: große Schamlippen, die an der Außenseite

und parallel zu den kleinen Schamlippen liegen, aber nicht annähernd so empfindlich sind.

Erogene Zonen: beide Brüste und die Genitalien. Die Frau hat mehr erogene Zonen als der Mann. Das ist vielleicht Gottes besondere Gabe zum Ausgleich dafür, daß der Mann gewöhnlich der Aktive beim Verkehr ist. Die Brüste der Frau sind meist sehr feinfühlig, und liebevolles Streicheln trägt dazu bei, sie auf den ehelichen Liebesakt vorzubereiten. Dabei werden die Brustwarzen oft hart und treten leicht hervor. Auf diese Weise zeigen sie die sexuelle Erregung an. Die großen äußeren Schamlippen werden empfindlicher, wenn sie sich bei sexueller Erregung vergrößern. Wenn die Frau sexuell erregt ist, sondern mehrere Drüsen eine Flüssigkeit ab, die die Schamgegend und die Vagina in gleitfähigen Schleim hüllt und das Eindringen des Penis erleichtert. Das hat nichts mit Fruchtbarkeit zu tun, sondern ist die wohlbedachte Vorsorge Gottes dafür, das Eindringen des trockenen Penis zu einer beglückenden Erfahrung für Mann und Frau zu machen.

Orgasmus: der Höhepunkt der sexuellen Erregung der Frau beim Geschlechtsverkehr, dem ein allmähliches Abklingen der sexuellen Reizung folgt, das von einem warmen Gefühl der Dankbarkeit und Zufriedenheit begleitet ist. Eine Frau hat nie eine Ejakulation und stößt auch keine Flüssigkeit aus wie der Mann. Er ist aktiv, und sie empfängt nicht nur das männliche Glied, sondern auch den Samen. Die moderne Forschung zeigt, daß das Erleben des Orgasmus für die Frau ebenso gewaltig ist wie für den Mann. Ein großer Unterschied besteht aber darin, daß die Ejakulation des Mannes, auch ohne frühere Erfahrungen, fast sicher ist. Daß auch die Frau den Höhepunkt erreicht, dazu bedarf es einer Kunst, die von zwei liebevollen, besonnenen, rücksichtsvollen Partnern erst erlernt werden muß.

„Abgesehen von der Ejakulation gibt es zwei wichtige physiologisch unterschiedliche Dinge im Hinblick auf den Orgasmus bei Mann und Frau. Erstens kann die Frau nach einem Orgasmuserlebnis sofort wieder zum Orgasmus kommen, wenn sie neu erregt wird, bevor die Spannung unter den normalen Reaktionspegel gefallen ist. Zweitens kann die Frau ein Orgasmuserlebnis relativ lange Zeit aufrechterhalten"*

Entsprechungen im männlichen und weiblichen Körper: Es ist sinnvoll, die männlichen und weiblichen Geschlechtsorgane noch einmal unter dem Gesichtspunkt zu vergleichen, daß sich die verschiedenen Teile aus denselben Grundstrukturen entwickeln. Am besten erkennt man diese im Anfang gleichen oder homologen Strukturen an der Clitoris und am Penis. Die Clitoris ist, in verkleinerter und abgewandelter Weise, das Gegenstück zu den Hauptbestandteilen des Penis, einschließlich des Schwammgewebes, das sich mit Blut füllt, und der Glans an der Spitze mit ihren vielen Nervenmündungen und ihrer großen Empfindlichkeit. Die Muskeln an der Basis des Penis finden sich wieder in den Pubococcygeus-Muskeln (oft P. C.-Muskeln genannt), von denen die Vagina umgeben ist. Die äußeren Schamlippen lassen sich mit dem männlichen Skrotum vergleichen. In gewisser Art entspricht der Schutz durch die äußeren Falten der inneren Schamlippen über der Clitoris der Vorhaut über der Eichel des Penis.

Es ist klar, daß männliche und weibliche Geschlechtsorgane außer der Fortpflanzung noch andere Aufgaben haben. Schon bevor der Mensch ausgereift und fortpflanzungsfähig ist, haben die Geschlechtsdrüsen (die Hoden beim Mann und die Ovarien bei der Frau) ihre Aufgabe übernommen, das Mädchen zur Frau und den Jungen zum Mann zu machen. Sie produzieren einige der Hormone, die die körperliche Entwicklung und auch das geistige und psychische Wachstum anregen und kontrollieren.

* (W. H. Masters/V. E. Johnson).

5

DIE KUNST DES LIEBENS

Jede bedeutsame körperliche Aktivität im Leben wird durch Übung gelernt; warum sollte es beim Lieben anders sein? Erwachsene Menschen begehren den Liebesakt und haben die nötigen Voraussetzungen dafür, aber die Kunst des Liebens muß man lernen – sie ist nicht angeboren.

Dr. Ed Wheat aus Springdale, Arkansas, sagte während eines Seminars zu einer Gruppe Männer: „Wenn Sie beim Lieben das tun, was Ihnen von Natur aus in den Sinn kommt, werden Sie es fast immer falsch machen." Dann ermahnte er seine Zuhörer zur Vorsicht, weil jeder „natürliche" oder sie selbst befriedigende Schritt wahrscheinlich den Bedürfnissen ihrer Ehefrauen nicht entspräche. Deshalb muß sich ein Paar kurz vor der Hochzeit ernsthaft mit diesem Thema befassen. Nach ihrer Hochzeit können sie damit beginnen, befriedigende Techniken in der Praxis zu lernen.

Die Erwartung, daß zwei Unerfahrene in der ersten Nacht ihrer Flitterwochen miteinander zum Höhepunkt gelangen, ist unrealistisch. Forschungen ergaben, daß neun von zehn jungen Frauen beim ersten Geschlechtsverkehr keinen Orgasmus erleben. Natürlich ist es lächerlich, wenn ein Paar fürchtet, voreinander versagt zu haben, nur weil es zufällig zu den 90 Prozent gehört. Es wäre realistischer, zu erkennen, daß man „durch die Praxis" lernen muß. Liegt darin nicht der Hauptsinn der Flitterwochen? Die Verliebten lernen sich und ihre geschlechtliche Natur an einem romantischen Ort näher kennen.

Wenn Geschlechtsverkehr ein Ausdruck gegenseitiger Liebe ist, kann er auch dann beglückend sein, wenn es für einen oder beide Partner nicht zum Orgasmus kommt. Die Zärtlichkeit und die intime Beziehung mag ihnen genügend Befriedigung verschaffen. Natürlich kann man auf eine sich zum Orgasmus steigernde Erregung beider Partner hoffen, aber dieses Ziel wird meist nicht sofort erreicht.

Die Liebeskunst, die für jedes Paar erlernbar ist, wird in diesem Kapitel für Jungverheiratete dargelegt, obwohl wahrscheinlich mehr erfahrene Ehepaare als Jungverheiratete dieses Buch lesen werden. Auf sexuellem Gebiet ist jedoch der Unterschied zwischen erfahrenen und unerfahrenen Ehepartnern gering. Ein Eheberater bemerkte einmal: „Wenn Paare einander während der ganzen Ehe so behandelten, wie in den Flitterwochen, hätten sie sehr wenig sexuelle Probleme. Aber die meisten erfahrenen Paare versuchen Abkürzungen, und das beraubt sie der höchstmöglichen Befriedigung!"

Das höchste Ziel

Der Liebesakt hat viele erregende Nebenwirkungen, doch man sollte nicht aus dem Blick verlieren, daß der Orgasmus das Endziel für Mann und Frau ist. Beim Mann erkennt man das gewöhnlich leicht. Wenn die Nervenendungen der Glans penis genügend gereizt sind, beginnt eine Kettenreaktion: Die Muskeln um die Prostata ziehen sich zusammen und pressen die milchige Samenflüssigkeit und die Spermazellen mit einer Kraft durch die Harnröhre, die ausreicht, um bis zu sechzig Zentimeter weit zu ejakulieren. Der Mann erkennt, daß fast jedes Organ und jede Drüse von der Erregung in Mitleidenschaft gezogen ist. Nach dem Orgasmus entspannt sich alles wieder und er wird von einem Gefühl der Zufriedenheit überwältigt.

Der Orgasmus der Frau ist viel komplizierter. Da sie verschiedene Stufen des Höhepunktes erreichen kann, tritt er weniger klar in Erscheinung. Aus diesem Grund sind sich viele Frauen nicht sicher, ob sie den Orgasmus erreicht haben oder nicht. Ebenso wie die gefühlvolle Liebeskunst gelernt sein will,

muß die Frau durch die Erfahrung erkennen lernen, was sie von einem Orgasmus erwarten kann. Wenn sie einmal einen Orgasmus der höchsten Stufe erreicht hat, wird sie keine Zweifel mehr darüber hegen, wie und wann er auftritt.

Ein Paar, das sich beiderseitigen Orgasmus zum Ziel gesetzt hat, soll die notwendige Zeit und alle Möglichkeiten darauf verwenden, ihn zu erreichen. Mit Liebe, Geduld, Selbstlosigkeit, Konzentration und Ausdauer liegt dieses Ziel ohne weiteres innerhalb der Möglichkeiten jedes Ehepaares!

Vorbereitung auf die Liebe

Eine junge Braut unterbrach mich, als das Traugespräch auf intime Beziehungen kam: „Pastor LaHaye, müssen wir darüber sprechen? Es ist mir peinlich. Es wird sich von selbst ergeben."

Kein Wunder, daß diese naive junge Frau während des ersten Ehemonats schon schwanger wurde. Ich würde mich wundern, wenn sie in dieser kurzen Zeit auch noch etwas über sexuelle Befriedigung gelernt hätte.

Glücklicherweise erwarten die meisten jungen Frauen Freude vom Lieben und erkennen realistisch, daß dazu Vorbereitung gehört. Alle tun gut daran, die folgenden Vorbereitungsschritte zu beherzigen:

Erstens: Informieren Sie sich so weit wie möglich vor der Hochzeitsnacht. Das vorige Kapitel über sexuelle Aufklärung sollte man mehrmals lesen, um sicherzugehen, daß man die Funktion der männlichen und weiblichen Geschlechtsorgane verstanden hat. Dieses Buch ist als Hilfe für ein Paar auf der Hochzeitsreise gedacht.

Zweitens: Einige Wochen vor der Hochzeit sollte eine Braut ihren Arzt aufsuchen und mit ihm besprechen, ob es ratsam ist, das Hymen zu zerstören. Stellt sich bei der ärztlichen Untersuchung heraus, daß das Hymen dick ist und den Geschlechtsverkehr behindern könnte, muß die Frau erwägen, ob sie es dehnen oder einschneiden lassen sollte, um während des Verkehrs unnötige Schmerzen und Blutungen zu vermeiden. Meint der Arzt jedoch, daß keine ernstlichen Schwierigkeiten zu erwarten sind, kann es ruhig bis zur Hochzeitsnacht unbeschädigt bleiben. In unserer aufgeklärten Zeit wird es der Bräutigam aber vorziehen, das Hymen ärztlich entfernen zu lassen, um seiner Frau möglichst wenig Schmerzen zu bereiten.

Als Alternativlösung könnte der Mann in der Hochzeitsnacht selbst eine Dehnung mit der Hand vornehmen, doch würde dies ärztliche Anweisungen erfordern. Bei vielen Mädchen wurde das Hymen aber bereits beim Radfahren oder Reiten zerrissen, oder der Arzt mußte es wegen Menstruationsschwierigkeiten dehnen.

Die Braut sollte mit dem Arzt auch die Möglichkeit der Empfängnisverhütung besprechen. Wir werden diesen Aspekt in Kapitel 11 ausführlicher behandeln. Jetzt soll nur bemerkt werden, daß die Furcht vor Schwangerschaft die Freude an den Flitterwochen ernstlich beeinträchtigen kann. Die Partner müssen sich klar darüber sein, ob sie gleich nach der Hochzeit eine Familie gründen möchten oder nicht. Wenn sie damit warten wollen, kann ihnen der Arzt zu einem guten, sicheren Verhütungsmittel raten.

Drittens: Die meisten Frauen werden in den Flitterwochen nicht genügend natürliche Scheidenflüssigkeit absondern, so daß es während des Liebesaktes zu Schmerzen kommt. Mit medizinischer Gallerte aus der Drogerie kann hier abgeholfen werden. Die Frau kann auch den Arzt bitten, ihr ein entsprechendes Mittel zur Vorbeugung zu verschreiben. Sie sollte es für ihren Mann zur rechten Zeit bereithalten.

Viertens: Das von Dr. Arnold Kegel entworfene Übungsprogramm für die Vagina wird in Kapitel 9 beschrieben. Jede künftige Ehefrau sollte sich der entsprechenden Muskeln bewußt werden und Dr. Kegels Übungen einige Wochen vor der Hochzeit regelmäßig praktizieren. Durch das Übungsprogramm wird sie mit kontrollierten Muskelbewegungen bekannt gemacht. Diese Übungen werden ihr helfen, die Skala der sexuellen Freude während des Liebesaktes zu erweitern.

Das Erlernen dieser Übungen hilft den Partnern auch, gleichzeitig zum Höhepunkt zu kommen.

Vorüberlegungen

Wir sagten schon, daß die meisten Frauen romantischer veranlagt sind als die Männer. „Frauen sind unheilbar romantisch", bemerkte ein Psychoanalytiker. Anstatt dagegen anzugehen, sollte sich der kluge Ehemann besser auf diese Veranlagung seiner Frau einstellen. Da die Flitterwochen der Höhepunkt der lebenslangen Mädchenträume sind, wird ein liebevoller Mann alles versuchen, um diese Träume zu erfüllen.

Wenn ich an unsere Flitterwochen denke, muß ich zugeben, daß ich alles falsch gemacht habe. Bev und ich wurden an einem Samstagabend in Bevs Heimatkirche getraut. Mein alter Freund John und seine Frau, die zur Hochzeit gekommen waren, meinten, uns in unserer Wohnung noch etwas Gesellschaft leisten zu müssen, wobei John mir einen einstündigen Vortrag über das „wirkliche Leben" hielt. Dies spielte sich nach dem Festessen, dem Fotografieren und dem Beladen unseres Wagens ab. Um 1 Uhr 45 gingen wir zu Bett! Unseren ersten Ehetag verbrachten wir dann im Auto. Nach einer zwölfstündigen Fahrt kamen wir gegen acht Uhr abends in einem Hotelzimmer irgendwo in den Bergen von Kentucky an. Dort übernachteten wir. Am nächsten Tag erreichten wir Greenville in Südcarolina, wo ein anderer Theologiestudent und ich einen Campingplatz für verheiratete Studenten bauten. Ich ging sofort an die Arbeit. Meine Frau mußte sich also sofort dem verrückten Tempo anpassen, das ich dann achtundzwanzig aufregende Jahre lang vorgelegt habe.

Hätte ich damals gewußt, was ich heute weiß, dann würde ich diese wenigen Tage nach unserer Hochzeit anders geplant haben. Erstens hätten wir am Nachmittag geheiratet. Danach wären wir unseren Freunden entschlüpft, um allein zu sein. Mindestens eine Woche des Kennenlernens hätte ich eingeplant, ehe meine Braut mit den neuen und vielfältigen Lebensaufgaben einer Ehefrau konfrontiert worden wäre. Zu den Hauptvorteilen einer Hochzeit am Nachmittag gehört, daß dem jungen Paar eine volle erste Nacht ohne das aufregende Getümmel zur Verfügung steht. Das Paar sollte sich in ein Hotelzimmer zurückziehen, um auszupacken, sich frisch zu machen und in aller Ruhe einen Imbiß oder ein Essen miteinander zu genießen. Die meisten essen und schlafen nur wenig vor ihrer Hochzeit, und nach hektischen Vorbereitungen verlassen sie die Feier meist völlig erschöpft. Das frisch gebackene Ehepaar sollte sich erst einmal ausruhen, um alle Aufregung abklingen zu lassen, und genug essen, um den Blutzuckerspiegel für den zusätzlichen Energiebedarf anzuheben.

Der Bräutigam kann seine Braut dem alten Brauch gemäß über die Schwelle tragen, wenn sie ihr Zimmer aufsuchen. Von da an sind sie beide allein und können sich ungezwungen so intim wie möglich kennenlernen. Der Mann sollte dabei ohne Hast und sehr sanft vorgehen – mit zärtlichen Liebkosungen und liebevollen Worten, denn die Grenze zwischen ehelicher Liebe und männlicher Leidenschaft wird leicht überschritten. Wenn sich der Mann bei diesem ersten Versuch übereilt verhält, gewinnt die Frau leicht den Eindruck, daß seine Leidenschaft stärker ist als seine Liebe und Rücksicht auf sie. Eine behutsame Annäherung beweist ihr seine Liebe.

Man muß hinzufügen, daß das Lieben unter äußeren Bedingungen stattfinden sollte, die garantieren, daß das Paar absolut allein ist. Männer sind so zielbewußt, daß dies für sie nicht so wichtig ist, doch Frauen mit Schamgefühl brauchen die Sicherheit, daß sie von niemandem – auch nicht zufällig – gestört werden. Im Hotelzimmer kann man die Tür leicht abschließen. Auch im Schlafzimmer zu Hause sollte man ein Schloß an der Tür haben. Diese Vorsorge ist sehr wichtig.

Der Mann achtet auch darauf, daß das Licht nur so hell ist, daß die Partner sich ohne aufdringliche Deutlichkeit sehen können. Wenn möglich, sorgt er für leise Musik.

Die große Enthüllung

Nun muß der Mann den romantischen Vorstellungen seiner Frau sehr feinfühlig begegnen. Manche Braut erliegt der Werbung der Wäscheindustrie und trägt ein verführerisches Nachthemd, das sie speziell für die Flitterwochen gekauft hat. In diesem Falle wird sie möglicherweise ins Bad gehen wollen, um sich in Ruhe umzuziehen. Vielleicht will sich das Paar aber auch zur Liebe anregen, indem sich die Partner gegenseitig ausziehen. Der Liebhaber findet es ungeheuer aufregend, von seiner Geliebten sanft entkleidet zu werden. Sicher wird man verlegen sein, wenn man zum ersten Mal nackt vor seinem Partner steht. Doch dieses Gefühl wird sich in Grenzen halten und bald verschwinden, wenn das Entkleiden langsam und gleichzeitig vor sich geht – mit zärtlichen, leidenschaftlichen Worten der Liebe. Wenn der Mann seiner zurückhaltenden jungen Frau versichert, daß sie wirklich das schönste Geschöpf ist, das er je sah, wird sie wahrscheinlich mit einer liebevollen Umarmung antworten.

Vorspiel

Fast jedes Handbuch zum Sex betont die Notwendigkeit einer angemessenen Zeit des Vorspiels oder Liebesspiels. Das gilt nicht nur für die erste Nacht, sondern für die ganze Zeit der Ehe. Die meisten Männer wissen, daß das Vorspiel für die Frau wichtig ist, aber im allgemeinen unterschätzen sie ihr eigenes Bedürfnis danach, weil sie durch den nackten Körper der Geliebten für den Liebesakt bereits voll erregt werden. Aber neuere Forschungen haben ergeben, daß der Mann seine Ejakulation nach einer längeren Zeit des Vorspiels leichter zurückhalten kann als nach schneller Erregung. Wenn er dabei lernt, wie er seine Frau liebevoll erregen kann, gewinnt er durch ihre Reaktion selbst zusätzliche Anregung, die seinen eigenen Höhepunkt reicher macht.

Wie lange man zum Vorspiel braucht, ist nach den Bedürfnissen des Paares verschieden und hängt etwas von ihrem Temperament und ihrer kulturellen Herkunft ab. Eile ist aber nie angebracht. Eine zurückhaltende, unerfahrene junge Frau kann dreißig Minuten oder mehr zur Vorbereitung des Liebesaktes brauchen. Wenn sie an Erfahrung gewonnen hat, kann sich die Vorbereitungszeit auf zehn oder fünfzehn Minuten verkürzen. Gelegentliche Ausnahmesituationen während einer Gefühlsperiode, in der sie besonders liebebedürftig ist, können die Zeit noch weiter verkürzen.

Es gibt kein Patentrezept, wie man eine Frau zur Liebe erregt. Manche Frauen werden erregt, wenn man ihre Brüste streichelt, andere nicht. Deshalb soll eine Frau ihren Mann offen, mit Worten oder durch Führen seiner Hände, dazu anleiten, wo sie sein zärtliches Streicheln wünscht. Im allgemeinen massiert der rücksichtsvolle Ehemann den Hals, die Schultern und die Brüste seiner Frau und erregt sie, bis das Blut in die Brustwarzen strömt und sie fest und aufgerichtet sind. Man sollte aber vorsichtig sein, um die Brustwarzen nicht durch zu starke Berührung zu verletzen. Alles zärtliche Liebkosen und Küssen des Oberkörpers hilft mit, sie zu erregen. Nach und nach sollte der Mann seine Hände am Körper seiner Frau entlang nach unten gleiten lassen, bis er die Schamgegend berührt. Dabei muß er darauf achten, daß seine Fingernägel glatt gefeilt sind, um Schmerz zu vermeiden, der ihre Gefühle jäh abkühlen würde.

Wenn der Mann zärtlich die Clitoris und den Scheidenbereich streichelt, liegt das Paar wahrscheinlich auf dem Bett, die Frau auf dem Rücken. Es hilft beiden, wenn die Frau ihre Beine leicht grätscht, ihre Füße flach aufsetzt und etwas an den Körper zieht. Den Mann erregt dieses freiwillige Entgegenkommen sehr, denn ihre empfindlichsten Bereiche werden für seine liebkosenden Finger zugänglich. Am besten streichelt der Mann das Gebiet um die Clitoris, aber wegen möglicher Schmerzen sollte er dort nicht mit dem Vorspiel beginnen. Wenn das Blut in diesen Bereich einschießt, wird die Frau sehr stark erregt und ist für eine direkte Reizung durch leichtes Streicheln bereit.

In der ersten Erregung kann der Mann die Clitoris mit den Fingern fühlen, aber wenn die Erregung der Frau steigt, kommt es zu einigen physiologischen Veränderungen. Ihr Herz pocht, ihre Haut erwärmt sich und fast jede Körperzone spricht auf Berührung an. Ihr Atem geht schneller, ihr Gesicht kann sich wie im Schmerz verziehen und sie kann stöhnen. Der Mann findet das sehr anregend. Die deutlichste Änderung ergibt sich in der Scheidenregion, die feucht wird. Die inneren Schamlippen (Labia minora) schwellen auf ein Mehrfaches ihrer normalen Größe, bis sie die Clitoris überdecken, die der Mann dann nicht mehr mit den Fingern fühlen kann. Zu diesem Zeitpunkt ist es gewöhnlich nicht mehr nötig, die Clitoris direkt zu berühren, denn jede Bewegung in der Scheidenregion wird auf die dicke Schicht der vergrößerten Schamlippen übertragen und gelangt indirekt zur Clitoris. Das steigert die Leidenschaft der Frau weiter.

Die Intensität, mit der der Mann diese wichtige Zone streichelt, sollte von der Frau bestimmt werden. Einige mögen es langsam und leicht, während andere kräftige Bewegungen mehr genießen. Manche Frauen mögen unterschiedliche Bewegungen innerhalb eines Liebesaktes, andere möchten sie ihrer Stimmung angepaßt wissen. Am wichtigsten ist, daß der Mann hier den Bedürfnissen seiner Frau sanft und einfühlsam nachkommt.

In diesem Stadium kann man die steigende Leidenschaft und Spannung der Frau mit einem Wagen vergleichen, den man einen Berg hinaufschiebt. Nähert man sich allmählich dem Gipfel, scheint der Berg immer steiler zu werden. Dann, mit einem letzten Stoß, kann man den Wagen über den höchsten Punkt hinwegdrücken. So wie niemand den Wagen bergauf anhalten würde, so hört auch der besonnene Mann nicht mitten im Liebesspiel mit seinen Bewegungen auf. Tut er es doch, wird der Wagen ihrer Gefühle sofort rückwärts bergab rollen, und er muß den Gefühlsverlust erst wieder aufholen. Das erklärt, warum manche Frauen etwas kühler werden, wenn der Mann seine Hände von der Scheidenregion wegnimmt, um seinen Penis einzuführen, besonders, wenn er noch Kleidungsstücke ausziehen muß. Durch Übung kann er aber lernen, liebevoll weiter zu streicheln, so daß die Frau weiter zum Gefühlsgipfel aufsteigen kann. Hat der Mann mehr Selbstbeherrschung gelernt, kann er die Clitoris seiner Frau mit dem befeuchteten Penis reizen. Manche Frauen mögen das lieber als die Finger des Mannes. Danach kann der Penis leicht eingeführt werden.

Der Höhepunkt

Mancher unerfahrene Ehemann mißversteht eine wichtige Reaktion seiner Frau. Wenn seine Finger die Scheidenregion liebkosen und diese feucht ist, dann kann er dies für das Zeichen halten, daß seine Frau zum Koitus bereit ist. Das stimmt aber nicht unbedingt! Wenn sich ihre kleinen Schamlippen durch das Einströmen einer großen Blutmenge noch nicht stark vergrößert haben, sind die empfindlichsten Zonen ihrer Vagina am Liebesspiel noch völlig unbeteiligt. Wird der Koitus ungeachtet dieser Tatsache vollzogen, kommt es beim Mann wahrscheinlich zum Orgasmus. Jedoch die Frau bleibt dabei unerfüllt, denn der erschlaffende Penis kann nicht weiter an den Vaginawänden und der Clitoris reiben. Das aber wäre nötig, wenn die Frau zum Höhepunkt kommen soll.

Wenn der Mann die Scheidenregion und die Clitoris vorsichtig streichelt, muß er bedenken, daß die Frau die Berührung mit trockenen Fingern vielleicht unangenehm empfindet. Befeuchtet er seine Finger mit Scheidenflüssigkeit, wird sie die Reizung der Clitoris viel mehr genießen. Offenes Miteinanderreden ist in dieser Phase des Liebesspiels wichtig.

Manche Autoren empfehlen, daß sich ein Paar in der Hochzeitsnacht gegenseitig bis zum Orgasmus streicheln soll, und das aus zwei Gründen:

1. Es erhöht die Wahrscheinlichkeit, daß beide in der ersten Nacht einen Orgasmus erleben.

2. Es macht sie zusätzlich mit den Körperfunktionen des Partners vertraut.

Wir jedoch meinen, daß sich die Partner gegenseitig erregen sollten, wie es oben skizziert wurde, und wenn die Frau bereit ist, kann sie den Penis ihres Mannes mit der Hand fassen. Auf dieses Zeichen hin sollte der Mann unter fortgesetztem Streicheln der Clitorisregion mit seiner freien Hand etwas Gleitmittel nehmen (das man vorher auf dem Nachttisch bereitstellte) und Spitze und Schaft seines Penis vor dem Eindringen gleitfähig machen. Er sollte sein Körpergewicht vorsichtig mit den Ellenbogen abstützen und den Penis langsam in die Scheide seiner Frau schieben.

Nun muß der Mann möglichst bewegungslos bleiben, sonst ejakuliert er in wenigen Sekunden und beendet den Liebesakt zu abrupt. Wenn ihn auch alle seine Instinkte zum Beginn der stoßenden Bewegungen treiben, muß er sich wenigstens für ein bis zwei Minuten beherrschen. Um die steigende Spannung seiner Frau nicht abzubrechen, sollte er weiter ihre Clitorisregion oder die angeschwollenen Schamlippen liebkosen. Die Frau kann ihre Leidenschaft steigern, indem sie leicht rotierend ihre Hüften bewegt. Dies bringt ihre Vagina mit dem Schaft des Penis in Berührung, ohne ihn zu sehr zu reizen. Wenn die Frau ihre Leidenschaft außer Kontrolle geraten fühlt, soll sie ihre Beine um die Hüften ihres Mannes legen und mit eigenen stoßenden Bewegungen vor und zurück beginnen. Hier werden ihr die Übungen, die in Kapitel 9 beschrieben werden, sehr zugute kommen.

Wenn der Mann mit seinen stoßenden Bewegungen beginnt, sollte sich die Frau auf das Gefühl ihrer Scheidenregion konzentrieren und sich möglichst lebhaft weiterbewegen.

Wie unerfahren der Mann auch sein mag, er wird die schnelleren Bewegungen seiner Frau intuitiv als Zeichen für den Beginn der eigenen stoßenden Bewegungen erkennen und innerhalb weniger Stöße Samenflüssigkeit und Spermazellen in ihre Scheide ausstoßen. Doch sollte er mit seinen Bewegungen nach der Ejakulation so lange wie möglich fortfahren, falls der Orgasmus seiner Frau nur einige Sekunden nach seinem erfolgt.

Kurz nach der Ejakulation verliert der Penis an Steife und

kann nicht mehr genügend an der Scheidenwand und den kleinen Schamlippen reiben, um die Erregung der Frau weiterhin zu steigern. Die Liebenden dürfen sich nicht entmutigen lassen, wenn es im ersten Koitus noch nicht zum Orgasmus kommt. Der Mann kann die Clitoris und die Schamgegend seiner Frau sofort mit der Hand wie im Vorspiel weiterreizen und sie eventuell so zum Orgasmus bringen. Die Frau kann den Orgasmus zwar beim ersten Versuch erleben, doch das ist ungewöhnlich, besonders wenn sie Jungfrau war.

Das Nachspiel

Für die meisten Ehefrauen ist der erste Liebesakt auch ohne Orgasmus ein wunderbar erregendes Erlebnis, wenn ein genügend langes Liebesspiel vorausging. Das freie Experimentieren mit dem nackten Körper ihres Geliebten regt sie an. Der Schmerz, den sie vielleicht beim Zerreißen des Hymens und der Dehnung der Vagina spürte, verschwindet unter der nie zuvor erlebten Erregung. Viele Frauen deuten an, daß auch der Erguß der warmen Samenflüssigkeit des Geliebten in die Scheide ein wunderbares Gefühl ist. Wenn die Frau den Orgasmus nicht erreicht hat, läßt ihre Gefühlsspannung langsam nach und ihre Geschlechtsorgane kehren langsam wieder zum Normalstand zurück.

Es ist nicht nötig, daß sich die Liebenden sofort nach Beendigung des Verkehrs voneinander zurückziehen. Wir empfehlen, daß sie sich noch einige Minuten umarmt halten und Zärtlichkeiten austauschen. Viele Paare schlafen in dieser Lage ein oder rollen auf die Seite, wobei der schlaffe Penis aus der Vagina herausgleitet. Ihre körperliche und gefühlsmäßige Erschöpfung bringt gewöhnlich einen tiefen, befriedigenden Schlaf mit sich. Normalerweise braucht der Mann 45 bis 60 Minuten und mehr, bevor er wieder zum Liebesakt bereit ist. Das gilt aber nicht für die Frau. Die Untersuchung von Masters und Johnson zeigt, daß eine Frau mehrere Orgasmen kurz hintereinander erleben kann. Deshalb sollte der Mann – wenn seine Frau während des Vorspiels schon zum Orgasmus gekommen ist – die Region ihrer Clitoris und Vagina weitermassieren, denn sie wird ihre Erregung bald wieder steigen fühlen und den Orgasmus von neuem erleben. Der Mann kann nur schwer verstehen, wieso seine Frau sofort zu mehr bereit ist, während er seine Geschlechtslust ohne eine Ruhezeit nicht wiedererlangen kann. Frauen berichteten, daß ihr beglückendster Höhepunkt manchmal der vierte oder fünfte in einer Liebesnacht gewesen ist. Wenn der Mann sofort nach dem ersten Orgasmus mit der Reizung der Clitoris und des Scheidenbereichs aufhört, verliert sich allmählich ihre Leidenschaft und sie gelangt in ein Stadium gefühlsmäßiger und körperlicher Erschöpfung, ähnlich wie ihr Mann.

Experimentieren in den Flitterwochen

Die Flitterwochen dienen nicht nur einer besonderen Zeit der Gemeinschaft, sondern auch dem sexuellen Lernen und Experimentieren. Aus diesem Grund sollten Paare verschiedene Arten der gegenseitigen Erregung ausprobieren. Wir empfehlen, daß sie einige Male während der Flitterwochen einander mit den Händen zum Orgasmus bringen, um die körperlichen Funktionen des Partners während des Liebesaktes ganz zu verstehen. Sie sollten eine romantische Atmosphäre schaffen und sich ohne Eile vorbereiten.

Es ist ratsam, daß der Mann seine Frau möglichst zuerst zum Orgasmus bringt, weil er gewöhnlich kurz nach seinem Höhepunkt nicht mehr sehr am Lieben interessiert ist. Er kann auf die oben beschriebene Weise vorgehen und nahe, etwas oberhalb seiner Frau auf der Seite liegen, während er mit der Hand die Clitoris und die Scheidenregion zärtlich streichelt. Wenn die kleinen Schamlippen genügend angeschwollen sind und zeigen, daß seine Frau richtig reagiert und ihre Scheide gut feucht ist, dann kann er die Schutzhaube befühlen, die das Clitorisgebiet bedeckt, und an beiden Stellen zugleich reiben. Vielleicht will sie, daß er sehr sanft einen Finger in die Vagina einführt und ihn im Inneren sanft rhythmisch bewegt, während seine anderen Finger weiter die äußere Schamgegend berühren. Das wird ihr gewöhnlich Freude machen und ihre Erregung weiter steigern. Sie sollte ihren Mann freimütig mit der Hand zu den empfindlichsten Stellen führen und die sie erregendsten Bewegungen ausprobieren lassen. Dann muß sie sich ganz auf diese wichtigsten erregten Bereiche konzentrieren und sich ganz gehenlassen, so daß sie ihren Wünschen nach Stöhnen, Weinen, schaukelnden, rotierenden oder stoßenden Bewegungen freien Lauf lassen kann.

Um sich ihrer Möglichkeiten nach dem ersten Orgasmus voll bewußt zu werden, sollte die Frau ihren Mann ermuntern, die Bewegungen zu verlangsamen, aber nicht damit aufzuhören. Wenn ihre Erregung wieder ansteigt, kann sie ihm bedeuten, seine Bewegungen wieder schneller und kräftiger werden zu lassen, wie es ihr gefällt, bis sie zum nächsten Orgasmus kommt. In diesem Stadium ihrer Ehe dürfte dies zweimal genügen.

Nach ihrem Höhepunkt sollte sich die Frau auf die Seite drehen, während der Mann auf dem Rücken liegt. Sie sollte seine Genitalregion sanft massieren, ihre Finger über Penis, Schamhaar, Skrotum und die Innenseiten der Oberschenkel gleiten lassen. Sie sollte sich dabei vorsehen, nicht die Hoden im Hodensack zusammenzudrücken, da das sehr schmerzhaft sein kann. Mit ihrer Hand um den Schaft des Penis sollte sie dann auf und ab massieren. Beschleunigt sie ihre Bewegungen, wird der Penis ihres Mannes steif, und sie kann seine Reaktion auf ihre Berührung erkennen. Sie sollte mit ihren Bewegungen fortfahren, bis er ejakuliert. Vor Beginn dieser Übung sollte die Frau mehrere Tücher bereitlegen, um das Ejakulat aufzufangen. Danach kann sie beobachten, wie schnell der Penis ihres Mannes zum Normalstand zurückkehrt.

Dr. Herbert J. Miles erzählt in seinem hervorragenden Buch „Sexuelles Glück in der Ehe" folgende Geschichte:

„Ein Paar in einer Untersuchungsgruppe machte folgende Erfahrung: Sie hatten in ihrer Hochzeitsnacht Geschlechtsverkehr, die Frau kam aber nicht zum Orgasmus, sondern nur der Mann. Nach dem Verkehr versuchte er die Frau durch direkte Reizung zum Orgasmus zu bringen. Dabei wurde sie zunehmend verspannt und nervös, und er konnte ihre Erregung durchaus nicht steigern, obwohl sie sich darum bemühte und es auch wollte. Sie mußte ihren Mann bitten, mit der Reizung aufzuhören. Dann lagen sie entspannt da und redeten über drei Stunden lang – bis tief in die Nacht hinein. Schließlich sagte sie: „Wir wollen es noch einmal versuchen." Sie wiederholten die direkte Reizung, und nach etwa 17 Minuten erreichte sie ihren ersten Orgasmus. In diesem Fall hatte die Frau aus dem ersten Versuch viel gelernt und konnte sich, nachdem sie sich entspannt und Zutrauen gefaßt hatte, ganz der sexuellen Erregung hingeben und zum Ziel kommen."

Manche Christen erheben gegen diese Art des Experimentierens vielleicht Einwände. Wir empfehlen sie Jungverheirateten, weil sie miteinander eine lebenslange Beziehung aufbauen wollen, in der der Liebesakt bis zu sechzig Jahren ständig eine Rolle spielt. Je mehr sie durch persönliche Erfahrung voneinander wissen, desto mehr freuen sie sich aneinander und erfahren in den meisen Fällen um so wahrscheinlicher das, was wir für das Höchste beim Lieben halten: den gleichzeitigen Orgasmus. Diese Art des „Lernens durch die Praxis" erhöht die Wahrscheinlichkeit, daß sie diese Kunst zu Beginn ihrer Ehe lernen und sie viele Jahre lang genießen. Ein Teil der Therapie, die Masters und Johnson gegen sexuelle Störungen empfehlen, sind solche Experimente. Jahrelang verheiratete Ehepaare haben durch einen solchen Lernprozeß zu einem besseren gegenseitigen Verständnis und zu besseren sexuellen Beziehungen gefunden.

Dr. Miles meint: „In der sexuellen Anpassung, die ein Paar lernen muß, gibt es drei Stufen. Erste Stufe: der Orgasmus für beide; zweite Stufe: Orgasmus beim Geschlechtsverkehr; dritte Stufe: Orgasmus direkt oder fast miteinander beim Verkehr."

Ein Paar sollte sich nicht entmutigen lassen, wenn es nicht sofort die zweite oder dritte Stufe erreicht. Es kann mehrere Wochen und länger dauern, bis sie den Orgasmus regelmäßig gemeinsam erleben. Jedes Paar sollte aber nach diesem Ziel streben.

Ein anderes Gebiet, auf dem ein Ehepaar wahrscheinlich experimentieren will, ist das der verschiedenen Stellungen zur wirkungsvollsten sexuellen Erregung. Bei einer der bequemsten liegt die Frau auf dem Rücken mit gebeugten Knien und angezogenen Beinen und der Mann an ihrer rechten Seite. Dr. Miles erklärt, was die Bibel über diese Stellung eines Paares beim Liebesakt sagt.

Diese Stellung bei der sexuellen Erregung beschreibt sie im Hohen Lied Salomos 2, 6 und 8, 3. Die beiden Verse sind identisch: *„Seine Linke liegt unter meinem Haupte und seine Rechte herzt mich."* Das Wort „herzen" kann man mit „liebkosen" oder „erregen" übersetzen. Hier drückt eine Ehefrau ihre Sehnsucht danach aus, daß ihr Mann seinen linken Arm unter ihren Kopf legt und seine Rechte zur Stimulation ihrer Clitoris gebraucht.

Diese Stellung zur sexuellen Erregung war scheinbar für viele Menschen durch die Jahrhunderte gebräuchlich. Wir scheuen uns nicht, zu sagen, daß die allgemeine Art der Erregung, wie sie hier beschrieben wird, ein Teil von Gottes Plan war, als er Mann und Frau schuf.

Dr. Miles gibt einige gute Ratschläge, was die Vertrautheit zwischen Mann und Frau angeht. In einer Gemeinde und in der Gesellschaft ist Anstand die erste Tugend, aber in der Einsamkeit des ehelichen Schlafzimmers, hinter verschlossenen Türen und in reiner ehelicher Liebe, gibt es keine Zurückhaltung. Ein Paar sollte freimütig alles tun, was ihm Freude macht, was es zum vollen Ausdruck der gegenseitigen Liebe und zu sexueller Erfahrung bringt.

Allerdings ist hier auch ein Wort der Vorsicht angebracht. Alle sexuellen Erlebnisse sollen den Wünschen von Mann und Frau entspringen. Nie sollte einer den anderen zu irgend etwas zwingen, was dieser nicht will. Liebe übt keinen Zwang aus. Ein Wesenszug des Heiligen Geistes ist die Liebe, und ein wichtiger Bestandteil der Liebe ist Freundlichkeit. Der intime Liebesakt sollte immer mit Freundlichkeit gepaart sein. Manchmal ist kraftvolle Aktivität nötig, die aber dem anderen gegenüber niemals roh sein darf – dies ist eine wichtige Voraussetzung für den Akt der Liebe.

Reizung der Clitoris

Das Zögern vieler Liebespartner, die Reizung der Clitoris als nötigen und bedeutsamen Teil ihres Liebesspieles aufzunehmen, hat vielleicht mehr Frauen um die erregende Erfahrung der Erfüllung im Orgasmus betrogen als alles andere. Weil dieses Reizen oft mit Selbstbefriedigung in Verbindung gebracht wird, wissen manche Ehemänner nicht, wie wichtig dieser Teil des Liebesaktes ist.

Um die Bedeutung der Clitoris für den sexuellen Genuß der Frau hervorzuheben, haben viele Wissenschaftler sie mit dem Penis verglichen. Sie wurde als der ,,stärkste Geschlechtsteil des weiblichen Körpers'' bezeichnet und wird noch heute von vielen für den ,,Sitz aller sexuellen Befriedigung'' gehalten.

R. M. Deutsch stellt fest, daß schon ,,die Reizung der Clitoris bei fast allen Frauen zum Orgasmus führt, schon direkte Stimulation der Clitoris führt zum Höhepunkt''. Er sagt weiter, daß ,,die meisten Forscher darin übereinstimmen, daß die Clitoris – anders als das männliche Glied – nur einem Zweck dient: der sexuellen Erregung''.

Ein anderer Wissenschaftler weist darauf hin, daß die Clitoris dieselbe Anzahl Nervenendungen hat wie der Penis, daß sie aber nur ein Zehntel seiner Größe aufweist. Sie ist deshalb der Mittelpunkt der sexuellen Möglichkeiten der Frau. Ihre Geringschätzung führt unter Garantie zu sexuellen Störungen oder zur Unfähigkeit zum Orgasmus bei der Frau.

Vom praktischen Standpunkt aus betrachtet trägt sie nicht zur Fortpflanzung bei und ist für jede andere Körperfunktion der Frau unnötig. So liegt der Schluß nahe, daß Gott sie ausschließlich für den Liebesakt geschaffen hat. Es könnte gut sein, daß die aufwallende Empfindung der Frau, die das Hohelied Salomos 5, 4 berichtet, auf die Reizung der Clitoris durch den Ehemann anspielt. Ein solches Vorspiel ist für Ehepartner nicht nur ein erlaubtes Verhalten, sondern wurde von Gott zu einem der schönsten Aspekte des ehelichen Liebesaktes bestimmt.

Die vier Phasen sexueller Erregung

Moderne Untersuchungen, besonders die von Masters und Johnson, machen uns mit vier unterschiedlichen Phasen der sexuellen Erregung bei Mann und Frau bekannt: 1. der Erregungsphase; 2. der Plateauphase; 3. der Orgasmusphase und 4. der Rückbildungsphase. Natürlich läßt das Zurückführen vieler menschlicher Reaktionen auf ein einziges Schema keinen Raum für individuelle Unterschiede und vereinfacht in dieser Hinsicht die Dinge zu sehr, aber es bietet ein Grundmuster, in dem man eine Norm erkennen kann. Wie aus folgenden Diagrammen ersichtlich ist, wird für die Männer nur eine charakteristische Reaktion dargestellt, während für die Frau drei eingezeichnet sind. Die Reaktion eines Mannes entspricht mehr einem Grundschema, während die Frauen individuelle Unterschiede aufweisen. Darüber hinaus können Paare wegen der komplizierten Anlage der Frau jede dieser Reaktionen in ihrem Eheleben erfahren, wenn sie sich in der Kunst üben, ihre Liebe zum Ausdruck zu bringen.

In der Skizze für die Frau haben wir drei Reaktionen unterschieden: a) den mehrfachen Orgasmus, den Idealzustand, den sie erreichen will; b) das Nichterreichen des Orgasmus, der sexuellen Reaktion, mit der sich allzu viele Frauen zufriedengeben und c) den einzelnen Orgasmus, wahrscheinlich die häufigste Erfahrung der Ehefrau, wenn sie die richtige Einstellung dazu hat und vielleicht das mehrfache Erlebnis für besondere Gelegenheiten aufsparen will.

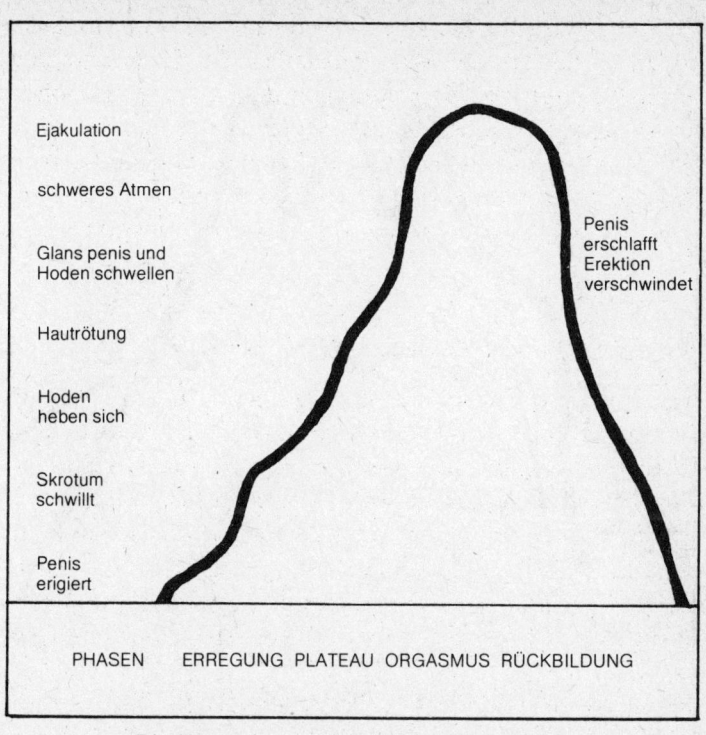

Die Phasen der sexuellen Erregung beim Mann

Wie das Diagramm zeigt, treten in jedem Stadium bestimmte physiologische Veränderungen auf. Man sollte sie sich genau ansehen, und die Liebenden sollten experimentieren, um zu erkennen, was in diesen Phasen zu erwarten ist.

Verschiedene Stellungen

Seit man schreiben kann, wird von verschiedenen Stellungen beim Lieben berichtet. Ein Autor behauptet, es gebe neunundneunzig verschiedene Positionen. Die Schwierigkeit bei etwa fünfundneunzig davon liegt wohl darin, daß nur ein Turner sie genießen kann. Eigentlich gibt es nur vier Stellungen, die häufig genug angewandt werden, um sie hier in Betracht zu ziehen.

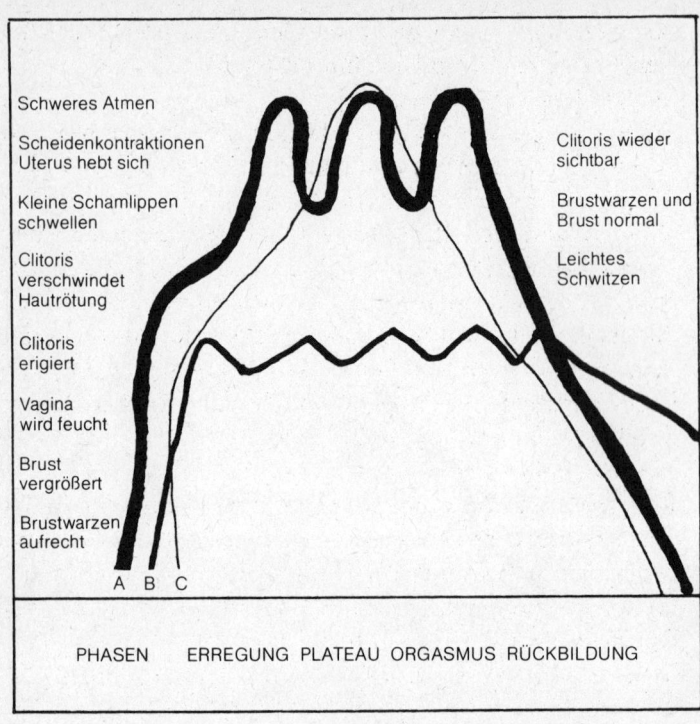

Schweres Atmen

Scheidenkontraktionen
Uterus hebt sich

Kleine Schamlippen
schwellen

Clitoris
verschwindet
Hautrötung

Clitoris
erigiert

Vagina
wird feucht

Brust
vergrößert

Brustwarzen
aufrecht

Clitoris wieder
sichtbar

Brustwarzen und
Brust normal

Leichtes
Schwitzen

A B C

PHASEN   ERREGUNG PLATEAU ORGASMUS RÜCKBILDUNG

Die Phasen der sexuellen Erregung bei der Frau

Dr. Miles teilte uns seine Untersuchungsergebnisse über die ersten drei mit:

„1. Der Mann liegt oben.

Unsere Untersuchung zeigt, daß 91 Prozent der Paare dieser Stellung immer oder meistens den Vorzug geben. 54 Prozent der Paare experimentieren häufig mit anderen Positionen, beenden den Akt aber gewöhnlich in dieser Stellung. Nur vier Prozent wenden in mehr als der Hälfte der Fälle eine andere Stellung an, und nur fünf Prozent wählen immer eine andere Methode.

Es ist wichtig, daß der Mann seine Füße gegen das Fußende des Bettes oder irgendeine feste Stelle stemmen kann, um seinen Orgasmus voll erleben zu können. Hat das Bett kein Fußbrett, kann das Paar seine Lage umkehren und seine Füße zum Kopfende hin richten.

3. Die Frau liegt oben.

Liegt die Frau oben, kann der Mann sich entspannen und kontrollieren, die Frau bestimmt die nötigen Bewegungen, die ihr die größte Erregung verschaffen, indem sie stets ihre Clitoris über den Penis bewegt. Die Nachteile bestehen darin, daß diese Stellung oft ungünstig für die Frau ist, der Mann eventuell seine Erregung nur schwer kontrollieren kann und beide nicht in der richtigen Lage sind, um voll zum Orgasmus zu kommen. Für manche Paare wiegen die Vorteile die Nachteile auf. Diese Position ist oft günstig für einen großen Mann und eine kleine Frau.

3. Beide liegen auf der Seite.

Eine weitere zweckmäßige Stellung ergibt sich, wenn Mann und Frau auf der Seite liegen und in dieselbe Richtung sehen, wobei der Mann hinter der Frau liegt. Der Penis wird von hinten in den Scheidenkanal eingeführt. Nachteilig ist, daß der Penis die Clitoris nicht berührt und das Paar sich während des Erlebnisses nicht küssen kann. Ein Vorteil: Die Stellung ist sehr bequem, und der Mann kann mit den Fingern leicht die Clitoris der Frau reizen und seine eigene Erregung kontrollieren. Bei dieser Methode gibt es noch einige leichte Abweichungen. Viele Paare nehmen diese Stellung in der Erregungsphase ein und ändern die Stellung zum Orgasmus, so daß der Mann oben liegt.

4. Der Mann sitzt.

Unabhängig von ihrem Größenunterschied kann das Paar auch die Position genießen, bei der der Mann auf einer niedrigen Couch oder einem Stuhl ohne Lehne sitzt. Die Frau kann sich beliebig weit über seinen Penis niederlassen. Diese Position ist gut für Frauen, die das Eindringen des männlichen Gliedes schmerzhaft empfinden. Kontrolliert die Frau das Eindringen, kann sie den Schmerz auf ein Mindestmaß beschränken. Diese Empfindungen treten aber nur kurzfristig auf. Kein Paar sollte aufgeben oder den Schmerz als

Entschuldigung nehmen, um den Liebesakt dauernd zu vermeiden. Wenn der Schmerz bei reichlicher Anwendung von Gleitmitteln nicht verschwindet, konsultiere man einen Arzt.

Die meisten Paare experimentieren mit diesen und anderen Stellungen, kehren aber meist zu der zurück, bei der der Mann oben liegt. Es scheint für die größte Zahl der Liebenden die am meisten befriedigende Stellung zu sein."

Zusammenfassung

Die Kunst, einen für beide Partner beglückenden Liebesakt einzuleiten, ist nicht schwer zu erlernen, doch es geht auch nicht automatisch. Niemand ist von Natur aus ein guter Liebhaber. Je selbstsüchtiger der einzelne ist, desto schwerer lernt er diese Kunst. Wenn zwei Menschen einander selbstlos lieben und sich beherrschen wollen, während sie dem Partner gefühlsmäßige und körperliche Befriedigung zu verschaffen suchen, werden sie es bestimmt lernen. Jeder, der sich Zeit nimmt, dieses Buch zu lesen, zeigt damit schon, daß es ihm ernst ist mit diesem Versuch. Der Arzt Dr. Ed Wheat sagt:

„Jede körperliche Vereinigung sollte ein Wettstreit sein, bei dem es darum geht, welcher Partner den anderen mehr befriedigen kann."

An diesen Ausspruch dachte ich, als ich im Kapitel „Körperliche Anpassung" in meinem Buch „Glücklich trotz Ehe" eine Geschichte wiedergab. Ein befreundeter Pastor hatte sie mir erzählt, der einem frustrierten Ehepaar zu der Kunst der Reizung der Clitoris geraten hatte, so daß sie innerhalb ganz kurzer Zeit ihr Problem lösen konnten.

Vier Monate nach dem Erscheinen dieses Buches sprach ich in einer Kleinstadt in Nordkalifornien. Ein Zahnarzt teilte mir vertraulich mit, daß er das Buch gelesen hätte und sich seiner eigenen Lage bewußt geworden wäre. Als er mir seine Geschichte erzählte, fand ich darin ein erstaunliches Gegenstück zu der früheren Erzählung.

Der junge Zahnarzt war seit drei Jahren verheiratet und liebte seine Frau sehr, aber sie hatte bisher nie einen Orgasmus erreicht. Er fand das genauso unbefriedigend wie sie. Als Zahnarzt hatte er Anatomie studiert und meinte, er wüßte mehr über die Körperfunktionen des Menschen als der Durchschnittsbürger. Diese Kenntnis schien aber die Schwierigkeiten der Eheleute nicht zu lösen, und ihre sexuelle Unzufriedenheit führte bald zum Ehekonflikt. Sie waren zu dieser Zeit noch keine Christen, beschlossen aber, als letztes Mittel zur Rettung ihrer Ehe sich einer Kirche anzuschließen. Glücklicherweise wählten sie eine Kirche, in der das Evangelium klar und unverfälscht gepredigt wurde. Nach etwa drei Monaten hatten beide Jesus Christus als ihren Herrn und Heiland in ihr Herz und Leben aufgenommen. Das löste aber nicht das Problem ihrer Orgasmusstörungen.

Eines Sonntag morgens predigte der Pastor über das Wort: *"In allen deinen Wegen erkenne ihn, und er wird deine Pfade lenken."* Sie hörten ihn sagen: *"Es gibt kein Problem in eurem Leben, das ihr nicht im Gebet vor den Herrn bringen könnt."* Der Zahnarzt sah seine Frau an und plötzlich wurde ihm bewußt, daß sie noch nie um diese Sache gebetet hatten. Später sprachen sie darüber und entschlossen sich dazu.

Am Freitag derselben Woche waren sie zu einer Wohltätigkeitsveranstaltung eingeladen. Sie kamen als erste und wurden in das Wohnzimmer geführt. Es war ein großer Raum mit mehreren Sitzecken, so wählten sie eine Couch in einer entfernten Ecke des Zimmers. Sie hatten sich gerade niedergelassen, als ein anderes Paar eintrat und sich auf die Couch hinter ihnen setzte. Ein großer Blumenkasten verhinderte, daß sie von den Neuangekommenen gesehen wurden.

Der lebhafte Ehemann hinter ihnen dachte, er wäre mit seiner Frau allein, legte den Arm um seine Frau und rief: "Ist unsere sexuelle Beziehung nicht wunderbar geworden, seit wir das mit der Erregung der Clitoris entdeckt haben?"

Der Zahnarzt sah schweigend auf seine Frau und dachte: "So weit haben wir noch nie gedacht." In dieser Nacht machten sie einen Versuch und erlebten den Beginn einer ganz neuen, für beide befriedigenden Erfahrung.

Mit sichtlicher Bewegung sagte mir der Zahnarzt: „Diese einfache Technik wirkte wie ein Schlüssel, der die Tür zu einer neuen wunderbaren Beziehung aufschloß, die wir nun seit drei Jahren genießen."

Diese Geschichte zeigt deutlich Gottes überfließende Gnade. In einer Kleinstadt, wo es keine Eheberater gab und wo der Seelsorger ein junger, unverheirateter Seminarstudent war, sagte dieses junge Paar seinem himmlischen Vater seine Not und suchte seine Hilfe. Und er brachte die beiden zur rechten Zeit an den richtigen Ort, damit sie die Nachricht erfuhren, die er sie wissen lassen wollte.

Es gibt kein Problem, das man nicht vor seinen himmlischen Vater bringen kann. Niemand muß sich ein Leben lang mit sexueller Frustration abfinden. Wenn Gottes Kinder um seine Leitung und seinen Willen für ihr Leben beten, ist er immer treu und macht sie ihnen offenbar. Dieses Vertrauen zu Gott macht das Leben reich und stärkt den Glauben derer, die sich auf seine Hilfe verlassen.

6

NUR FÜR MÄNNER

Während der ersten zehn Ehejahre sind die meisten Männer
sexuell aktiver als die Frauen. Das trifft natürlich nicht immer
zu, es hängt auch vom Temperament und dem monatlichen
Zyklus der Frau ab, aber im allgemeinen kann gesagt werden:
Die Sexualität geht in den ersten zehn Ehejahren in der Haupt-
sache vom Mann aus, während sie bei der Frau mehr ein Verlangen ist, das sie weiter entwickeln kann.

Der Ehemann lerne deshalb über dieses Thema so viel wie
möglich, um seine Frau an den größtmöglichen Liebeserfahrungen teilhaben zu lassen – zu ihrem und zu seinem Nutzen.
Je mehr er versucht, die sexuelle Beziehung für sie befriedigend
zu gestalten, desto mehr wird sie diese schätzen und sich ihr
hingeben. Je mehr Freude sie daran hat, desto aufgeschlossener
wird sie sich zeigen.

Die folgenden Vorschläge sollen den Mann dazu anleiten,
seine Frau zu einem gesunden Verlangen nach körperlicher
Liebe anzuregen.

1. Informieren Sie sich so umfassend wie möglich. Wir haben
bereits auf Dr. Ed Wheats Beobachtung angespielt, daß fast
alle natürlichen Instinkte des Mannes, die ihm sexuelle Befriedigung schenken, der Frau fehlen. Da geschicktes Lieben nicht
angeboren ist, sollte ein kluger Mann soviel Wissen wie möglich aus einer zuverlässigen Quelle beziehen. Wenn er sorgfältig
unsere Kapitel über sexuelle Aufklärung und die Kunst des
Liebens liest, kann er sich viel von dem Grundwissen erwerben,
das jeder Ehemann haben sollte.

2. Üben Sie Selbstbeherrschung. Der Apostel Paulus sagt:

„Ein jeder sehe nicht nur das Seine, sondern auch das des anderen" (Philipper 2, 4). Das Prinzip, daß selbstloses Handeln dem Partner zum Segen verhilft, trifft sicher auch auf das Lieben zu. Als Mann kann man seine sexuellen Bedürfnisse oft innerhalb von Sekunden befriedigen, die Situation der Frau ist dagegen völlig anders. Sie steigert sich bedeutend langsamer in ihren Gefühlen als der Mann und kommt erst nach und nach zu ihrem sexuellen Höhepunkt. Die meisten Männer, die darüber klagen, daß ihre Frau frigide sei, sind oft selbst schuld daran. Unter Umständen kommt der Mann schon zur Ejakulation und sein Penis erschlafft, wenn bei seiner Frau die Erregung erst beginnt. So nimmt er ihr jede Möglichkeit zu einem befriedigenden Höhepunkt beim Geschlechtsverkehr.

Wie können wir das Problem lösen? Der Mann muß seine Ejakulation kontrollieren lernen, was allerdings viel Selbstbeherrschung und Übung erfordert. Manche empfehlen, der Mann solle während des Verkehrs nicht an stimulierende Dinge denken – an Sport, Beruf oder, wie es ein Ehemann formulierte: „Ich denke an das Bezahlen der monatlichen Rechnungen." Hüten Sie sich dabei vor Übertreibung, aber konzentrieren Sie sich auf etwas, was die Ejakulation verzögert und Ihrer Frau genug Zeit läßt, ihre Gefühle nach und nach zu steigern. Denken Sie daran, daß sie gewöhnlich zehn bis fünfzehn Minuten für die Reizung mit der Hand oder durch den Verkehr braucht, bis sie zum Höhepunkt gelangen kann. Rechnen Sie die Erregungszeit des Vorspiels dazu, und dann haben Sie viel Zeit, um Selbstbeherrschung zu üben. Bestimmte Techniken, durch die der Mann seine Ejakulation verzögern kann, werden in diesem Buch noch ausführlich behandelt.

3. Konzentrieren Sie sich darauf, Ihre Frau zu befriedigen. Ein besonnener Mann stellt schon am Anfang der Ehe die Befriedigung seiner Frau an die erste Stelle, dann werden beide davon Nutzen haben.

Die moderne Untersuchung von Masters und Johnson hat einige interessante Reaktionen der Frau ans Licht gebracht, die ein Mann kennen sollte. Zum Beispiel schätzt das rätselhafte

Wesen, das er seine Frau nennt, das Vorspiel nicht nur als „Aufwärmphase vor dem eigentlichen Spiel" ein, wie der Mann das tut. Für sie ist das Vorspiel ein selbständiger Bestandteil des großen Spiels der Liebe. Kein Mann sollte diesen Teil übereilen, nur weil sein Instinkt ihn dazu treibt. Statt dessen sollte er sich der vier Phasen bewußt sein, die seine Frau während des Liebesaktes durchläuft.

4. Denken Sie daran, was eine Frau erregt. Für den Mann reicht es meistens schon als Anreiz, wenn er seiner Frau beim Ausziehen zuschaut. Im Unterschied dazu ist die Frau aber vielleicht nur aufs Schlafengehen bedacht. Warum ist das so? Weil die Frau auf andere Dinge viel mehr anspricht, zum Beispiel auf sanfte, liebevolle Worte und zärtliche Berührungen.

Auch wenn man es nicht mit einem Meßgerät nachweisen kann, so scheint das Gehör der Frau in besonderer Weise auf die männliche Stimme anzusprechen. Zum Beispiel werden weibliche Teenager in Rockkonzerten viel schneller zu Schreien und Stöhnen angeregt als ihre männlichen Begleiter. Selten sagt ein Mann: „Ihre Stimme erregt mich", während man von einer Frau öfter hört: „Beim Hören seiner Stimme wird mir heiß!" Diese Art des Hörens kann man mit einem Thermostat an der Wand vergleichen. Wenn der Mann abends nach Hause kommt, kann er ihren Stimmungsthermostat durch beruhigende, liebevolle, zustimmende, gütige Worte auf Wärme bringen. Aber ebenso kann man ihn durch Nörgelei, Mißbilligung, Schimpfen und Schreien auf „kalt" stellen. Ein kluger Ehemann benutzt seine Stimme und beachtet das „Hörorgan" seiner Frau vom Nachhausekommen bis zum Zubettgehen, um ihren Thermostat auf „warm" zu halten.

Manche Frau wird sich in Mary wiederfinden: „Mein Mann nörgelt an mir herum, wenn er abends nach Hause kommt, bis wir ins Bett gehen, und dann versteht er nicht, warum ich zur Liebe keine Lust habe. Ich halte das eben nicht aus!" Wenn sich nur mehr Ehemänner dieses starken Einflusses auf die Gefühle ihrer Partnerin bewußt wären und sich darauf einstellten.

Die Empfindungen der Frau für Worte sprechen nicht nur

auf den Tonfall der Stimme, sondern auch auf die Bedeutung der Worte an. Ein Paar bat um Hilfe wegen „Frigiditätsschwierigkeiten" der Frau. Nach sieben Ehejahren hatten sie drei Kinder und betonten ihre gegenseitige Liebe und Achtung. Durch Fragen stellten wir fest, daß er liebevoll mit seiner Frau zu sprechen pflegte, sie zärtlich umwarb und bis zu einem gewissen Punkt auch liebevolles Entgegenkommen fand. Doch regelmäßig wurde sie plötzlich „kalt wie Eis". Schließlich stellten wir fest, daß seine Sprache der kritische Punkt war. In der Hitze der Liebeserregung gebrauchte er grobe Wörter und Zoten, die er in der Armee gelernt hatte. Er vergaß dabei, daß eine Frau in ihrer Wortwahl sensibel ist und nicht verstehen kann, warum Männer eine derart grobe Sprache zur Beschreibung dieser wunderbaren Dinge gebrauchen. Um diese „Frigiditätsschwierigkeiten" zu lösen, mußte er sich nur eine bessere Ausdrucksweise angewöhnen. Solche Dinge sind für Frauen wichtig.

5. *Sorgen Sie für ungestörtes Zusammensein.* Männer neigen eher als Frauen dazu, mit sexuellen Dingen zu prahlen. Manch ein unbedachter Mann hat eine Lebensbeziehung dadurch zerstört, daß er die intimen Geheimnisse seiner Frau unbedacht seinen Kumpels weitererzählte. Wenn die Ehefrau so etwas wiedererfährt, fühlt sie sich verraten. Eine solche Ungehörigkeit ist das damit verbundene Risiko nicht wert. Die Schönheit und Heiligkeit der intimen Beziehungen ist streng vertraulich. Halten Sie sich daran!

6. *Hüten Sie sich vor schlechten Gerüchen.* Der Geruchssinn ist einer unserer empfindlichsten Sinne. Manche Menschen haben auf diesem Gebiet mehr Schwierigkeiten als andere, aber heutzutage gibt es kaum eine Entschuldigung für schlechten Atem, Körpergeruch und andere üble Gerüche. Der besonnene Liebhaber bereitet sich auf das Lieben vor, indem er öfter badet, ein wirkungsvolles Deodorant verwendet und auf die Mundhygiene Wert legt.

Zum Thema Geruch wollen wir eine Beobachtung aus dem Beratungszimmer über sehr empfindliche Männer weitergeben. Ein Mann mit melancholischem Charakter ist ein Pedant, ein sehr empfindlicher Idealist. Bei einem solchen Menschen kann es geschehen, daß er durch den Geruch der natürlichen Scheidenflüssigkeit seiner Frau buchstäblich „abschaltet". Dieses Problem der Frau hat der Mann nicht, da man den strengen Geruch der Samenflüssigkeit gewöhnlich nicht wahrnimmt. Sie bleibt in seinem Körperinneren, bis er sie in die Vagina seiner Frau ejakuliert, wo man sie bis nach der Rückbildungsphase nicht wahrnimmt. Um das Eindringen des Penis zu ermöglichen, muß die Frau aber die gewöhnlich etwas riechende Gleitflüssigkeit aus der Vagina ausscheiden. Der Mann sollte lernen, diesen Geruch zu ignorieren.

Ein melancholischer Ehemann beschwerte sich einmal heftig, daß ihn dieser Geruch so stark blockiere, daß er seine Erektion nicht aufrechterhalten könne. Ich stellte seine mangelnde sexuelle Aufklärung fest und nahm mir die Zeit, ihm die Funktion der Vagina der Frau während der sexuellen Erregung zu erläutern. Nachdem ich ihn überzeugt hatte, daß das ein ganz normaler Vorgang sei, den seine Frau nicht kontrollieren könnte, schloß ich: „Sie sollten diesen Geruch als Geruch der Liebe anerkennen. Die Reaktion Ihrer Frau auf Ihre Liebe verursacht diesen Gleitmittelfluß in Erwartung des Koitus mit Ihnen, daher sind Sie es eigentlich, der diesen Geruch verursacht." Mit verlegenem Lächeln räumte er ein: „So habe ich das noch nie betrachtet." Er sagte mir später, daß die Vorstellung des „Liebesgeruches" ihr Liebesleben bedeutend verändert habe.

7. Lassen Sie sich beim Lieben Zeit. Wenn eine erfahrene Frau aufgrund ihres monatlichen Zyklus zu einer für den Koitus günstigen Zeit ungewöhnlich leidenschaftlich ist, können Sie beide einen erregenden Orgasmus in zwei Minuten oder noch kürzerer Zeit erleben. Wenn das eintritt, freuen Sie sich darüber, aber erwarten Sie es nicht als Normalfall. Die meisten Paare wissen, daß die Zeit zum Liebesspiel ein wichtiger Schlüssel für die Reaktion der Frau ist. Deshalb geht der Ehemann, wenn er ein guter Liebhaber sein will, nicht zu eilig vor, sondern lernt, das Liebesspiel zu genießen. Er wartet nicht nur, bis die Vagina gut feucht ist, sondern wartet mit dem Eindringen, bis das Blut in die kleinen Schamlippen einschießt und sie auf mindestens das Doppelte ihrer Normalgröße angeschwollen sind.

Die Zeit für den Liebesakt ist je nach Kultur verschieden. Forscher haben ermittelt, daß der Akt in manchen Kulturen im Durchschnitt zwei Minuten, in anderen aber bis zu dreißig Minuten dauert. Ein Vergleich läßt erkennen, daß die Zeit für den Akt um so kürzer ist, je patriarchalischer die Kultur orientiert ist und je mehr der Sex nur als Befriedigung für den Mann angesehen wird. In diesen Kulturbereichen halten die Frauen den Geschlechtsverkehr für ihre „Ehepflicht" und für eine unangenehme Lebensaufgabe. In Kulturen, in denen die Frau gleichberechtigt ist und der Mann auch auf ihre Befriedigung achtet, ist die Liebe eine Kunst mit großem Zeitaufwand.

8. Sprechen Sie offen miteinander. Meistens gehen bewußte Christinnen mit relativ geringem Vorwissen in die Ehe und halten oft an der naiven Einstellung fest, daß ihre Männer über alles Bescheid wissen und es sie lehren werden. Sie sind sich selten der Tatsache bewußt, daß den meisten Männern ein Gespräch über ihre intimen Beziehungen sehr schwer fällt. Es ist oft das schwierigste Thema, mit dem sich das Paar auseinandersetzen muß. Infolgedessen vermeiden gerade die Ehepaare den freien Gedankenaustausch über dieses Thema, die es am nötigsten haben.

Zu meiner Verwunderung habe ich festgestellt, daß auch Menschen mit hoher Bildung nur mit großer Überwindung offen über ihr Liebesleben sprechen können. Das erklärt, warum Ehepaare auf die die Sexualität betreffenden Fragen ihrer Kinder verlegen reagieren – sie konnten selbst nie miteinander über dieses Thema offen sprechen.

Ein Ingenieur, der seit zehn Jahren mit einer Lehrerin verheiratet war, berichtete: „Meine Frau weiß immer noch nicht, was mich besonders anregt." Auf die Frage: „Haben Sie es ihr je gesagt?" erwiderte er: „Nein, mir ist es peinlich, über Sex zu reden. Außerdem meine ich, sie sollte es wissen." Überrascht hörte er meine Antwort: „Wie sollte sie? Sie fühlen und reagieren anders als eine Frau und haben völlig anders geartete Geschlechtsorgane. Wer sollte Ihre Frau darüber aufgeklärt haben?"

Die meisten jungen Ehefrauen erwarten, daß ihr Mann sie über die männlichen Bedürfnisse unterrichtet. Unglücklicherweise ist das nicht der Normalfall. Unserer Meinung nach bleibt ein offenes Gespräch zwischen Mann und Frau die bestmögliche Sexualerziehung. Eine junge Ehefrau muß natürlich nicht unbedingt wissen, wie der Mensch im allgemeinen gebaut ist, sie sollte aber die sexuellen Reaktionen des Mannes kennen. Und wer sollte sie am besten über die Bedürfnisse des geliebten Menschen unterrichten? – Natürlich ihr Ehemann.

9. Lieben Sie Ihre Frau als Persönlichkeit. Kein Mensch möchte als Objekt angesehen werden, denn jeder sucht nach seiner Identität und will als Person angenommen sein. Ein junger Mann gewinnt die Zuneigung einer jungen Frau, weil er sie als Person liebt und sie mit Aufmerksamkeiten und Liebesbeweisen überschüttet. Nach der Hochzeit wird er jedoch oft vom Geschäft oder seiner Arbeit zu sehr in Anspruch genommen, während seine Frau mit der Kindererziehung beschäftigt ist. Infolgedessen hat die Frau über kurz oder lang den Eindruck, daß ihre Gemeinsamkeit nur noch im Ehebett zum Tragen kommt. Damit kann sich aber eine Frau niemals zufriedengeben. Hier liegt der Grund für die Klage, die man oft im Beratungszimmer hört: „Mein Mann interessiert sich nur noch für mich, wenn ihn nach Sex verlangt", oder: „Für meinen Mann bin ich keine Person mehr, sondern nur noch ein Sexobjekt." „Wenn mein Mann und ich intime Beziehungen haben, erlebe ich sie nicht mehr als natürlichen Ausdruck unserer Liebe, sondern fühle mich als Gegenstand benutzt."

Interessanterweise räumen die meisten Männer, die mit der Unzufriedenheit ihrer Frau konfrontiert werden, die Berechtigung dieser Klage ein. Aber sie wundern sich darüber, wie das allmählich so kommen konnte und wissen nicht, wie sie es besser machen sollen.

Es gibt viele Möglichkeiten für einen Mann, die Liebe zu seiner Frau auszudrücken. Der Erfolg wird beiden guttun. Solche Bemühungen sind nicht nur für seine Frau eine Bestätigung seiner Liebe, sondern verstärken sie auch in seinem eigenen Herzen. Kleine Aufmerksamkeiten sind für ihr Herz das Zeichen, daß er sie als Person liebt. Wenn er zum Beispiel abends nach Hause kommt, wird es deutlich, ob er Interesse an ihr und ihrer Tätigkeit während des Tages zeigt oder sich nur mit dem Sportteil der Zeitung, dem Abendessen oder dem Fernsehprogramm befaßt. Wenn er sich am Abend mit den Kindern beschäftigt und ihr einige der Aufgaben abnimmt, die sie den ganzen Tag über erfüllen muß, so ist das auch ein Ausdruck seiner Liebe. Die Zeit, die er beim Fernsehen abstreicht und für die Kinder übrig hat, ist für seine Frau so wichtig wie für die Kinder.

Darüber hinaus kann es zum Beispiel eine schöne Sache sein, einmal abends ohne die Kinder zum Essen auszugehen. Für die Frau bedeutet das sehr viel. Wichtig sind auch die kleinen Aufmerksamkeiten an Geburts- und Feiertagen, und noch mehr als alles andere wiegen Worte der Liebe und Wertschätzung, die während des Abends gesprochen werden.

Wenn ein Mann seine Frau mit besonderer Achtung behandelt, zeigt sie gewöhnlich eine starke Reaktion. Wenn Worte und Taten sie davon überzeugen, daß er sie glühend liebt, wird das in ihrer intimen Liebe sein natürliches und höchstes Echo finden.

Gott hat den Mann in einem weisen Plan einer Frau zugeordnet. Ein Mann kann unmöglich seine Frau als Person lieben, wenn es in seinem Leben noch eine andere Frau gibt. Ein naher Freund machte mir das eines Tages beim Essen klar. Wir sprachen über meine Sonntagspredigt. Ich hatte über König David gepredigt. Unter anderem sagte ich, ich könnte nicht verstehen, warum ein fünfzig Jahre alter Mann mit zwanzig Frauen auf den Ehebruch mit Bathseba verfallen konnte. Jim überraschte mich durch folgende Bemerkung: „Aber ich kann das gut verstehen. David hatte so viele Frauen, daß er nie die wirkliche Liebe kennengelernt hat."

Gott wollte, daß die Ehe ein bis zum Tod dauerndes gemeinsames Erleben mit einem wirklich geliebten Menschen wäre. Solange der Mann seine Frau davon überzeugen kann, daß in ihrer sexuellen Beziehung echte Liebe ihren Ausdruck findet, wird er in ihr eine willige und hilfsbereite Partnerin finden.

7

NUR FÜR FRAUEN

Ich habe während meiner langjährigen Tätigkeit in der Eheberatung eine wichtige Beobachtung gemacht: Eine Frau hat mehr Möglichkeiten zur Liebe als der Mann. Diese Möglichkeiten äußern sich sowohl im Geben als auch im Nehmen. Deshalb bemühen sich die meisten Frauen anscheinend auch mehr als die Männer, gute und treue Liebhaber zu sein. Eins steht allerdings auch fest – weit mehr Frauen als Männer sind bereit, sich auch mit einem zweitklassigen Liebesleben zufriedenzugeben. Zum Glück ist aber niemand mehr gezwungen, dieses einfach hinzunehmen.

Es ist für das Selbstwertgefühl einer Frau lebenswichtig, daß ihr Mann mit ihr als Liebespartner zufrieden ist. Eine liebevolle Frau, der aber fast jedes Selbstbewußtsein fehlte, klagte: ,,Mein Mann hält mich für eine ideale Köchin, Hausfrau und Mutter seiner Kinder, aber er hat mich verlassen, weil ich im Bett versagte." Wenn den Männern das Leben im Bett Befriedigung schenkt, dann geben sie sich meistens mit einem Mittelmaß auf anderen Gebieten zufrieden. Aber wir haben feststellen können, daß fast jede Frau auf diesem Gebiet der Ehe erfolgreich sein möchte, doch viele wissen nicht, wie sie es machen sollen. Wir geben deshalb hier einige helfende Ratschläge speziell für die Frau.

1. Versuchen Sie, positiv zu denken. Als ich vor einem Seminar für ein paar Urlaubstage mit meiner Frau nach Hawaii unterwegs war, las ich Marabel Morgans Buch ,,Die totale Frau". Beverly wunderte sich, als ich plötzlich zu lachen begann. Doch sie lachte mit, als ich ihr den Grund sagte, daß nämlich nach

Ansicht der Autorin bei der Frau der Verstand die Kontrollinstanz für das Lieben ist. Ich wußte dies schon lange, war aber überrascht, daß eine Frau das zugab.

Psychologiestudenten entdecken, daß niemand über die Erwartungen hinauskommt, die er an sich selbst stellt. Wenn jemand an seinen Mißerfolg glaubt, wird er nie Erfolg haben. Erwartet er jedoch Erfolg, wird er ihn schließlich erreichen. Für die um Erfolg im Liebesakt besorgte Frau spielen Talent, Intelligenz und Alter kaum eine Rolle. Allein entscheidend ist ihre geistige Haltung. Wir alle kennen Menschen, die sich selbst übertreffen. Wir sind davon überzeugt, daß jeder vom Heiligen Geist mit Kraft erfüllte Christ seine natürlichen Fähigkeiten übertreffen sollte, in welcher Situation er auch immer ist.

Ich bin immer wieder erstaunt über die vielen schönen Frauen, die zur Beratung kommen und bekennen, daß sie im Bett völlig unfähig sind. Andererseits berichten unscheinbare Wesen mit flachem Busen und oft dazu mit Übergewicht über ein erregendes Liebesleben mit ihrem Mann.

Das beweist, daß in erster Linie nicht Größe, Formen oder Erscheinung der Frau über den Erfolg sexueller Beziehungen entscheiden, sondern daß ihre geistige Einstellung von größter Wichtigkeit ist.

Dreierlei ist im Denken einer Frau von Bedeutung, wenn es um den sexuellen Erfolg geht: a) was sie von der körperlichen Liebe hält, b) was sie über sich selbst denkt, und c) welche Meinung sie von ihrem Mann hat. – Ihre Haltung diesen drei Fragen gegenüber entscheidet über Erfolg oder Mißerfolg.

a) Was hält die Frau von der körperlichen Liebe? Wenn wir auch die sexuelle Revolution nicht unterstützen können, meinen wir doch, wir müßten die falsche Vorstellung anprangern, daß eheliche Liebe „schmutzig", „gemein" oder „nur zur Freude der Männer da" sei. Diese Ansichten decken sich nicht mit den Aussagen im Alten oder Neuen Testament. Solche Behauptungen stammen aus dem Mittelalter, in dem Theologen asketische Philosophie mit christlichem Gedankengut vermischten. Die heidnische Philosophie: „Alles Schöne ist böse" gewann die Oberhand über das biblische Konzept: „*Die Ehe ist von allen in Ehren zu halten und das Ehebett unbefleckt*" *(Hebräer 13, 4).* Die lächerlichen Verdrehungen einiger Kirchenfürsten sind teilweise erschreckend. Letha Scanzoni schreibt in „Sex and the Single Eye":

> Peter Lombard und Gratien warnten die Christen davor, daß der Heilige Geist das Zimmer verlasse, wenn sich ein Ehepaar dem Geschlechtsverkehr hingebe – auch wenn es zu dem Zweck sei, ein Kind zu empfangen. Andere Kirchenfürsten behaupteten, Gott fordere sexuelle Enthaltsamkeit während aller heiligen Tage und Zeiten. Außerdem wurden Ehepaare angewiesen, an folgenden Tagen auf sexuelle Beziehungen zu verzichten: donnerstags zu Ehren von Christi Gefangenschaft, freitags zum Gedenken an seine Kreuzigung, samstags zu Ehren der Jungfrau Maria, sonntags zum Gedenken an die Auferstehung Christi und montags zu Ehren der verstorbenen Seelen (da blieben also nur noch Dienstag und Mittwoch übrig). Die Kirche versuchte, jeden Lebensbereich zu regeln. Sie gab dem einzelnen kein Recht, den Willen Gottes selbst zu erkennen, und sie gab auch Ehepaaren nicht das Recht, selbst darüber zu entscheiden, wie sie es mit dem intimsten Bereich des Ehelebens halten wollten.

Die Reformation führte die Christen wieder zum Wort Gottes zurück und zu der Freiheit, einem menschlichen Dogma nicht zu folgen. So gewannen die Gläubigen neue Einsichten über Gott, das Heil, die Sünde und die Theologie und sie entdeckten, daß Gott der Urheber der Sexualität ist, daß Mann und Frau sexuelle Bedürfnisse haben, die der Partner erfüllen muß (1. Korinther 7, 1–5), und daß diese Erfüllung ehrenhaft und rein ist. Jede junge Frau, die eine Ehe eingeht und es nicht als Gabe ihres himmlischen Vaters ansehen kann, die eheliche Liebe ohne falsche Zurückhaltung zu genießen, versteht die Bibel nicht richtig.

Doch Kirchenführer waren in der Vergangenheit offensichtlich nicht die einzigen, die Gefallen daran fanden, jungen

Frauen ein falsches Bild von der Ehe aufzuzwingen. Manche Gemeinden berichten von alten Damen, die es als „Verkünderinnen der Frigidität" – wozu sie sich selbst ernannt hatten – übernahmen, jede Braut vor ihrer Hochzeit aufzusuchen und über das „Eheleben" aufzuklären. Diese Aufklärung klang etwa so: „Sex ist das Schlimmste in der Ehe. Er ist geschmacklos und abstoßend, aber jede Frau muß das ertragen." Wenn die „Verkündigerin" ging, konnte wahrscheinlich kein Mädchen mehr an die Freuden ehelicher Liebe glauben.

Solche sexuellen Sonderlinge sind schrecklich. Da sie den Liebesakt selbst nie gutheißen konnten, fühlen sie sich verpflichtet, auch jedem anderen die Freude daran zu verderben.

Eine frigide Frau erzählte uns folgende Geschichte: Etwa zwei Wochen vor ihrer Hochzeit „klärte" Tante Klara sie über die ehelichen Beziehungen auf und richtete sie für die ersten fünf Ehejahre seelisch zugrunde. Die Tante, deren Ehe von ihren Eltern arrangiert worden war, hatte vermutlich in ihrer Hochzeitsnacht die körperliche Liebe starr vor Schreck über sich ergehen lassen müssen. Als ihr verlegener und linkischer Mann – ein um einundzwanzig Jahre älterer Landwirt – sie ins Hochzeitsbett brachte, „zog er mich nackt aus und vergewaltigte mich in meinem eigenen Bett. Ich wehrte mich und schrie, aber ohne Erfolg. Meine Jungfräulichkeit war weg und ich weinte drei Tage lang. Seit fünfunddreißig Jahren hasse ich nun den Sex wie die Pest. In meinen Augen ist die Ehe nichts als legalisierte Vergewaltigung."

Man mag die arme Tante Klara und auch ihren unglücklichen Gatten bedauern, aber man fragt sich dennoch, wie sie solche Gedanken an ihre Nichte weitergeben konnte, die leicht zu beeindrucken war und gerade vor der Ehe stand. Es wunderte mich nicht, daß die junge Frau mehrere Jahre zur Beratung kommen mußte, um von diesen schlimmen Vorstellungen frei zu werden.

Wie viel besser wäre es, wenn eine Mutter ihrer Tochter sagen könnte, daß eheliche Liebe wunderbar, gut, wichtig und für beide Partner beglückend ist. Ein solches Mädchen ist geistig gut vorbereitet und wird als Ehefrau wohl kaum frigide sein.

Auch das folgende Beispiel macht deutlich, daß die geistige Haltung der Frau ein Schlüssel zu ihrer Sexualität ist. Ein Paar kam zur Beratung, und nachdem mir beide eine Stunde lang über ihr armseliges sexuelles Leben erzählt hatten, bat ich den Mann, für einige Minuten hinauszugehen. Ich fragte die Frau, warum sie sich nur zwei- oder dreimal im Monat liebten. Die Frau antwortete: ,,Ich kann nicht so viel aushalten wie andere Frauen. Ich glaube, meine Geschlechtsorgane sind zu klein, ich kann einfach nicht so reagieren wie andere Frauen." (Moderne Untersuchungen zeigen dagegen, daß alle weiblichen Geschlechtsorgane, so wie auch die männlichen Gegenstücke, etwa die gleiche Größe haben, unabhängig von der Größe der Person.) Außerdem klagte sie über Arthritis. Ich wies sie auf neuere medizinische Forschungsergebnisse hin, die besagen, daß innere Spannung den Schmerz bei Arthritis verstärke. Da der eheliche Liebesakt ein gottgegebenes Mittel zur emotionalen Entspannung ist, riet ich ihr, sie solle ihre Gelenkschmerzen durch häufigeres Lieben lindern. Eine Woche später erhielt ich einen begeisterten Anruf von ihrem Mann: ,,Ich weiß nicht, was Sie meiner Frau gesagt haben, als ich draußen war, aber sie hat mich in den vergangenen sieben Tagen siebenmal geliebt – und ich frage mich, ob ich da Schritt halten kann."

Was hatte die Frau so angeregt? Ich hatte keine Medikamente, Vitamine oder technischen Kniffe empfohlen – sondern nur eine Änderung ihrer geistigen Einstellung, die stärkste Waffe zur Bekämpfung sexueller Störungen.

b) Was denkt die Frau über sich selbst? Mangelnde Selbstannahme ist heutzutage ein weitverbreitetes Übel. Männer meinen, daß ihr Penis zu klein oder zu weich sei, und Frauen machen sich Sorgen über zu kleine Brüste oder zu wenig sexuelles Verlangen. Versuche haben aber ergeben, daß Menschen mit ,,zu kleinen Organen" (was immer das auch bedeuten soll) sexuell genauso ansprechbar und empfindsam sind wie jeder andere – manchmal sogar noch mehr.

Die Angst, nicht richtig zu reagieren, ist der Hauptgrund für sexuelle Störungen. Mediziner weisen nach, daß Männer auch dann noch normal reagieren, wenn Teile ihres Geschlechtsapparates entfernt wurden, z. B. Hoden oder Prostata. Interessanterweise berichten Frauen, deren Clitoris entfernt werden mußte, nicht über nachteilige Auswirkungen auf ihre sexuellen Möglichkeiten, und viele hatten nach einer Entfernung des Uterus sogar mehr Freude am Liebesakt als vorher. Aus diesen Hinweisen müssen wir folgern, daß die größte Bedeutung nicht den Geschlechtsorganen selbst zukommt, sondern dem, was wir darüber denken – und über uns selbst. Wenn wir uns für sexuell befähigt halten und für den Liebespartner offen sind, werden wir in unseren ehelichen Beziehungen auch glücklich sein.

c) Welche Meinung hat die Frau von ihrem Mann? „Ich finde es schrecklich, wenn mein Mann mich anfaßt!" So erzählte eine Mutter von fünf Kindern, die sich mit einem anderen Mann eingelassen hatte. Sie bekannte: „Zehn vor fünf ist für mich die schrecklichste Zeit des Tages. Wenn ich an der Spüle stehe oder das Essen vorbereite, denke ich darüber nach, daß Tom in zehn Minuten nach Hause kommt und mich küßt. Dann ist alles in mir Abwehr."

Als ich ihr gesagt hatte, daß ihre Liebesbeziehung zu einem anderen Mann Sünde ist, kniete Julie nieder und bekannte unter Tränen ihre Schuld. Zwei Wochen später klingelte mein Telefon um 16.55 Uhr und Julie berichtete erregt: „Gott hat mein Herz verändert. Ich habe mich schön angezogen und freue mich sehr, daß Tom in ein paar Minuten heimkommt. Ich rief an, weil Sie wissen sollen, daß dies nun für mich die schönste Tageszeit geworden ist."

Liebe ist kein launisches Hirngespinst, das ohne irgendeinen Sinn und Grund auftaucht und wieder verschwindet, sondern sie ist ein lebenswichtiges Empfinden, das in direkter Beziehung zu den eigenen Vorstellungen wächst oder abstirbt. Wenn jemand in Gedanken seinen Partner kritisiert und an ihm herumnörgelt, wird bald seine Liebe zu ihm erlöschen. Wenn aber an die Stelle dieser negativen Einstellung Dank für die positiven Seiten des Partners tritt, wird die Liebe bald aufblühen.

„Wir aber, die wir dem Tage angehören, wollen nüchtern sein, angetan mit dem Panzer des Glaubens und der Liebe und mit dem Helm der Hoffnung des Heils" (1. Thessalonicher 5, 8). Liebe ist das Ergebnis guter Gedanken, die man über den Partner hegt. *„Im übrigen, meine Brüder, was wahrhaftig, was ehrbar, was gerecht, was keusch, was liebenswert, was wohllautend, was irgendeine Tugend oder ein Lob ist, dem denket nach!"* (Philipper 4, 8). Oft haben wir gesehen, wie die Liebe in eine Ehe zurückkehrte, wenn der eine oder auch beide Partner bereit waren, dem Grundsatz zu folgen: *„Seid in allem dankbar; denn das ist der Wille Gottes in Christus Jesus für euch"* (1. Thessalonicher 5, 18).

Ein Paar kam zur Beratung – sozusagen die letzte Rettung in der Not. Der Mann sagte: „Am Donnerstag haben wir einen Scheidungstermin bei unserem Anwalt. (Es war Dienstag.) Können Sie vielleicht noch irgendwie Liebe in unsere Ehe zurückbringen, bevor es zu spät ist? Wir haben drei Kinder."

„Nein", erwiderte ich, „ich kann nichts tun, aber ich kenne jemanden, der es kann." Dann erfuhr ich, daß sie Christen waren; sie fügten aber hinzu, daß „sie sich in letzter Zeit nicht mehr sehr damit beschäftigt hätten". Ich erklärte: „Gott gebietet Eheleuten, einander zu lieben, und verlangt von ihnen nichts, wofür er ihnen nicht auch die Kraft gibt." Sie zweifelten.

Ich spürte ihre Hoffnungslosigkeit, betete im stillen um Wegweisung und fragte spontan: „Wie wäre es, wenn Sie sich innerhalb von drei Wochen wieder ganz toll ineinander verlieben würden?" Sie begannen zu lächeln, aber sie bezweifelten, daß dies möglich wäre. Ich sagte ihnen, daß alles Kritisieren und Fehlersuchen, alle Pedanterie und Nörgelei in ihren Gedanken die Liebe zerstört (und daß das noch schlimmer ist, wenn es mit Worten geschieht). Ich betonte weiterhin, daß Gott solches Denken verurteilt und statt dessen gebietet, mit Liebe und Dank mit dem Partner umzugehen. Ich nahm zwei Notizkärtchen von meinem Schreibtisch, wandte mich an den Mann und bat ihn, zehn Dinge aufzuschreiben, die er an seiner Frau liebe. Zuerst schien er Schwierigkeiten zu haben, doch nach einer Weile schrieb er eifrig. Für die Frau war es leichter, die guten Seiten ihres Mannes aufzuschreiben, denn sie hatte ihre Liste schon im Geist zusammengestellt, während er noch an seiner „arbeitete".

Als die Aufstellung fertig war, versprachen sie, die Liste jeden Morgen und Abend zu lesen und Gott für jede dieser guten Gaben zu danken. Nach drei Wochen sagten sie ihren nächsten Termin mit den Worten ab: „Wir brauchen keine Beratung mehr, unsere Liebe ist heute stärker als je zuvor."

Wenn sich Ihre Liebe festgefahren hat, liegt der kritische Punkt in Ihrem Denken. Versuchen Sie, in Gedanken zu loben und zu danken, und Ihr Leben wird sich dadurch verändern.

2. Entspannen! Entspannen! Entspannen! Es ist verständlich, wenn eine Frau ihren ersten Geschlechtsverkehr voll Spannung erwartet. Warum auch nicht? Alles Neue bringt Aufregung mit sich – das ist ganz normal. Aber, wie überall im Leben, führt die Wiederholung zur Entspannung. Es ist überaus wichtig, daß eine Frau lernt, sich im ehelichen Akt zu entspannen, denn dann kann der Körper alle von ihm verlangten Funktionen erfüllen.

Dieses Entspannungsbedürfnis soll anhand der Produktion weiblicher Scheidenflüssigkeit gezeigt werden. Fast alle Frauen haben die entsprechenden Drüsen, um diese notwendige Flüssigkeit zu erzeugen, die das schmerzlose Eindringen des Penis ermöglicht. Ist eine Frau aber angespannt und nervös, dann arbeiten die Drüsen nicht richtig, und es kann sein, daß sie ein schmerzhaftes Reiben empfindet. Deshalb kann schon die bloße Angst vor diesem Schmerz beim nächsten Mal den normalen Flüssigkeitsstrom verhindern. Die meisten Berater empfehlen für die ersten Ehewochen ein künstliches Gleitmittel, das Schmerzen verhindert und zu mehr Entspannung führt. Je geringer die Spannung bei der Frau ist, desto rascher stellen

107

sich ihre Geschlechtsorgane auf das Erreichen des Orgasmus ein.

Die Entspannung der Frau ist für einen liebenden Mann wichtig, denn wenn er fühlt, daß sie angespannt oder ängstlich ist, hält er das vielleicht für ein Zeichen der Furcht ihm gegenüber. Entspannt sie sich aber, dann wird das auch ihn entspannen.

3. Werden Sie Ihre Hemmungen los! Wenn auch Zurückhaltung eine positive Eigenschaft der Frau ist, so ist sie im Schlafzimmer, dem Ehemann gegenüber, unangebracht. Die Bibel lehrt uns, daß Adam und Eva vor dem Sündenfall beide nackt waren „ . . . *und schämten sich nicht" (1. Mose 2, 25).* Offen gesagt heißt das, daß sie auch in ihrer Nacktheit keine Hemmungen voreinander hatten. Es mag eine Weile dauern, bis eine schüchterne Frau die Hemmungen aus der Zeit vor ihrer Ehe ablegt und völlig frei mit ihrem Mann umgeht, aber dies ist absolut notwendig.

Ein gutaussehendes Paar bat um Hilfe in einer sogenannten „sexuellen Frustration". Die seit zwölf Jahren verheiratete Frau schämte sich so sehr, daß sie es nicht fertigbrachte, sich abends vor ihrem Mann auszuziehen. „Meine Mutter sagte, daß eine Frau, die etwas auf sich hält, so etwas nicht tut", erklärte sie.

Ich erwiderte: „Nur weil Ihre Mutter ein Leben lang den Fehler machte, ihren Mann nicht als Ausnahme für ihre Grundsätze der Zurückhaltung gelten zu lassen, müssen Sie doch nicht im gleichen Irrtum weiterleben." Ich empfahl ihr, ihren Mann beim Ausziehen helfen zu lassen und ermutigte sie, sich zu entspannen. Es dauerte eine Weile, bis sie sich gefangen hatte, denn allein schon um der Erregung willen, die sie nun beim Ausziehen empfand, fühlte sie sich schuldig. Doch allmählich überwand sie ihre Ablehnung.

4. Denken Sie daran, daß Männer schon durch den Anblick erregt werden. Jesus Christus sagt: „*Wer eine Frau ansieht, ihrer zu begehren, der hat in seinem Herzen schon Ehebruch mit ihr begangen" (Matthäus 5, 28).* Ist Ihnen aufgefallen, daß er im Blick auf die Frau, die einen Mann begehrt, keine solche Feststellung machte? Der Grund liegt auf der Hand. Der Mann wird durch das Sehen bereits sexuell erregt. Der schönste Anblick in den Augen eines Mannes ist eine Frau.

Viele Beraterinnen empfehlen Ehefrauen, täglich das Heimkommen ihres Mannes zur wichtigsten Tageszeit zu machen. Sie sollten baden, sich frisieren und etwas anderes anziehen, damit sie jeden Abend richtig für einen herzlichen Empfang ihres Mannes vorbereitet sind.

Manche Frauen denken nicht so weit, daß sie das Heimkommen ihres Mannes besonders gestalten könnten. Sie begrüßen ihren Prinzen im Glanz ihrer Küchenschürze und Lockenwickler, um ihm eindrucksvoll die Last der täglichen Aufgaben mit „seinen Kindern" vor Augen zu führen. Der Anblick einer verschlampten Frau vermag kaum Sympathie oder gar Liebe zu erregen.

Eine Frau hat meist mehr Vorzüge, als sie denkt, und sie könnte genauso gut Nutzen daraus ziehen. „Frischmachen, nett anziehen, schönmachen", das ist ein guter Leitsatz, an den jede liebevolle Frau vor dem Nachhausekommen ihres Mannes denken sollte. Wir haben beobachtet, daß die Frauen, die „diese zweite Meile" mitgehen, wohl kaum fragen müssen: „Was soll ich tun, daß mein Mann abends fröhlich nach Hause kommt und den Abend mit der Familie verbringt?" Wenn er einen guten Grund hat, heimzukommen, tut er das auch.

5. Nie nörgeln, kritisieren oder lächerlich machen. Wir haben festgestellt, daß junge Männer unsicher sind und dringend die liebevolle Unterstützung ihrer Frau benötigen, deshalb müssen wir diesen Punkt nicht weiter ausführen. Nichtsdestoweniger muß man aber daran denken, daß nichts dem Mann mehr auf die Nerven geht als Nörgeln, Kritisieren oder Lächerlichmachen seiner Männlichkeit. Egal, wie verstimmt eine Frau auch sein mag, sie sollte nie zu solchen Methoden greifen. Auf diese Weise würde sie die Beziehung zu ihrem Mann gefährden.

Ein hervorragender Arzt war mit einer schönen, gebildeten

Frau verheiratet, aber er hatte eine Affäre mit einer Frau, deren Erziehung mangelhaft war. Sie war auch keineswegs schön. Außerdem hatte sie auf sexuellem Gebiet lange nicht so viel zu bieten wie seine Frau. Auf die Frage nach einer Erklärung für sein Verhalten erwiderte er: „Ich fühle mich bei der anderen wohl." Seine Frau dachte über ihre Ehe nach, und ihr wurde klar, daß sie das Handeln ihres Mannes immer kritischer betrachtet und an ihm wegen seiner vielen Überstunden in der Praxis herumgenörgelt hatte. Er konnte sich oft nicht verteidigen, und so suchte er sich einfach einen friedlicheren Ort. Bei der anderen Frau fand er etwas von dem ersehnten Frieden und der gewünschten Ruhe.

6. Denken Sie daran, auf Ihren Mann einzugehen. Gott gab der Frau die erstaunliche Fähigkeit, auf ihren Mann einzugehen. Das gilt besonders für das Liebesleben.

Mit Ausnahme der Zeiten, in denen die Frau besonders liebebedürftig ist und ein Liebesspiel anregt, macht der Mann meistens den Anfang. Weil Männer schnell Feuer fangen, wird es oft vorkommen, daß der Mann sich der Frau gerade dann mit Liebesabsichten nähert, wenn ihr nicht nach Lieben zumute ist. Die Art ihrer Reaktion bestimmt schon oft das Ergebnis. Gibt sie nur ein Zeichen der Gleichgültigkeit von sich (vielleicht ein Murren oder Gähnen), wird es damit wahrscheinlich sein Bewenden haben. Wenn sie sich dagegen vielleicht einige Minuten fest an ihn schmiegt und ihm so entgegenkommt – wenn auch zuerst zögernd – wird sie meistens doch von seiner Stimmung angesteckt, und es kommt zur sexuellen Begegnung.

Manche Frau hat sich und ihren Mann um unzählige schöne Liebeserlebnisse betrogen, weil sie es nicht fertig brachte, auf ihn einzugehen.

7. Achten Sie auf die tägliche Körperpflege. Als Beverly die Oberschule besuchte, sagte ihr Biologielehrer, daß der Mann einen empfindlicheren Geruchssinn hätte als die Frau. Dies beeindruckte sie so sehr, daß sie auf diesem Gebiet immer äußerst sorgfältig war.

Ob dieser Lehrer recht hatte, weiß ich nicht, aber jede Frau sollte aus zwei Gründen auf Körpergeruch achten: Erstens kann bei manchen Frauen die Scheidenflüssigkeit, besonders wenn sie außen angetrocknet ist, einen strengen Geruch verursachen, wenn man nicht regelmäßig badet; zweitens kann man gegen seinen eigenen Körpergeruch unempfindlich werden. In unseren Tagen, wo es so viele Spezialseifen, Körperlotions und Deodorants gibt, sollte Körpergeruch kein Problem sein.

8. *Sprechen Sie offen mit Ihrem Mann.* Eines der größten Mißverständnisse der Frauen auf sexuellem Gebiet liegt in der Ansicht, daß ihr Mann alles über Sex wüßte. Das trifft selten zu, wenn überhaupt. Die Männer interessieren sich vielleicht schon früh für dieses Thema, womöglich schon seit sie aus dem Kindergarten gekommen sind, aber manchmal ist es ihnen peinlich, die entsprechende Information aus den richtigen Quellen zu beziehen.

Als Achtzehnjähriger bei der Luftwaffe hörte ich fasziniert zu, wenn sich die „alten Kameraden" ihre sexuellen Abenteuer erzählten. Wenn ich mich an diese Geschichten erinnere, muß ich lächeln. Das meiste waren entweder Lügen oder Übertreibungen, denn vieles war einfach unmöglich.

Wenn ein Mann nicht die richtigen Bücher gelesen oder sich am richtigen Ort informiert hat, muß er zu Beginn seiner Ehe fast nur falsche Vorstellungen von Frauen haben. Seine Frau darf sich aber davon nicht entmutigen lassen, sie sollte ihn vielmehr über sie selbst informieren. Sie muß lernen, ein offenes Gespräch zu führen. Die Frau sollte ihrem Mann ihre Gefühle mitteilen und ihm sagen und zeigen, was sie erregt. Sie muß vermutlich nur einen Mann über ihr intimes Ich unterrichten. Sie sollte es deshalb gründlich tun und es zu einem anregenden Erlebnis machen, das sich für sie und für ihren Mann lohnt.

9. *Wenn dies alles nichts nützt, bitten Sie Gott um Antwort.* Wenn Sie verstanden haben, was ich damit sagen will, wird Ihnen dieser Rat einleuchten. Ich bin zwar der Überzeugung, daß Gott nie wollte, daß ein christliches Ehepaar sein Leben in einer sexuellen Öde von anhaltenden Orgasmusstörungen führen

sollte, aber es gibt Situationen, wo Gottes Antwort erbeten werden muß.

Wenn die sexuelle Beziehung für Sie keine Freude bedeutet, hat Gott Ihnen sicher Besseres zu geben. Beten Sie darum, und erwarten Sie seine Führung und eine für beide Partner gute Lösung. *„Bis jetzt habt ihr gar nichts in meinem Namen gebeten; bittet, so werdet ihr nehmen, auf daß eure Freude völlig werde"* *(Johannes 16, 24).*

8

DIE UNERFÜLLTE FRAU

Karen, eine hübsche, neunundzwanzigjährige Mutter von drei Kindern, kam zur Beratung. „Herr Pastor, ich liebe meinen Mann wirklich, aber in letzter Zeit habe ich bemerkt, daß meine Abneigung gegen ihn wächst. Wenn nicht bald etwas geschieht, werde ich ihn sicher bald hassen." Obwohl sie es schwer in Worte fassen konnte, gab sie schließlich zu, daß ihr Problem das Liebesleben betraf. „Nur er allein hat was davon und wird befriedigt. Ich war immer eine liebevolle Frau und habe mich ihm selten verweigert, aber immer, wenn bei mir die Erregung steigt, dringt er in mich ein und alles ist bei mir vorbei. Er rollt sich von mir weg und schläft befriedigt ein – das macht mich rasend. Ich brauche über eine Stunde, bis ich mich beruhigt habe und einschlafe. Er meint, ich müsse wohl frigide sein."

Karen war alles andere als frigide. Wie viele andere unerfüllte Frauen wußte sie sehr wenig über die Sexualität, und das, was sie wußte, war größtenteils falsch. Unglücklicherweise wußte ihr Mann Richard noch weniger als sie. Ohne den Vorzug einer vorehelichen Beratung und mit einer sexuellen Aufklärung, die sich nur auf Geburtenkontrolle beschränkte, gingen diese beiden jungen Christen mit der naiven Ansicht in die Ehe, daß ihre Liebe stark genug sei, so daß „sich alles andere von selbst ergäbe". Das gilt vielleicht für die Schwangerschaft, aber sicher nicht für den Orgasmus der Frau. Mit ein wenig Führung und Ermutigung reagierte Karen innerhalb von zwei Monaten normal.

Während meiner Amtszeit als Pastor habe ich mit jedem Paar vor der Hochzeit Beratungsgespräche geführt. Nach fast

450 Eheschließungen bin ich überzeugt, daß selbst in diesem sexuell aufgeklärten Zeitalter viele junge Leute mit beinahe der gleichen Unwissenheit über sexuelle Dinge heiraten wie Karen und Richard. Es stimmt zwar, daß die meisten jungen Männer mit sexuellen Informationen überhäuft werden, aber vieles davon ist falsch. Die Unwissenheit des Mannes trägt viel zur Frustration der Frau bei und verursacht Disharmonie in der Ehe. Unwissenheit aber kann durch richtige Aufklärung schnell behoben werden, wenn die Partner sich helfen lassen wollen.

Der größte Irrtum auf sexuellem Gebiet ist die weitverbreitete Ansicht, daß die Frau zum Orgasmus weniger fähig ist als der Mann. In Wirklichkeit ist sie es aber eher mehr. Ebenso unverständlich ist, daß dieses Erlebnis so vielen Frauen vorenthalten geblieben ist, während die Männer fast durchweg die Freude der Ejakulation erfahren haben. Keine Untersuchung oder Überlieferung besagt, daß die Fähigkeit des Mannes zum Orgasmus je in einer Kultur in Frage gestellt wurde. Die traurige Geschichte von der sexuellen Frustration der Frau finden wir jedoch fast in jeder Volksgruppe und jedem Kulturkreis.

Es hat mancherlei phantastische Erklärungen für dieses Dilemma gegeben. Natürlich ist der weibliche Orgasmus nicht nötig zur Fortpflanzung, während die Ejakulation des Mannes für die Arterhaltung erforderlich ist, aber beide brauchen die psychische Befriedigung, die der Orgasmus den ehelichen Beziehungen schenkt. Viele haben die Religion dafür verantwortlich gemacht, andere kritisieren die Kultur. Eigentlich aber weiß niemand, warum ein solches Zerrbild der Wirklichkeit jahrhundertelang allgemein für wahr gehalten wurde. Sogar Masters und Johnson räumen ein: *,,Weder Totem noch Tabu oder religiöse Bestimmungen können erklären, warum das Orgasmuserlebnis der Frau als natürliche, psychisch-körperliche Reaktion so oft negiert wird.''*

Dank der Verbreitung wissenschaftlicher Erkenntnisse, die auf genauen Untersuchungen beruhen, geben sich die Frauen heute nicht mehr mit einer zweitklassigen Reaktion zufrieden. Wir müssen zugeben, daß einige Untersuchungsmethoden viele

114

zurückhaltende Menschen schockieren, und daß besonders Christen davor zurückscheuen würden, aber abgesehen von den Methoden – die Tatsachen stehen für sich. Wir halten das Gesetz der Schwerkraft nicht für wahr, weil es von einem Christen entdeckt wurde, sondern weil es richtig ist. Heute wissen wir mehr über die sexuellen Möglichkeiten, Funktionen und Reaktionen der Frau als je zuvor. Natürlich werden manche diese Daten zur Kenntnis nehmen und Gottes Zielvorstellungen von der Heiligkeit der ehelichen Liebe mißachten, aber besonnene Christen werden sich diese Ergebnisse nutzbar machen, um die eigenen Körperfunktionen besser zu verstehen.

Dieses Kapitel setzt sich offen mit einigen intimen Aspekten der weiblichen Sexualität auseinander, die manche vielleicht als umstritten ansehen. Wir hoffen aber, daß diese Information denen eine Hilfe sein wird, die sexuell unzufrieden sind oder sich bisher mit einem zweitklassigen Erleben zufriedengegeben haben. Wenn Sie sich durch die Offenheit auf diesem intimen Gebiet abgestoßen fühlen, werden Sie vielleicht diese Seiten überschlagen. Aber es hat noch niemandem geholfen, den Kopf in den Sand zu stecken.

Bis um die Jahrhundertwende wurden jedes Jahr Millionen Frauen um den erregenden Höhepunkt betrogen, den die meisten Männer regelmäßig genießen. Dabei litten sie in aller Stille und hatten nicht den Mut, sich „gegen die Herrschaft des Mannes aufzulehnen". Seit damals hat es fast in jedem Jahrzehnt eine Untersuchung gegeben, die unser Wissen über dieses sehr intime Thema erweitert hat. Wenn diese Erkenntnisse richtig genutzt werden, tragen sie zur Befreiung von Millionen verheirateter Frauen bei. Leider geht das nur sehr langsam vor sich.

In seinem ausgezeichneten Buch „Der Schlüssel zur Reaktion der Frau in der Ehe" zitiert Ronald M. Deutsch mehrere Forscher, die sich mit der sexuellen Befriedigung der Frau befaßt haben. Über den Kinsey-Report schreibt er:

„Es zeigt sich, daß am Ende des ersten Ehejahres durchschnittlich etwas mehr als ein Drittel aller Frauen mit ziemlicher Sicherheit einen Orgasmus erlebt haben. Bis zum zehnten Ehejahr steigt diese Zahl auf nicht mehr als etwa 40 Prozent an.

In neueren Studien stellen Dr. Paul Wallin und Dr. Alexander Clark fest, daß nicht mehr als 15 Prozent aller Frauen mit Gewißheit ein voll befriedigendes Liebesleben haben. Sie meinen, daß nur eine Minderheit von Frauen einen Orgasmus hatte.

Augenscheinlich leiden die meisten Frauen in irgendeiner Weise unter sexuellem Mißerfolg. 1950 erklärten Kroger und Freed in der amerikanischen Zeitschrift für Geburtshilfe und Gynäkologie: Gynäkologen und Psychiater sind sich eindeutig darüber klar, daß etwa 75 Prozent aller Frauen keine oder nur wenig Freude am Geschlechtsverkehr haben . . .‟

Wallin und Clark verteilten Fragebogen an 417 Frauen, die meisten von ihnen waren zwischen siebzehn und neunzehn Jahren verheiratet. Fast alle hatten Kinder und lebten nach außen hin ganz normal. Wallin und Clark wollten wissen, ob diese Frauen, auch wenn sie nicht unbedingt den Orgasmus erlebten, trotzdem andere normale Reaktionen auf den Liebesakt zeigten.

Von den Frauen, die sagten, sie kämen nie oder nur selten zum Orgasmus, behaupteten mehr als die Hälfte, sie genössen sexuelle Beziehungen „sehr‟ oder „überaus stark‟.

Jahre der Beratung überwiegend christlicher Ehepaare haben mich zu der Überzeugung gebracht, daß sich Christen in einem höheren Grad am Orgasmus freuen als Nichtchristen. Das wurde von Dr. Herbert J. Miles bestätigt, der über zwanzig Jahre als Berater tätig war und eine detaillierte Umfrage mit 151 christlichen Paaren durchführte. Die Studie hatte einen hohen Zuverlässigkeitsgrad, da die Befragten 1. alle jung verheiratet waren; 2. alle ein bis vier Jahre an einer christlichen Hochschule studierten und 3. durch Dr. Miles eine gründliche Beratung vor der Ehe erhalten hatten. Das Ergebnis, daß 96,1 Prozent der Frauen einen „wirklichen Orgasmus‟ erlebt hatten, zeigt einen deutlichen Vorsprung gegenüber Nichtchristen.

Unsere eigene Untersuchung an 1700 Ehepaaren, die unsere Seminare über Familienleben besucht hatten, zeigte keine so günstigen Ergebnisse. Man sollte sich aber vor Augen halten, daß bei unserer Untersuchung die Altersverteilung ganz anders war. Außerdem umfaßte sie verschiedene Stadien christlicher Reife und betraf Menschen, die keine oder nur wenig voreheliche Beratung genossen hatten. Trotzdem gaben 89 Prozent der Frauen positive Orgasmuserfahrungen an.

Man kann aber, trotz Ausnahmen, mit Bestimmtheit sagen, daß die Mehrzahl der Frauen beim ehelichen Akt nicht regelmäßig einen Orgasmus genießt. Viele wissen nicht einmal, was das ist.

Was ist ein Orgasmus?

Die meisten gängigen Handbücher zur Sexualität sind von Männern verfaßt. Folglich sind sie mehr als ungenau, wenn sie den weiblichen Orgasmus beschreiben. Dr. Marie Robinson ist Psychiater, Praktischer Arzt und Ehefrau. Sie berät vorwiegend Frauen und beschreibt den Orgasmus bei der Frau folgendermaßen:

„Der Orgasmus ist die körperliche Reaktion, die den Geschlechtsverkehr zu seinem natürlichen und wunderbaren Höhepunkt führt ... Im Augenblick vor dem Orgasmus steigt die Muskelspannung plötzlich bis zu einem Punkt, wo sie körperlich unerträglich würde, wenn der Sexualinstinkt nicht in Tätigkeit wäre. Die Beckenbewegungen des Mannes und das Vor- und Rückwärtsbewegen des Penis in der Vagina werden schneller und stärker in der Kraft des Stoßens. Auch die Beckenbewegungen der Frau steigern sich, und ihr ganzer Körper möchte mit jeder Bewegung das einmalige Gefühl erhöhen, das sie in der Vagina erlebt. Nach Meinung vieler Frauen, mit denen ich über dieses Erlebnis gesprochen habe, kommt die größte Beglückung durch das Gefühl des

Ausgefülltseins in der Vagina und den Druck und die Reibung auf ihrer Rückseite.

Im Moment der größten Muskelanspannung scheinen sich alle Gefühle noch weiter zu steigern. Die Spannung der Frau wächst über den Punkt hinaus, wo sie offensichtlich diese Spannung keinen Augenblick länger aufrechterhalten kann. Das ist auch wirklich unmöglich, und nun verfällt ihr Körper plötzlich in eine Reihe von Muskelzuckungen. Diese Krämpfe finden in der Vagina selbst statt und durchbeben den ganzen Körper mit Wellen höchsten Glücks. Man empfindet sie gleichzeitig im ganzen Körper: in Rumpf, Gesicht, Armen und Beinen – sogar bis hinunter in die Fußsohlen.

Diese Muskelkrämpfe, die den ganzen Körper erschüttern, sich aber auf die Vagina konzentrieren, stellen den wirklichen Orgasmus dar und sind das Zeichen dafür. In diesem Augenblick wirft sich der Kopf der Frau nach hinten und das Becken kippt nach oben, um den Penis so weit wie möglich eindringen zu lassen. Die Zuckungen dauern bei den meisten Frauen mehrere Sekunden, wenn auch individuell verschieden lang. Sie können bei manchen Frauen sogar eine Minute oder noch länger anhalten, obwohl die Stärke dabei abnimmt.

Bei vielen Frauen kann sich dieser Vorgang zwei- oder dreimal wiederholen, bevor ihr Partner zum Orgasmus kommt. Die nervliche und psychische Voraussetzung ist da, und die Frau kann reagieren, wenn ihr Partner die sexuelle Begegnung nicht abbricht. Manche Frauen berichten, daß der letzte Orgasmus manchmal intensiver und befriedigender ist als der erste.

Wenn die Frau durch das Orgasmuserlebnis befriedigt ist, verliert sich die Nerven- und Muskelspannung, die sich in der sexuellen Aufbauphase entwickelt hat. Hat sie dieses Stadium erreicht, hören ihre angestrengten Bewegungen auf, und innerhalb kurzer Zeit kehren Blutdruck, Puls, Drüsensekretion, Muskelspannung und alle anderen für die sexuelle Erregung charakteristischen starken Veränderungen auf den Normalwert und manchmal sogar noch darunter zurück.

Man hat detaillierte Studien über die körperlichen Reaktionen von Mann und Frau während des Geschlechtsverkehrs erhoben. Ich halte es für bedeutsam, daß sich in fast allen Einzelheiten, einschließlich des Orgasmus, diese Reaktionen und das subjektive, wunderbar empfundene Erleben bei beiden Geschlechtern entsprechen. Die Unterschiede liegen nur darin, daß die Frau am Anfang etwas langsamer reagiert als der Mann und der Orgasmus des Mannes durch die Ejakulation des Samens in die Vagina gekennzeichnet ist.

Der vollen sexuellen Befriedigung folgt ein Stadium äußerster Ruhe. Körperlich fühlt man sich vollkommen entspannt. Psychisch ist der Mensch völlig zufrieden, im Einklang mit der ganzen Welt. Die Frau fühlt vor allem höchste Liebe für den Partner, der ihr so viel Freude, eine solche ekstatische Verzückung geschenkt hat. Oft möchte sie ihn eine Zeitlang noch fest umarmen, um die nun verglühende Leidenschaft in Zärtlichkeit ausklingen zu lassen."

Wie man aus dieser Beschreibung sehen kann, ist ein Orgasmus eine gewaltige Erfahrung. Es gibt kein körperliches oder psychisches Erlebnis, das seiner mitreißenden Kraft und seiner überwältigenden Wonne gleichkommt. Es ist einzigartig.

Frigidität und unerreichter Orgasmus

Viele Frauen sind irrtümlich zu demselben Schluß gekommen wie Diane: daß sie frigide seien. Doch Diane war nicht frigide. Sie und ihr Mann waren etwa fünfzehn Jahre verheiratet, als sie zur Beratung kam und sagte: „Obwohl ich Freude am Liebesakt habe, gibt er mir doch nicht viel. Nur die Nähe meines Mannes genieße ich."

Ein großer Teil der gängigen Literatur brandmarkt jede Frau mit Orgasmusschwierigkeiten als frigide. Aber das ist eine oberflächliche Behauptung. Dr. Robinson gibt eine gute Definition des Begriffes „Frigidität":

„Sexuelle Frigidität ist die Unfähigkeit, die körperliche Liebe bis an die Grenzen des Möglichen zu genießen. Die frigide Frau ist mehr oder weniger in ihren Empfindungsmöglichkeiten behindert. Im allgemeinen erlebt sie keinen Orgasmus. Wenn sie den Höhepunkt einmal erlebt, dann ist er schwach und unbefriedigend. Viele frigide Frauen haben aber nicht nur keinen Orgasmus, sondern können nicht einmal die Anfänge sexueller Erregung fühlen. Für manche ist der Geschlechtsakt schmerzhaft."

Wir können Frigidität also kurz definieren: mangelndes Interesse, den Geschlechtsakt zu beginnen und zu genießen.

Dr. David Reuben, Autor der drei meistverkauften Bücher über Sexualität, lehnt die Bezeichnung Frigidität ab und hat darum den Begriff „Orgasmusunfähigkeit" geprägt.

„Viele Frauen, die vom Arzt mit Sicherheit als frigide eingestuft werden, sind sexuell nicht genug erregt worden. Wenn der Mann den erigierten Penis in die Vagina eingeführt hatte, dann mußte nach den alten Regeln die Frau sehen, wie sie zum Orgasmus kam. Keine Frau verdient die Bezeichnung „sexuell frigide", wenn ihr sexueller Partner ihr nicht wenigstens genug Berührungsreize gegeben hat, um die Orgasmusreaktion auszulösen.

Für ein Paar beträgt diese Zeit der Reizung durchschnittlich etwa acht Minuten wirklichen Verkehrs oder 75 bis 80 Beckenstöße. Dies setzt natürlich ein langes Liebesspiel voraus – lange genug, um die Befeuchtung der Vagina herbeizuführen – und eine Atmosphäre beiderseitiger Liebe. Unter solchen Bedingungen sollte eine Frau ziemlich häufig zum Orgasmus kommen können.

Und wenn nicht? Dann wird sie vermutlich in einem bestimmten Grad unter Orgasmusunfähigkeit leiden, dem ein unterschwelliger Gefühlskonflikt zugrunde liegt. Wenn ihr Partner nur ein rasches Eindringen, ein paar halbherzige Beckenstöße, einen schnellen Samenerguß und eine gemurmelte Entschuldigung bietet, liegt das Problem mehr bei ihm als bei ihr. Der Mann, der seinen Orgasmus nicht verzögert, um so seine Erektion lange genug aufrechtzuerhalten, wird viel Zeit und Energie darauf verwenden, seine Frau davon zu überzeugen, daß sie schuld sei. Aber auch wenn sie sich davon überzeugen läßt, hebt das die bei ihm liegenden Schwierigkeiten nicht auf: das Problem zu früher Ejakulation. Es schiene vernünftiger, dies erst zu lösen, als ein neues Problem – einen verzögerten Orgasmus der Frau – zu erfinden."

Reuben schließt: *„Für die Millionen Frauen, die nicht regelmäßig zum Orgasmus kommen, ist ihre Orgasmusunfähigkeit ein persönliches Unglück."*

Es gab Zeiten, in denen eine „frigide" Frau für den Rest ihres Lebens zu sexueller Frustration verdammt war oder, was noch schlimmer ist, zu dauernder psychischer Selbstverteidigung. Sie wurde kalt und gleichgültig den Liebesbezeigungen ihres Mannes gegenüber, denn, ob sie es wahrhaben wollte oder nicht, ihr sexuell unerfülltes Leben verletzte sie im Innersten. Zum Glück ist diese Zeit vorbei. Die moderne Forschung hat eindeutig klargestellt, daß alle Ehefrauen zum ekstatischen Orgasmus fähig sind. Eine Christin sollte sich mit einem geringerem Maß an Erfüllung nie abfinden.

Orgasmus durch die Clitoris oder die Vagina?

Das Verwirrendste an unserer Untersuchung ergibt sich durch die unterschiedlichen Aussagen der Ärzte, ob eine Frau den Orgasmus allein durch die Reizung der Clitoris oder durch die Reizung der Vagina erlebt. Sehr nachdrücklich haben sich alle *die* zu Wort gemeldet, die meinen, eine Frau könne nur durch die Reizung ihrer Clitoris zum Orgasmus kommen. Einige Forscher entdeckten, daß in der Wand der Vagina sehr wenig Nervenendungen verlaufen. Daraus schließen sie, daß die Clitoris die einzige Quelle für die sexuelle Erregung der Frau darstellt.

Ronald M. Deutsch beschreibt die Vagina wie folgt:

„Die Wände der Vagina sind von einer feinen Schleimschicht bedeckt. Sie haben viele Falten oder *rugae*. Die Wände werden durch Muskelfasern gestützt, die den Eingang umgeben und längs verlaufen. Gerade in diesen Wänden der Vagina haben die Forscher vergeblich nach bestimmten Anzeichen gesucht und waren über das Ergebnis verblüfft: Die Physiologen konnten praktisch keine Nervenendungen in der Vagina finden. Obwohl dieses Organ das sexuelle Zentrum der Frau darstellt, scheint es fast unfähig zur Reizempfindung zu sein.

Erst im Jahr 1962 kamen Baruck und Miller in „Sexualität und Ehe: Neue Erkenntnisse" zu der wissenschaftlichen Feststellung, daß die Scheidenwände *„nicht mit Berührungssinneszellen ausgestattet sind . . . Die Vagina besteht aus derselben Gewebeart wie die inneren Organe."* Sie schlossen daraus, daß die Vagina nicht das auslösende Organ für den Orgasmus sein kann."

Deutsch beschreibt die Clitoris als das weibliche Gegenstück zum männlichen Penis.

Die Clitoris hat im Verständnis der sexuellen Reaktionen der Frau zu großer Verwirrung geführt. Als empfindlichstes Geschlechtsteil des weiblichen Körpers wurde sie lange Zeit für das Zentrum aller sexuellen Befriedigung gehalten. Und weil die Reizung der Clitoris allein schon bei fast allen Frauen zum Orgasmus führt, nahm man an, daß ohne Berücksichtigung der anderen Reaktionen im Geschlechtsakt nur die direkte Reizung der Clitoris den Orgasmus hervorbringt.

Die meisten Ärzte führen die Tatsache, daß manche Frauen beim Geschlechtsakt fast regelmäßig befriedigt werden, auf eine glückliche Stellung der Clitoris zurück. Auch die Größe wurde – vielleicht aus demselben Grund – für bedeutsam gehalten. In der Folge hoben Ärzte deshalb die Clitoris durch chirurgische Eingriffe mehr heraus oder rückten sie näher an die Vagina.

Die Studien von Dr. Miles behaupten dasselbe. Da die Clitoris das Erregungszentrum der Frau ist und da der Penis beim normalen Verkehr mit der Clitoris nicht in Kontakt kommt, empfehlen Eheberater die „direkte Reizung". Das heißt, im Stadium des Liebesspieles vor dem Verkehr reizt der Mann die Clitoris seiner Frau sanft mit den Fingern – zehn bis fünfzehn Minuten, oder so lange, bis er sicher ist, daß seine Frau sexuell voll erregt und für den Verkehr bereit ist. An dieser Methode ist nichts Anstößiges. Denken Sie an ein Duo Klavier – Violine. Ein Paar muß das Richtige zur richtigen Zeit in der richtigen Haltung tun, um zur vollen Erregung und zur ganzen Harmonie in der Liebe zu gelangen. Es ist normal, wenn im Liebesspiel und in der Erregungsphase ein Paar die Geschlechtsorgane des anderen berührt und reizt. Es ist ein schöner und bedeutsamer Ausdruck der Liebe. So wurde es vom Schöpfer eingerichtet.

Man muß sich hier vor Augen halten, daß die Clitoris das äußere Erregungszentrum ist. Die Art der Clitorisreizung ist nicht so wichtig. Jede der verschiedenen Methoden kann befriedigend wirken. Wenn ein Paar schon durch den Geschlechtsverkehr genügend Erregung bei der Frau erreicht, um sie regelmäßig zum Orgasmus zu führen, dann ist das sehr gut. Aber wir meinen, daß die direkte Reizung in der Erregungsphase der sicherste Weg ist, damit eine junge Frau in der ersten Zeit der Ehe zum Orgasmus kommt. Unsere Untersuchung zeigt, daß 40 Prozent der Frauen nach Gewöhnung an das eheliche Liebesleben schon allein durch den Verkehr erregt werden und zum Orgasmus gelangen können, ohne daß eine Reizung der Clitoris mit der Hand nötig ist. Die meisten Paare brauchten aber mehrere Wochen, bis sie auf diese Art Erfolg hatten. Alle Paare sollten auf dieses Ziel hinsteuern. Wir müssen aber berücksichtigen, daß 60 Prozent aller Frauen die direkte Reizung der Clitoris in der Erregungsphase brauchen, um beim Verkehr zum Orgasmus zu kommen. Ein Paar sollte bei dieser Methode keine Hemmungen haben, wenn sie nötig ist.

In ihrem Buch „Die Macht der sexuellen Hingabe" übt Dr. Marie Robinson vernichtende Kritik an den Frauen, die nur durch die Clitoris zum Orgasmus kommen. Sie setzt Orgasmus durch die Clitoris mit sexueller Unreife, Orgasmus durch die Vagina aber mit sexueller Reife gleich. Ohne Zweifel wurden viele Frauen unnötig durch den Gedanken belastet, daß sie etwas versäumen würden, wenn sie nur durch die Clitoris zum Orgasmus kämen. Offen gesagt, ich habe viele Frauen kennengelernt, die allein darüber schon hocherfreut wären.

Dr. Robinson erklärt ihre Behauptung folgendermaßen:

„Ich habe Ihnen bereits die sogenannte clitoridale (durch die Clitoris bestimmte) Frau beschrieben, doch nun muß ich Ihnen mehr über die Folgen Ihres Problems sagen. Sie werden sich erinnern, daß ich Ihnen gesagt habe, daß von den Geschlechtsteilen der Frau sowohl Clitoris wie Vagina den Orgasmus erleben können. Diese Tatsache ist von entscheidender Wichtigkeit für das Problem der Frigidität bei Frauen.

Warum? Es bedeutet im Endeffekt, daß Frauen zwei verschiedene Geschlechtsorgane haben, die beide ihre sexuelle Spannung entladen können. Unbewußt können Frauen eine bestimmte Art der sexuellen Befriedigung der anderen vorziehen. Diese Wahlmöglichkeit wirkt sich oft ungut aus, denn eine dieser Methoden zur Befriedigung bedeutet Unreife und ist mit Neurosen verbunden."

Zum Glück hat die moderne Forschung diesen Gedanken widerlegt. Masters und Johnson haben auf diesem Gebiet sehr viele Daten gesammelt.

Man kann nach der Ursache all dieser Mißverständnisse über eine so wichtige und grundlegende Tatsache fragen. Wenn wir Sigmund Freud auch nicht alle Schuld zuschieben können, trägt er doch mehr Verantwortung daran als sonst jemand. In seiner unnachahmlichen Art hat Dr. Reuben die Sachlage wie folgt erklärt:

„Die Frau muß sich bei den Erkenntnissen über ihre Körperfunktionen größtenteils auf Männer verlassen. Sigmund Freud war einer der bedeutenden (wenn auch sicher nicht der erste) Forscher, die darauf hinwiesen, daß das Denken untrennbar mit den Geschlechtsorganen verbunden ist. Das trug zu einer klareren Erkenntnis vieler sexueller Probleme bei. Unglücklicherweise wußte Dr. Freud nicht, daß die Clitoris untrennbar mit der Vagina in Verbindung steht. Man kann ihn wegen seiner Entdeckung als den Vater der modernen Psychiatrie ansehen – weil er aber etwas Wesentliches übersah, wurde er gleichzeitig der Begründer eines neuen Märchens über die weibliche Sexualität. Mindestens zwei Generationen (Frauen) mußten dafür bezahlen, weil er behauptete, daß es einen Unterschied zwischen vaginalem und clitoridalem Orgasmus gebe und daß der vaginale Orgasmus höher einzuschätzen sei.

Wußte Freud es nicht besser? Als Wissenschaftler hätte er es besser wissen müssen. Seine frühen Studien über Psychoanalyse zeigten ihm, daß kleine Mädchen masturbieren. In der Wissenschaft war das eine dramatische Entdeckung, aber in Wirklichkeit war es etwas, was andere kleine Mädchen und Mütter kleiner Mädchen schon jahrhundertelang wußten. Er beobachtete auch, daß die Selbstbefriedigung bei Mädchen dieser Altersgruppe (und – was er nicht wußte – jeder Altersgruppe) sich um die Clitoris dreht. Wenn die Mädchen heranreiften, begannen sie, die Selbstbefriedigung durch den Geschlechtsverkehr zu ersetzen und waren augenscheinlich weniger an der Clitoris und mehr an der Vagina interessiert. Freud ließ sich dadurch zu dem Schluß verleiten, es gebe zwei Arten von Orgasmus. Die clitoridale Art war kindlich und unreif und nur für die Wiener Teenager geeignet. Aber jede reife Frau verlegt sofort das Zentrum aller ihrer Gefühle von der Clitoris allein in die Vagina. Das schien eine glänzende Theorie zu sein – auf den ersten Blick tiefgreifend und überraschend. Sie hatte nur einen Fehler – sie war völlig falsch.

Wenn das zutraf, warum rückte dann niemand die Dinge zurecht? Die einzigen, die wußten, daß Freud auf dem falschen Gleis argumentierte, waren die Frauen – und auf die hörte keiner. Psychiatrie war in jener Zeit ausschließlich eine Domäne des Mannes (und seitdem hat sich noch nicht viel geändert), alle wichtigen Aussagen darüber, wie Frauen angeblich fühlen sollten, wurden von Männern gemacht. Es gab allerdings noch einen zwingenden Grund für das Märchen vom vaginalen und clitoridalen Orgasmus – es schmeichelte nämlich den Männern. Viele Psychiater legten ihre Objektivität ab, wenn sie den Schlafanzug anzogen, und begrüßten jede Theorie mit Freude, die es ihnen im Bett leichter machte.

Jeder amerikanische Psychoanalytiker, der die Reise bezahlen konnte, machte sich auf die Pilgerfahrt nach Wien. Sie kamen mit der neuen, aufregenden Entdeckung zurück, daß die amerikanischen Frauen alle falsch liebten und es nicht der Fehler der Männer war, wenn die Geschlechtsbeziehungen unbefriedigend verliefen.

Gemäß den psychoanalytischen Rauchzeichen dieser Zeit bestand die ganze Aufgabe des Mannes darin, eine Erektion zu haben und zu ejakulieren – wenn die Frau dann nicht befriedigt war, war es ihr Fehler!"

Dr. Reuben, ein praktizierender Psychiater mit hervorragenden medizinischen Qualifikationen, aber mit für Christen oft schockierenden moralischen Anschauungen, beschreibt eine Patientin namens Nina, die den Orgasmus regelmäßig erfahren hatte, aber aufgrund eines Zeitungsartikels „frigide" geworden war. Darin hieß es, daß alle Frauen, die keinen vaginalen Orgasmus erlebten, „das Wesentliche versäumten". Je mehr Nina das zu erreichen suchte, desto unzufriedener wurde sie und verlor schließlich auch ihre Fähigkeit zum clitoridalen Orgasmus. Nach dreijähriger Behandlung bei zwei verschiedenen Psychiatern ohne ein Zeichen der Besserung kam Nina zu Dr. Reuben, der ihr einige Ratschläge gab:

„Anstatt Nina zu sagen, warum sie keinen Orgasmus hatte, schien es sinnvoller, ihr zu erklären, wie sie wieder dazu kommen könnte. Der erste Schritt war eine Aufklärung über das Zustandekommen eines Orgasmus bei der Frau:

Die Clitoris steht in direkter Verbindung mit Rückenmark und Gehirn, und zwar durch denselben Strang Tausender Nervenfasern, die auch die Vagina versorgen. Eine

Reizung des einen Organs springt sofort auf das andere über. Zusätzlich erstrecken sich die empfindlichen Wurzeln der Clitoris tief in die Scheidenwände. Wenn der Penis an der Scheidenwand reibt, übt er denselben Druck auf den inneren Teil der Clitoris wie auf die Begrenzungen der Vagina aus. Der dritte Faktor ist wahrscheinlich der wichtigste. Die kleinen Schamlippen, jene beiden dünnen, vorhangähnlichen Hautfalten über der Scheidenöffnung, stoßen über dem Clitoriskörper zusammen. Auch wenn der Penis nie wirklich in Kontakt mit der Clitorisspitze kommt, wenn er in und aus der Vagina gleitet, drückt und zieht er abwechselnd am unteren Ende der Schamlippen. Das bewirkt dauerndes rhythmisches Reiben an Spitze und Schaft der Clitoris, und wenn alles andere stimmt, kommt der Orgasmus schnell und unweigerlich. Jeder Orgasmus bei der Frau ist im Grunde clitoridal. Orgasmus beim Geschlechtsverkehr kann clitoridal und vaginal sein – was nur heißt, daß der Penis gleichzeitig Clitoris und Vagina reizt. Für Nina – und jede andere Frau – waren diese Ausführungen von theoretischem Interesse. Die einzige wirkliche Frage war: Konnte sie den Geschlechtsverkehr genießen oder nicht?

Die Antwort ließ nicht lange auf sich warten. Als sie erst einmal verstanden hatte, daß jeder Orgasmus gleich ist und im Grunde von der Reizung der Clitoris abhängt, stellte sich Besserung ein."

Natürlich fragen manche Frauen: „Aber ist ein vaginaler Orgasmus nicht doch besser als ein nur clitoridaler? Auf diese Frage antwortet Dr. Reuben:

„Das ist Unsinn! Vom sexuellen Standpunkt aus gibt es nur eine Grundaussage über den Orgasmus – jeder Orgasmus ist gleichartig und gleichwertig. Ob durch Geschlechtsverkehr oder Vorspiel – er beruht immer auf dem gleichen dreifachen Spiel der Gefühle: Ein Impuls von der Clitoris geht ans Rückenmark, dann ans Gehirn; sofort folgt die Reaktion in umgekehrter Richtung – vom Gehirn über das Rückenmark an die Clitoris. Jeder andere Körperteil – Vagina, Herz, Lunge,

Haut – ist beteiligt, aber das Gefühlszentrum ist immer die Clitoris."

Die Kontroverse war hauptsächlich dadurch entbrannt, weil viele Frauen den Orgasmus erleben können, wenn ihre Partner zärtlich an der Clitoris spielen, daß sie aber beim Geschlechtsverkehr keinen Höhepunkt erfahren. Dies läßt Mann und Frau mit dem frustrierenden Gefühl des Mangels zurück. Freud und seine Nachfolger schoben das alles auf irgendein „tiefverwurzeltes seelisches Problem". Dies erfordert oft eine Unmenge psychologischer Tests und viele Beratungsgespräche, die teuer und nicht immer nützlich sind. Dr. Reuben wies darauf hin, daß bis vor einigen Jahren die meisten Psychiater Männer waren und daß die meisten Frauen auf den Gedanken kamen, ihrem Problem läge irgendeine Psychose oder Neurose zugrunde, auch wenn das meistens nicht zutraf.

Ronald M. Deutsch erklärt den Widerspruch:

„Neuere Forschungen haben dieses lange gültige Konzept in einigen Punkten stark in Frage gestellt. Liegt der sexuelle Mißerfolg bei Frauen nur daran? Wenn nicht, wie viele der unbefriedigten Frauen sind seelisch normal? Und welche anderen Gründe gibt es für den Mißerfolg?

Nun hat man weithin festgestellt, daß viele psychisch ganz normale Frauen trotzdem keine volle sexuelle Erfüllung erreichen können. Ein Bericht darüber stammt von Dr. Peter A. Martin, Professor für Psychiatrie an der Wayne State Universität in Detroit: „Als ich in der Psychiatrie zu arbeiten anfing, wurde ich belehrt, daß der Orgasmus bei der Frau von ihrer psychosexuellen Entwicklungsstufe abhängt. Daher sollte eine reife, seelisch gesunde Frau mit ausreichender Entwicklung der Geschlechtsorgane den vaginalen Orgasmus haben . . . aber ich habe seelisch sehr kranke Patientinnen erlebt, die von mehreren Orgasmen hintereinander berichteten. Ich habe auch Frauen kennengelernt, die auf jedem anderen Gebiet das typische Bild seelischer Reife boten, aber keinen vaginalen Orgasmus erleben konnten.

Wenn man in der psychoanalytischen Literatur ein wenig

zurückblättert, findet man bei führenden Fachleuten der Psychoanalyse andere, untergeordnete Gedanken im Hinblick auf die Behandlung orgasmusunfähiger Frauen. Einer davon war der berühmte Dr. Wilhelm Stekel, ein Kollege Freuds und Adlers, der einige Werke über sexuelle Probleme verfaßte. Stekel meinte 1926, man müsse drei Arten von „Frigidität" unterscheiden: die „absolut frigide" Frau, die keinen Orgasmus erlebt und keinerlei Reaktion auf jede, wie auch immer geartete körperliche Zuwendung zeigt; die „relativ frigide" Frau, die in beiderlei Hinsicht etwas mehr fühlt. Drittens nannte er die „leidenschaftlich frigide" Frau, die trotz großer Sehnsucht und Vorfreude nicht in der Lage ist, den Orgasmus zu erleben. Über diese letzte Art schrieb Stekel: „Das ist die Form, die wir Spezialisten am häufigsten sehen."

Für die „leidenschaftlich – frigide Frau" brauchte man augenscheinlich ein besseres Konzept. Sie will die körperliche Beziehung, und sie wird dadurch auch erregt, aber zuletzt wird ihr doch ein Strich durch die Rechnung gemacht. – Ist sie auch neurotisch?

Eine Tatsache, die sicher zu einigen frühen Anfragen an die unqualifizierte Auffassung von „Frigidität" als Zeichen einer Neurose führte, war die große Anzahl von Frauen, die anscheinend darunter litten. Das war ein Grund, warum Stekel zum Beispiel nach gesellschaftlichen und körperlichen Ursachen suchte. Er schrieb lange und leidenschaftliche Artikel über das soziale Unrecht an der Frau, das sie die weibliche Rolle und den männlichen Herrschaftsanspruch ablehnen ließe. Er begann, die Arbeit von Rohleder zu studieren, einem Sexualforscher jener Zeit, der sich unter anderem für eine voreheliche Prüfung von Mann und Frau einsetzte, damit sie feststellen könnten, ob sie körperlich zueinander paßten ...

Die erste bedeutende Untersuchung über den Orgasmus der Frau wurde um die Jahrhundertwende von dem angesehenen Gynäkologen Dr. Robert L. Dickinson durchgeführt.

Dr. Dickinson befragte 442 seiner Patientinnen, ob sie den Orgasmus erlebten. Eine von vier Frauen antwortete „nie". Nur zwei von hundert antworteten „meistens".

Die Antworten zwischen beiden Extremen waren aufschlußreich, aber ziemlich vage. Vierzig Prozent sagten, sie hätten das Erlebnis „selten". Weitere vierzig Prozent antworteten mit „ja", ohne die Häufigkeit zu erwähnen. Von dieser letzten Gruppe nahm Dr. Dickinson allerdings an, daß etwa ein Drittel während des Verkehrs keinen richtigen Orgasmus erlebte.

Drei Tests wurden in den nächsten Jahren in Europa durchgeführt. Otto Adler fand, daß 30 bis 40 Prozent der Frauen keinen Orgasmus hätten und wahrscheinlich während der körperlichen Vereinigung kaum sexuelle Reaktionen erlebten. Guttceit sagte, daß 40 Prozent der Frauen während des Geschlechtsverkehrs „nichts fühlten" und den Akt erlebten ohne jedes Glücksgefühl während der Reibung der Geschlechtsteile. Einen Höhepunkt für sich erwarteten sie nicht. Und Debrunner berichtet: „Über 50 Prozent unserer Frauen in der Ostschweiz wissen nichts von einer sexuellen Libido", ohne genau zu sagen, was er damit meinte.

Wenn diese Studien auch zu verschiedenen Zeiten durchgeführt wurden, kann man aus ihnen doch einige grobe Schlüsse über die sexuellen Reaktionen in den ersten Jahrzehnten unseres Jahrhunderts ziehen. Zunächst scheint nur eine Minderheit der Frauen zum Orgasmus gekommen zu sein. Zum anderen erreichte eine Gruppe von etwa einem Viertel bis zur Hälfte der erfaßten Frauen niemals einen Orgasmus."

Aufgrund dieser und vieler anderer Statistiken kann man mit Sicherheit annehmen, daß die Mehrheit der Frauen den Orgasmus nicht regelmäßig erlebt. Wenn, wie viele Psychologen uns glauben machen wollen, diese Frauen „neurotisch", „psychotisch", oder „sexuell infantil" wären, würde das bedeuten, daß die meisten Frauen nicht normal wären. Deshalb sollte man lieber nach anderen Gründen suchen.

Gründe und Heilung der Orgasmusunfähigkeit

Den Orgasmus sieht man am besten als komplizierten Ablauf an, der viele Einzelvorgänge umfaßt. Folglich kann ein Versagen einer oder einer Kombination dieser Funktionen die Frau um das Erleben all dessen bringen, was Gott für sie gewollt hat. Daher wollen wir die häufigsten Ursachen der Orgasmusunfähigkeit untersuchen und einige praktische Gegenmittel anbieten.

1. Unwissenheit. Die Durchschnittsfrau weiß entschieden mehr über ihre Nähmaschine als über ihre Geschlechtsorgane. Das ist nicht so verwunderlich, wenn wir in Betracht ziehen, daß ihre Nähmaschine eine Gebrauchsanleitung hat; und wenn etwas nicht klappt, braucht sie nur den Kundendienst anzurufen.

Leider haben die meisten Frauen und ihre ebenso unwissenden Männer nie ein gutes Handbuch über Sexualität gelesen, und wenn sie in Schwierigkeiten kommen, sind sie häufig zu stolz, um Hilfe zu erbitten. Wenn sie wirklich Rat suchen, finden sie oft nicht die richtige Lektüre oder den richtigen Berater. Ein Autor stellt fest:

„Wo lernen Frauen etwas über ihre eigene Sexualität? Meistens von denen, die sie am wenigsten belehren können. 99 Prozent der „Fachleute", an die sich eine Frau wegen sexueller Probleme wendet, hatten nie eine Periode, ein plötzliches Hitzegefühl oder ein Kind – und werden es auch nie haben. Sie werden wirklich nie irgendwelche weiblich-sexuellen Erlebnisse haben – weil sie Männer sind.

Was gibt diesen Männern das Recht, Frauen ihre sexuellen Reaktionen zu erklären? Nichts! Gelehrte Bücher über Frauen und ihr sexuelles Verhalten wurden erstmals vor etwa fünfhundert Jahren verfaßt. Zu dieser Zeit besaßen Frauen eine soziale Stellung, die etwas höher war als die des Viehs und etwas tiefer als die verrückter Männer. Genauso wie kein vernünftiger Wissenschaftler daran dachte, eine Kuh nach ihren Gefühlen zu fragen, ließ sich auch kein mittelalterlicher Gelehrter zur Befragung einer Frau herab. Die nächste Generation der Sexualwissenschaftler bereitete sich auf ihre Aufgaben durch die Lektüre ihrer Vorgänger vor. Sie grübelten voll Verehrung über den fragwürdigen Enthüllungen und murmelten etwas wie: „Hmm, genau was ich erwartet habe! Ich wußte es ja. Ich wußte es ja schon immer." Gerüstet mit Unwissenheit gingen sie daran, die Wasser der sexuellen Fragen weiter zu trüben. Niemand dachte daran, die Frauen zu befragen. Man brauchte es ja auch nicht – schließlich hatte man die Ergebnisse und Meinungen einer ganzen Generation von Gelehrten.

Schaden richteten diese Experten naturgemäß nur bei Frauen an. Die meisten dieser frühen „Tatsachen" über das weibliche Sexualverhalten entsprangen nur dem männlichen Wunschdenken. Kleine Anmerkungen, daß Frauen unfähig zum sexuellen Genuß und Männer auf sexuellem Gebiet der Frau überlegen wären, tauchten mit schöner Regelmäßigkeit in medizinischen Lehrbüchern auf. Da diese falschen Ansätze und Ansichten immer wieder aufgegriffen wurden, nahmen sie schließlich das Aussehen von Tatsachen an. Und weil ein Experte das wissenschaftliche Geschwätz an den nächsten weitergab, erlangten die Irrtümer eine Aura der Wirklichkeit. Allmählich nahmen diese Gemeinplätze ihren Weg in die Illustrierten und Zeitungen und drangen in das Volksbewußtsein ein. Durch dauernde Wiederholung wurden sie schließlich weithin zu „Tatsachen".

Deutsch zieht das Thema weiter aus:

„Tatsächlich machen die zu einem gewissen Grad sexuell unerfüllten Frauen anscheinend die Mehrheit der Frauen aus. Die alte Vorstellung, daß sie definitionsgemäß psychisch gestört seien, verschwindet aber allmählich. Man hat jetzt entdeckt und bewiesen, daß der Schlüssel zur Heilung einer solchen Frau gewöhnlich in der genauen anatomischen Kenntnis ihres Körpers und ihrer sexuellen Rolle zu finden ist."

Das heißt nicht, daß die seelische Verfassung nicht die sexuelle

Reaktion behindern könnte. Ich beabsichtige auch nicht, ein materialistisches Bild der Liebe zu entwerfen. Ich möchte auch nicht die gefühlsmäßigen und geistigen Grundlagen der Liebe in Frage stellen, an die ich fest glaube. Dennoch bleibt der Liebesakt ein körperliches Geschehen. Wie wir sehen werden, stimmen die meisten bedeutenden Forscher darin überein, daß dieses Geschehen nicht instinktiv verläuft, sondern erlernt werden muß. Wir stellen weiterhin fest, daß sich das Verständnis des Geschlechtsaktes bei den meisten Männern und Frauen aus einem Gemisch von Märchen, Verwirrung und Aberglauben zusammensetzt.

Die Wissenschaft hat zwar in den letzten zwanzig Jahren über den körperlichen Bereich der Sexualität viel Neues herausgefunden, von diesen Erkenntnissen wurde aber nur wenig veröffentlicht. Auf die Frage eines Arztes, der bei der Behandlung einer unbefriedigten Frau um Hilfe bat, schrieb der Sexualforscher Dr. William Masters kürzlich im „Journal of the American Medical Association" folgendes:

„Bei jeder Ehe kann man davon ausgehen, daß bei dem Paar sehr viele falsche Vorstellungen oder ganz einfach Unkenntnis über sexuelle Körperfunktionen vorhanden sind.

Das erscheint seltsam in einer Zeit, in der man so offen über die Sexualität spricht, in der das Thema so freimütig bis zum Überdruß bearbeitet und durch Geschäftemacherei aller Art ausgebeutet wird. Merkwürdigerweise scheint man das nützliche und gründliche Wissen in der Flut der Sexualliteratur auszuschließen."

Bis vor einigen Jahren mußte sich die Ehefrau als Christin mit einem noch größeren Problem auseinandersetzen. Weil in der heutigen Literatur zur Sexualkunde größtenteils moralische Maßstäbe fehlen, neigen viele Christen dazu, jede sexuelle Aufklärung zu verwerfen. Das wirkt sich fatal aus. Nach meinen Erfahrungen sind meistens die Ehepaare gegen eine gründliche Aufklärung, die sie am nötigsten hätten.

In den letzten Jahren haben einige christliche Verleger in den USA Mut bewiesen, indem sie Bücher herausbrachten, die sich offen mit dem Thema auseinandersetzen. Vor zehn Jahren konnte man auf diesem Gebiet kein einziges Buch empfehlen. Ich widmete deshalb 45 Seiten in meinem Buch ,,Glücklich trotz Ehe" der körperlichen Liebe. Später erfuhr ich, daß der Verleger das Buch um ein Haar nicht veröffentlicht hätte, aus Angst, es könne die christliche Leserschaft abstoßen. Inzwischen hat sich aber die Situation geändert.

Keine Entschuldigung mehr

Vor einigen Jahren konnte man noch sexuelle Unkenntnis als begründete Entschuldigung für Orgasmusunfähigkeit gelten lassen, aber diese Zeit ist vorbei.

Wüßten die Ehemänner, daß die Frau zu mehrfachem Orgasmus hintereinander fähig ist, brächten sie ihre Frau öfter ein- oder zweimal mit der Hand zum Orgasmus, bevor sie eindringen. (Manche Frauen wünschen, auch nach der Ejakulation des Mannes mit der Hand gereizt zu werden.) Ein unwissender Mann befürchtet vielleicht, daß nichts mehr für ihn übrigbleibt, wenn er seine Frau vor dem Eindringen bis zum Orgasmus zärtlich streichelt. In Wirklichkeit trifft gerade das Gegenteil zu. Er fände seine Frau nur um so erregender und bereitwilliger.

Jedes Paar, das ich traue, muß mir versprechen, daß es zu mir zur Beratung kommt, wenn irgend etwas nicht in Ordnung zu sein scheint. Das ist sicherlich der Grund für die niedrige Scheidungsrate dieser Paare (von 450 Trauungen nur 17 bekannte Scheidungen). Bei den Hilfesuchenden liegt der Grund der Schwierigkeiten meist in der mangelnden Fähigkeit zum Orgasmus bei der Frau. Ein solches Paar kam sechs Wochen nach seiner Hochzeit zu mir. Nach einem einstündigen Gespräch lieh ich ihnen etwa fünf Pfund Bücher, die ich für solche Fälle in meinem Büro habe. Drei Wochen später kam die Frau nach einem Gottesdienst in meinem Büro vorbei und brachte die Bücher zurück. Sie dankte mir lächelnd und sagte: ,,Wir brauchen diese Bücher nicht mehr."

134

Haß und Rachegefühle

Am Ende eines Seminars fragte mich eine sechsundzwanzigjährige Mutter von drei Kindern: „Können Sie erklären, warum ich nach sechs Jahren Ehe noch nicht auf meinen Mann eingehen kann?" Sie hatte noch nie einen Orgasmus erlebt und bekannte: „Ich hasse Sex!" Am meisten erstaunte es mich, daß sie ihren Mann als „freundlich und aufmerksam selbst nach zwei Jahren ohne sexuelle Beziehungen" beschrieb! Das sprach gegen meine seit langem bestehende Überzeugung, daß eine Frau immer auf einen Mann anspricht, der ihr gegenüber freundlich, aufmerksam und rücksichtsvoll ist. Ich wurde neugierig, weil sie für mich die erste Ausnahme darstellte.

Ein Blick auf meine Uhr zeigte mir, daß ich nur noch eine knappe halbe Stunde bis zum Abflug des letzten Flugzeugs aus der kleinen Stadt nach San Diego hatte, wo ich am nächsten Tag einige Gottesdienste halten mußte. So ging ich gleich auf das Ziel los und bat: „Bitte, beschreiben Sie die Beziehung zwischen Ihnen und Ihrem Vater." Ihre hübschen Züge veränderten sich sofort, als sie ihn zornig als „einfach unmenschlich" beschimpfte. „Er ist der größte Heuchler, den ich je gesehen habe. Er ist Beamter dieser Kirche, trotzdem hat er meine beiden jüngeren Schwestern belästigt und versucht, sich an mich heranzumachen."

Obwohl ich durch ihre Reaktion Verdacht geschöpft hatte, daß sie mir nicht alles über die Beziehung ihres Vaters zu ihr erzählt hatte, fragte ich, um Zeit zu sparen: „Wollen Sie Ihren Mann wirklich aufrichtig lieben?"

„Sicher", antwortete sie.

„Dann vergeben Sie zuerst Ihrem Vater. Knien Sie nieder, und bekennen Sie die Sünde Ihres Hasses und Ihrer Bitterkeit. Sie können Ihren Haß einer Person gegenüber nicht ‚pflegen', ohne ihn nicht auch auf andere zu übertragen."

„Aber er verdient diese Vergebung nicht", verteidigte sie sich erregt.

„Nein, aber Ihr Mann!" versuchte ich sie zu beruhigen. „Sie

sind nicht für das Verhalten Ihres Vaters verantwortlich, wohl aber für Ihre eigene Reaktion darauf. Gott möchte, daß wir anderen ihre Übertretungen und Sünden vergeben. Was er uns befiehlt, macht er uns auch möglich."

Sie fing an zu weinen, und in wenigen Augenblicken fiel sie auf die Knie und bekannte ihre Sünde.

Ich kam gerade noch rechtzeitig zum Flugplatz. Als das Flugzeug abhob, betete ich zu Gott um Hilfe für dieses junge Paar, aber bald vergaß ich sie. Ein Jahr später nach einem zweiten Seminar über Familienleben in derselben Stadt kam nach der ersten Veranstaltung ein Ehepaar zu mir. „Erinnern Sie sich an mich?" fragte die Frau. Sie mußte mein Gedächtnis ein wenig auffrischen und mich an das Gespräch über ihren Vater beim vorhergehenden Seminar erinnern. Dann fügte sie mit einem glücklichen Lächeln hinzu: „Gott hat mir vergeben, und dies war das schönste Jahr unserer Ehe! Ich möchte, daß Sie meinen Mann kennenlernen."

Als mir dieser große, stille Mann die Hand schüttelte, fürchtete ich, er würde sie mir zerquetschen. Bewegt rief er aus: „Danke, Herr Pastor! Meine Frau hat sich völlig geändert."

Feindschaft zerstört

Rachegefühle, Bitterkeit, Haß und andere Formen der Feindschaft zerstören nicht nur das geistliche Leben, sondern behindern auch die Sexualität. Das gilt in jedem Fall, ob nun der Mensch, gegen den wir Groll hegen, viele Kilometer von unserem Schlafzimmer entfernt ist oder mit uns im gleichen Bett liegt.

Eine Frau, die seit neunzehn Jahren mit einem Pastor verheiratet war, kam zu mir und erklärte, sie hätte „eine Affäre" (die Bibel nennt das Ehebruch) mit dem Chorleiter. Was konnte diese Mutter von drei Kindern, die bei ihrer Hochzeit noch Jungfrau und nie vorher untreu war, so weit gebracht haben, sich einem dreimal geschiedenen Don Juan hinzugeben? Es war derselbe Grund, der ihr seit zwei Jahren einen Orgasmus unmöglich machte: tiefer Haß gegen ihren Mann, dem Disziplin über alles ging. Sie klagte: „Er schlug unsere Kinder furchtbar, und das machte mich krank. Vor zwei Jahren ging unser neunzehnjähriger Sohn von zu Hause fort und schloß sich einer Kommune an, weil er seinem Vater nichts recht machen konnte."

Als sie schließlich die Sünden ihres Mannes lange genug erörtert hatte, konnte sie auch ihre eigene Schuld erkennen. Sie bereute und bat Gott, ihr die Liebe zu ihrem Mann zurückzugeben. Gott erhörte das Gebet. Auch der Mann bereute seine Schuld, und heute sind sie miteinander glücklich, weil Gott die Wurzel des Übels beseitigte.

Die Bibel sagt: *„Alle Bitterkeit und Grimm und Zorn und Geschrei und Lästerung sei ferne von euch samt aller Bosheit. Seid aber gegeneinander freundlich, barmherzig, vergebet einander, gleichwie auch Gott in Christus euch vergeben hat (Epheser 4, 31 und 32).*

Schuldbewußtsein

Ob die moderne Psychologie das zugibt oder nicht, jeder Mensch wird mit dem Gewissen geboren. Die Bibel bestätigt, daß alle Menschen ein Gewissen haben, das sie *„untereinander verklagt oder auch entschuldigt" (Römer 2, 15).* Die heutigen Befürworter der freien Liebe versuchen, das Gewissen wegzudiskutieren oder durch entsprechende Manipulation in Vergessenheit zu bringen. Doch ich erlebe oft, daß nach der Hochzeit und der Geburt von Kindern das anscheinend tote Gewissen wieder lebendig wird. Das gilt besonders für Frauen. Gewissensbisse über sexuelle Verfehlungen können später die sexuelle Freude geistig blockieren.

Schuld ist ein weit verbreiteter Grund für Orgasmusstörungen. Jedes Buch, das von uns zu diesem Thema gelesen wurde, setzt sich damit auseinander. Ob das Schuldgefühl von einer versuchten Vergewaltigung herrührt oder von einer Geschlechtsbeziehung vor oder während der Ehe, Schuld ist ein grausamer Zuchtmeister, dem man geistlich begegnen muß. Als Seelsorger durfte ich viele Frauen zur vergebenden Gnade Gottes führen, indem sie Jesus Christus als ihren Heiland annahmen oder den reinigenden Grundsatz aus 1. Johannes 1, 9 anwandten. Sobald die Dinge vor Gott in Ordnung kamen, verschwand das Schuldbewußtsein, und die Ehepartner waren so erleichtert, daß auch die Orgasmusstörungen behoben waren.

Ein junges Paar soll als Beispiel dienen. Angela und Frank hatten keinen starken geistlichen Rückhalt, als sie das erste Mal in unsere Gemeinde kamen. Ihre Ehe stand am Rande des Zusammenbruchs. Nachdem sie Jesus Christus angenommen hatten, beriet ich sie nur noch einmal in ihren Eheproblemen. Ein Jahr später sagte Frank zögernd: „Herr Pastor, als ich Christus annahm, hätte ich mir nie träumen lassen, daß er auch unser Sexualleben beeinflussen würde. Meine Frau konnte nie zur vollen Erfüllung kommen, bevor wir uns bekehrten. Nun kommt sie fast jedesmal zum Höhepunkt."

Die Ehepaare, die noch nicht an Jesus Christus glauben und deshalb auch keine Erlösung erfahren haben, können das wahrscheinlich nur sehr schwer begreifen, aber ich habe es schon so oft erlebt, daß ich es jetzt schon fast erwarte. Der Grund ist einfach: Wenn jemandem die Sünden vergeben sind, ist sein Gewissen befreit, und eine häufige Ursache für Orgasmusstörungen fällt weg.

Das größte Hindernis

Angst ist der größte Hemmungsfaktor und die tiefste Ursache für seelische Schäden. Wenn man sehr lange unter Angst leidet, kann sie die Gesundheit, die geistliche Beziehung zu Gott und natürlich auch das Liebesleben zerstören.

Fast jede unberührte Frau geht verständlicherweise mit einigem Zittern in das Brautbett. Natürlich auch mit Erwartung, aber wahrscheinlich wird vor allem die Angst eine Frau in der Hochzeitsnacht nicht zum Orgasmus kommen lassen.

Unserer Erfahrung nach ist es möglich, daß eine junge Frau den Liebesakt auch in Zukunft mit Schmerzen in Verbindung bringt, wenn sie beim erstenmal Schmerz empfunden hat. Das unterbindet aber den natürlichen Fluß ihrer Scheidenflüssigkeit und macht den Liebesakt immer schwieriger. Je mehr sie sich vor dem Schmerz fürchtet, desto mehr wird sie ihn erfahren. Aus diesem Grund sollte sie ein gutes künstliches Gleitmittel gebrauchsfertig neben ihrem Bett haben, bis sie es gelernt hat, sich im Liebesakt so zu entspannen, daß ihre eigene Scheidenflüssigkeit diese Aufgabe übernimmt. Besonders während der ersten Ehemonate erfordert die Häufigkeit des Verkehrs fast immer ein künstliches Gleitmittel, um Verletzungen an der Scheidenöffnung zu vermeiden.

Denken Sie daran, daß wir fast jeder neuen Tätigkeit das erste Mal mit Angst begegnen. Erinnern Sie sich an Ihre erste Fahrstunde? Ihre Hände umklammerten das Lenkrad, bis die Knöchel weiß hervortraten und die Handflächen feucht wurden – das macht die Angst. Inzwischen handhaben Sie als erfahrener Wagenlenker dieselben Manöver fast unbewußt. Sie haben gelernt, sich während des Autofahrens zu entspannen. Dieselbe Entspannung müssen Sie auch beim Lieben lernen.

Denken Sie an das Glück!

Die *Angst* vor einer weiteren Orgasmusstörung kann das Erleben des Orgasmus erschweren. Eine sehr ängstliche Frau kam zu uns wegen Orgasmusstörungen. Mitten im Liebesakt war sie stets davon überzeugt: „Diesmal werde ich es auch nicht schaffen." Von dem Augenblick ging es mit ihr gefühlsmäßig bergab statt bergauf, und sie blieb unerfüllt. Nach mehreren Beratungen schlug ich ihr ein Denkschema vor, das ihr Problem löste. Wir hatten festgestellt, daß sie ihren Mann liebte und seine Nähe und Zärtlichkeit genoß, auch wenn sie dabei keinen Höhepunkt erlebte. Daher schlugen wir ihr vor, sie solle sich auf dieses Empfinden und auf die Freude des Gebens konzentrieren und sich selbst völlig vergessen. Wir empfahlen ihr auch mehr Aktivität, ihren Mann fester mit Armen und Beinen zu umfassen und die Bewegungen ihrer Hüften zu verstärken. Keine drei Wochen später rief sie aufgeregt an und berichtete: „Es ist passiert!" Ab jetzt hatte sie keine Schwierigkeiten mehr. Warum? Sie hatte sich von ihren Angstgedanken gelöst.

Der Orgasmus ist, besonders bei der Frau, der höchste Ausdruck der Liebe, aber Angst zerstört die Liebe. Die Bibel sagt: *„Die völlige Liebe treibt die Furcht aus."* Wenn sich eine Frau dem Mann liebevoll und erregt hingibt, besteht viel weniger die Gefahr, daß sie sich von der Angst um das höchste Gefühl betrügen läßt.

Passivität. Viele Frauen sind beim Lieben viel zu passiv. Ihre Hemmungen und ihre Unkenntnis veranlassen sie, sich auf den Rücken zu legen und zu warten, bis ihr Mann befriedigt ist. „Schließlich", so reden sie sich ein, „kommt alles doch noch von allein." – Schwangerschaft vielleicht, aber der Orgasmus nicht. Lieben ist ein „Gemeinschaftssport", zu dem zwei aktive Menschen nötig sind. Je aktiver die Frau ist, desto eher lernt sie, welche Stellung und Bewegungen ihrer Clitoris und Vagina die höchste Reizung bringen und sie zum Höhepunkt gelangen lassen. Unter den befragten Frauen, die sagten, sie genössen den Orgasmus fast jedesmal, muß man erst noch die finden, die passiv ist.

Männer haben eine höhere Orgasmushäufigkeit, besonders weil sie beim Liebesakt aktiver sind. Natürlich wiederholen sie die Aktivitäten und Bewegungen, die ihnen am meisten Erregung verschaffen. Wenn Frauen genauso handelten, erlebten sie häufiger die Erfüllung.

Im Blick auf Versuche von Masters und Johnson sagt Deutsch:

„Experten nehmen an, daß bei fast allen Frauen die ersten Phasen des Orgasmusplateaus eine fast automatische Reaktion auf wirkungsvolle gefühlsmäßige und körperliche Reizung sind. Wenn die äußere Reizung, speziell der ·Clitoris und anderer Teile der Schamgegend, anhält, ist fast immer der Orgasmus das Ergebnis. Aber die sexuelle Spannung nach dem Beginn des Verkehrs weiter aufzubauen, ist nach übereinstimmender Meinung der Fachleute eine Fähigkeit, die man lernen muß."

Darüber hinaus muß die Frau diese erhöhte Spannung während des Verkehrs aktiv suchen, nicht passiv erwarten. Für die meisten Frauen genügt auch das größte Geschick und die beste Technik von seiten des Mannes nicht. Die Frau muß sich nicht nur dem Mann hingeben, sie muß sich auch ihrem eigenen Trieb hingeben, dem Trieb, gefühlsmäßige und körperliche Erregung zu suchen, bis die Spannung zur Befreiung wird.

Manche Frauen können den Orgasmus schon durch diese Einstellung erreichen. Viele Fachleute meinen, die Ursache liege darin, daß die Frau empfänglicher für ihre eigenen körperlichen Gefühle wird, wenn sie mit aller Kraft den Höhepunkt anstrebt. Sie lernt dadurch auch die Körperbewegungen leichter, die diese Gefühle noch steigern. Für die meisten Frauen aber ist anscheinend ein besseres Verständnis für die Erregung beim Geschlechtsverkehr der Schlüssel zum Erfolg.

Deshalb muß sich die Frau beim Liebesakt aktiv verhalten, zu ihrem eigenen Besten und zum Besten ihres Mannes. Kein lebhafter Ehemann wird sich je über eine leidenschaftliche, erfinderische Frau beklagen, die mit Erregung auf seine Liebe reagiert. Der Mann liebt es, wenn sich ihm seine Frau liebevoll und ganz hingibt, denn das zeigt ihm, daß sie ihn sexuell anregend findet. Er liebt dies mehr als seine Ejakulation.

Zeit lassen beim Lieben. Es besteht eine Beziehung zwischen der Zeit für den Liebesakt und dem Erreichen des Orgasmus bei der Frau. Männer, die „schnelle Liebhaber" sind, haben im allgemeinen unbefriedigte Frauen. Alles Lohnende braucht Zeit, und die Liebe bildet keine Ausnahme.

Im Mittelalter, als die irrige Ansicht vorherrschte, die einzige sexuelle Funktion der Frau sei das Kindergebären, dauerte ein Geschlechtsakt nur zwischen einer halben und drei Minuten. Heute wird weithin anerkannt, daß die Frau enorme Möglichkeiten des sexuellen Fühlens und Gebens hat, aber nur selten denkt man sofort daran. In einem Vortrag vor einer Männergruppe sagte der Direktor des Psychologischen Instituts einer christlichen Hochschule: *„Es gibt überhaupt keine frigide Frau – nur ungeschickte Ehemänner."* Ich stimme dieser Aussage nicht völlig zu, aber bis zu einem gewissen Grad stimmt sie. Weil Männer schnell erregt und rasch befriedigt sind, denken sie oft, daß es bei der Frau genauso wäre – aber das ist falsch. Wir möchten noch einmal ins Bewußtsein rufen: Die meisten Forscher weisen darauf hin, daß auch unter den günstigsten Bedingungen und bei großem Begehren die Frau durchschnittlich zehn bis fünfzehn Minuten oder mehr braucht, um zum Orgasmus zu kommen. Natürlich gibt es Ausnahmen, aber in der Regel braucht ein erfüllender Liebesakt Zeit. Die Frau sollte ihren Mann ermutigen, sich die nötige Zeit zu nehmen; auch wenn *er* sie nicht nötig hat, so *sie* doch ganz bestimmt.

Müdigkeit. Alle normalen Körperfunktionen werden schwächer, wenn ein Mensch müde ist. Eine müde Frau ist wahrscheinlich keine leidenschaftliche Geliebte, und das vermindert die Möglichkeit eines Orgasmus. Aus diesem Grunde muß man sich für das Lieben eine Zeit vorbehalten, in der Mann und Frau ausgeruht sind.

Die Frau sollte ihren Mann mit einem liebevollen Kuß empfangen, wenn er nach Hause kommt. Durch zärtliche Worte und Berührungen können sie sich den ganzen Abend in eine angeregte Liebesstimmung bringen, die der Auftakt zum Liebesakt wird, wenn sie nicht zu spät zu Bett gehen.

Da sich Gegensätze oft anziehen, sind meiner Erfahrung nach Paare auch oft gegensätzlich im Stoffwechsel. Frühaufsteher, die ihre beste Tageszeit zwischen 6 und 8 Uhr morgens haben, heiraten oft Nachteulen, deren stärkste Stunden zwischen 10 Uhr abends und Mitternacht liegen. Folglich kann es geschehen, daß sich ein nachtaktiver Ehemann um halb elf Uhr abends noch hellwach fühlt und dann verwundert entdeckt, daß seine Frau, die um sieben Uhr zur Liebe bereit war, schon halb schläft. Man kann diesen Unterschied im Stoffwechsel auf zweierlei Weise ausgleichen. Erster Vorschlag: Der frühaktive Mann schläft eine Weile, sobald er von der Arbeit nach Hause kommt. So wird er sich beim Zubettgehen munterer fühlen. Die morgens aktive Frau kann lernen, um zwei oder halb drei Uhr nachmittags zu schlafen, wenn die Kinder noch klein sind. Vor Jahren lernte ich das Geheimnis eines zwanzigminütigen Schläfchens auf dem Fußboden kennen. Dabei legt man die Füße auf das Bett, damit das Blut in den Kopf zurückströmt. Dies ersetzt mir drei Stunden Nachtschlaf.

Eine zweite Art, den Unterschied im Stoffwechsel auszugleichen, ist Spontaneität beim Lieben. Warum sollte man nicht miteinander glücklich sein, wenn man es gern möchte? Vielleicht muß danach das Abendessen aufgewärmt werden; aber ich habe noch nie gehört, daß sich ein Mann beschwerte, wenn der Liebe wegen das Essen kalt wurde. Warum sollten die Kinder nicht abspülen, während sich Mama und Papa ins Schlafzimmer zurückziehen und für eine halbe Stunde die Tür abschließen? – Man wird selten die Liebe von ihrer erregendsten Seite kennenlernen, wenn man die Uhren vergleicht und sich auf Absprache hin im Schlafzimmer trifft. Die spontanen Liebeserlebnisse sind die beglückendsten.

Krankheit. Nicht nur Müdigkeit, sondern auch Krankheit hemmt die Liebe und führt zu Orgasmusstörungen. Körperliche Schwierigkeiten, Störungen im Hormonhaushalt und auch unterschwellige Infektionen der Vagina lassen oft nicht zum Höhepunkt kommen. Deshalb sollte jede Frau mit solchen Schwierigkeiten ihren Hausarzt oder eventuell einen Gynäkologen aufsuchen.

Übergewicht. Eine hübsche, aber äußerst vollschlanke Frau, Vorsitzende eines christlichen Frauenkreises, kam bei einem Essen mit mir ins Gespräch. Ich sollte über das Thema ,,Wie bringen Sie Ihren Mann dazu, Sie wie eine Königin zu behandeln" sprechen. Nach zehn Jahren Ehe fand sie Sex immer noch abstoßend, obwohl sie mir erklärte, daß sie am Anfang ihrer Ehe den erfüllten Orgasmus kennengelernt hatte – fünf Jahre, bevor sie Christin geworden war. Sie erklärte: ,,Jetzt brenne ich für den Herrn, aber im Bett ist all mein Feuer erloschen." Als ich ihr sagte, daß vom Geist erfülltes Christsein niemals die

Natur des Menschen unterdrückt, also auch nicht das von Gott gegebene Begehren nach Sex in der Ehe, sondern es eher steigert, war sie verblüfft.

Nach weiteren Fragen erfuhr ich, daß sie nicht immer übergewichtig gewesen war, sondern während ihrer letzten Schwangerschaft siebzig Pfund zugenommen hatte, die sie nicht mehr los wurde. Es überraschte mich nicht, daß sie jedes Interesse an der sexuellen Beziehung verloren und sich in ihrem Eheleben zum Orgasmus unfähig gefunden hatte. Auf die Frage: „Stört das Übergewicht Ihren Mann?" antwortete sie: „Nein, anscheinend nicht, aber mich stört es gewaltig!" Da lag ihr Problem. Mit der Gewichtszunahme hatte ihr Selbstbewußtsein abgenommen. Es war ihr peinlich, sich vor ihrem Mann auszuziehen. Als ich sie davon überzeugte, daß sich ihr Liebesleben bessern würde, wenn sie abnähme (gar nicht davon zu reden, daß damit größere Energie, Gesundheit und Selbstannahme verbunden wären), entschloß sie sich, meinem Rat zu folgen und sich in ärztliche Behandlung zu begeben. Nach neun Monaten erhielt ich einen Brief, in dem sie schrieb, daß schon nach vier Monaten Besserung eingetreten wäre, und ihr Liebesleben verliefe nun wieder normal. Sie hatte sechzig ihrer energieraubenden Pfunde verloren.

Abnehmen bedeutet schwere Arbeit. Ich weiß das aus eigener Erfahrung, denn ich arbeite daran, seit ich erwachsen bin. Aber die geistliche, geistige, körperliche und gefühlsmäßige Anstrengung lohnt sich. Jeder Christ mit Übergewicht muß sich darüber klar sein, daß sein Problem nicht das Übergewicht, sondern das zu viele Essen ist (die Bibel nennt das Völlerei). Viele von uns sind anscheinend betroffener über die Folgen der Sünde (das Übergewicht) als über die Sünde selbst (zuviel zu essen). Solche Menschen müssen sich klar darüber werden, daß sie nie all das essen können, wonach sie Appetit haben.

Cholerische Herrschsucht

Sexuelle Hingabe statt cholerischer Herrschsucht. Schon die Natur des ehelichen Liebesaktes erfordert die Hingabe der Frau. Bei den meisten Frauen kommt das in der ersten Zeit ihrer Ehe von selbst, weil sie ihren Mann lieben und seine Befriedigung mitgenießen. Es gibt aber cholerische Frauen mit starkem Willen, die sich nur schwer hingeben können. Daher unterdrücken sie oft ihren Geschlechtstrieb, um sich nicht hingeben zu müssen. Meiner Erfahrung nach sucht eine solche Frau erst dann Hilfe, wenn ihre Ehe und Familie vom Zusammenbruch bedroht ist.

Eine cholerische Frau, mit einem passiven, bequemen Mann verheiratet, Mutter von vier reizenden Töchtern, kam in mein Büro. Sie hatte eine Schwierigkeit, die dann zur Aufdeckung eines verbreiteten Problems führte. ,,Ich halte es nicht aus, wenn mein Mann meine Brüste streichelt``, begann sie, ,,er mag es sehr, und seit Jahren lasse ich es zu, aber ich halte es nicht mehr aus. Statt daß es mich erregt, kühlt es meine Gefühle nur ab.`` Auf weitere Fragen gab sie zu, daß sie nie einen Orgasmus erfahren hatte und die körperliche Liebe überhaupt nicht genoß. Je mehr sie sich von ihrem Mann zurückzog (Choleriker sind leicht zu durchschauen und können ihre Gefühle nicht verbergen), desto mehr zog er sich in das Schneckenhaus seiner Passivität zurück. Sie faßte seine Ruhe als Zustimmung auf und glaubte, es sei alles in Ordnung. Eines Tages sagte er ganz ruhig: ,,Ich verlasse dich nächsten Samstag.`` Auf ihre Frage, warum er das wolle, gab er zur Antwort: ,,Es ist mir klar, daß du mich nicht mehr liebst, und ich kann eine Ehe ohne Liebe nicht ertragen.`` Das hatte sie dazu gebracht, in mein Büro zu kommen. Wie viele typisch cholerische Frauen wollte auch sie keine Frau sein. Sie wollte gern führen, Entscheidungen treffen und alles beherrschen. Sie konnte nur schwer verstehen, warum Gott sie als Frau und nicht als Mann geschaffen hatte. Erst nachdem sie die Sünde ihrer Selbstablehnung erkannt hatte, konnte sie Gottes Vergebung erlangen. Dann sprachen wir über die Notwendigkeit, ihre Weiblichkeit anzunehmen. Als sie sich schließlich als Frau annehmen konnte, sah sie auch ihre Brüste als wichtigen und erregenden Teil ihrer Geschlechtsorgane. Allmählich lernte sie, einen erfüllten Orgasmus zu erleben und sah die Liebe ihres Mannes zurückkehren. Als interessante Nebenwirkung ihrer Hingabe wurde ihr passiver Mann aktiver, und sie konnte ihn so leichter respektieren und bewundern. Ihre sexuelle Selbstannahme ermöglichte es ihm, seine Liebe als erregend zu empfinden, was wiederum sein Selbstbewußtsein stärkte.

Dr. Marie Robinson erklärt das gut:

„Die Fähigkeit, einen normalen Orgasmus zu erreichen, kann man als das körperliche Gegenstück der seelischen Hingabe bezeichnen. In den meisten Fällen echter Frigidität folgt diese Fähigkeit dem Aufgeben der widerspenstigen und kindischen Einstellung einer Frau wie der Tag der Nacht. Es ist das Zeichen, daß sie auch die letzte Spur von Ablehnung ihrer Natur gegenüber aufgegeben hat und ihre Weiblichkeit mit Leib und Seele erfassen kann."

Das Erreichen des Orgasmus ist gewöhnlich der letzte Schritt in diesem Reifungsprozeß.

Bei der Frau erfordert ein Orgasmus absolutes Vertrauen zum Partner. Denken Sie einen Augenblick daran, daß das körperliche Erlebnis oft so tief geht, daß es den Verlust des Bewußtseins für einen gewissen Zeitraum mit sich bringt. Wie wir wissen, ist beim Geschlechtsverkehr wie im Leben der Mann der Aktive, die Frau die Passive, die Empfängerin, an der gehandelt wird. Wenn man sich in dieser passiven Weise an einen anderen Menschen hingibt, muß man vollkommenes Vertrauen zu ihm haben. In der geschlechtlichen Umarmung offenbart sich jede Spur unterschwelliger Feindschaft oder Angst klar und unmißverständlich.

Aber es gehört noch mehr zu der seelischen Verfassung, die zum Orgasmus nötig ist, als Vertrauen zum Partner und Bereitschaft zur Hingabe. Es bedarf eines inneren Dranges zur Hingabe; beim Orgasmus der Frau kommt die Erregung aus dem Akt der Hingabe. Es liegt eine enorme, aufwallende körperliche Ekstase in der Selbstaufgabe, im Gefühl, das passive Instrument einer anderen Person zu sein, hingestreckt auf dem Rücken unter ihm zu liegen, willenlos von seiner Leidenschaft mitgerissen zu werden, wie Blätter vom Wind getrieben dahinfliegen. Eine kluge Frau bemerkte: „Die Frau ist das einzige Lebewesen, das durch Selbstaufgabe erobern kann."

Schwache Scheidenmuskulatur. Im nächsten Kapitel wollen wir im einzelnen dem nachgehen, was vor kurzem als einer der häufigsten Gründe für Orgasmusstörungen erkannt wurde. Man schätzt, daß zwei Drittel der Frauen, die nicht zum Orgasmus kommen können, diese Schwierigkeit haben. Interessanterweise ist die Heilmethode sehr einfach und wirkt innerhalb kurzer Zeit. Deshalb ist jede Frau, der ich die Übungen von Kegel zur Lösung dieses Problems vorgeschlagen habe, zu einem erfüllten Orgasmus gekommen.

Dr. Paul Popenoe vom Amerikanischen Institut für Familienbeziehungen hat diese Technik über mehrere Jahre hinweg empfohlen. Er berichtet, daß 65 Prozent der sexuell unerfüllten Frauen geheilt wurden und fast alle Besserung erfuhren. Er stellt weiter fest:

„Es gibt selten Frauen, die ihre sexuelle Empfänglichkeit nicht aufgrund dieser Erkenntnisse und dieser Technik erhöhen können." Wir versuchen, diese Kenntnisse an jede Frau weiterzugeben, die wir beraten. Wir glauben, daß darin ein Schlüssel zu einer guten sexuellen Einstellung liegt.

Eine weitere Stellungnahme stammt von einem der besten Fachleute für Frauenkrankheiten, Dr. J. P. Greenhill, Professor für Gynäkologie an der „Chikago's Cook County School of Medicine" und Herausgeber des Jahrbuches für Geburtshilfe und Gynäkologie:

„In allen Berichten über die Anwendung der Kegel-Technik wurde nie ihre sichere Wirkung bei jeder Frau in Frage gestellt. Und bei einer überraschend großen Zahl von Frauen ist ihr Nutzen auf sexuellem und medizinischem Gebiet wahrscheinlich sogar sehr groß."

Jede Frau, die im ehelichen Liebesakt nicht die höchste Erfüllung erlebt, findet im nächsten Kapitel das hilfreichste Material, das es über weibliche Sexualität gibt.

Vorzeitige Ejakulation

In diesem Zusammenhang wollen wir uns auch mit der vorzei-
tigen Ejakulation befassen. Etwa 20 Prozent der Ehemänner
von heute sehen sich dem Problem gegenüber, zu früh zu ejakulieren. Das ist für die Frau höchst unbefriedigend, weil ohne
erigierten Penis der Liebesakt unmöglich ist, und der Penis des
Mannes nach der Ejakulation zu weich wird, um den nötigen
Druck auf Scheidenwand und Clitoris aufrechtzuerhalten und
die Frau so zum Höhepunkt zu bringen.

Eine untröstliche junge Frau rief aus: „In unserer Hochzeitsnacht brachte er mich richtig in Erregung und wollte in
meine Vagina eindringen, aber sobald sein Penis mich be-
rührte, ejakulierte er." Ihm war es natürlich peinlich, und seine
Braut war enttäuscht. Sie versuchten es etwa eine Stunde später
noch einmal, aber es wurde kaum besser. Die Frau gab zu: „In
den neun Monaten unserer Ehe haben wir uns über hundertmal
geliebt, aber ich habe immer noch keine richtige Erfüllung erlebt."

Teilweise war es bei ihm Angst, je mehr er die zu frühe Ejakulation befürchtete, desto sicherer trat sie ein. Ein Paar muß
dies als echtes Problem erkennen, das nicht von selbst vergeht.
Es muß durch Übung beseitigt werden, aber die Zeit für einen
solchen Übungsprozeß lohnt sich. Schon manch eine unzufriedene und wenig empfindsame Frau hat ihren „schnellen"
Mann lächerlich gemacht oder mit Gleichgültigkeit gestraft
und damit sein bereits vorhandenes Gefühl männlicher Unzulänglichkeit noch vertieft. Eine aufmerksame Frau versteht,
daß sich ihr Mann wegen seines Mangels an Selbstbeherrschung schämt. Sie versucht, mit ihm zusammen eine Lösung
zu erreichen.

Masters und Johnson schlagen vor, daß Frau und Mann längere Zeit allein sein sollten, um die sogenannten „Druckübungen" durchzuführen. Die Frau sollte die Geschlechtsteile ihres Mannes liebkosen, bis der Penis die Erektion zeigt. Wenn sie dann ihre Hand am Penisschaft auf und ab leicht über die Glans (die Spitze des Penis) bewegt, wird er bald der Ejakulation nahekommen. (Der Mann muß seine Frau informieren, wie weit er ist.) Sie hält dann den Penis mit dem Daumen an der Unterseite und zwei Fingern auf jeder Seite des Randes, der die Spitze (glans penis) vom Schaft trennt, und drückt Daumen und Finger kraftvoll drei oder vier Sekunden lang zusammen, wenn ihr Mann anzeigt, daß er ejakulieren wird. Dann wartet sie fünfzehn bis dreißig Sekunden, damit seine Spannung abklingt, und wiederholt die leichten stimulierenden Bewegungen am Schaft auf und ab. Zeigt er seine Bereitschaft zur Ejakulation an, wiederholt sie drei oder vier Sekunden lang den Druck, um ihn an der Ejakulation zu hindern. Diesen Vorgang sollte man fünfzehn bis zwanzig Minuten oder länger wiederholen. Wenn der Mann durch Zufall ejakuliert, sollte das Paar eine dreiviertel bis eine Stunde warten. Dann kann wieder mit den Übungen begonnen werden.

Wenn der Mann ein bestimmtes Maß an Selbstbeherrschung gelernt hat, sollte sich die Frau mit gespreizten Beinen über ihren ausgestreckten Mann legen und seinen Penis ohne zusätzliche Bewegungen in ihre Vagina einführen, bis er sich an das neue Gefühl gewöhnt. Manchmal muß sie bis zu zwei Minuten bewegungslos bleiben. Das wird den Mann zu größerer Beherrschung führen. Dann sollte sich die Frau sehr leicht auf und ab bewegen und ihren Mann bis fast zum Höhepunkt erregen. Auf sein Zeichen hin, daß er der Ejakulation nahe ist, sollte sie ihren Körper heben und drei oder vier Sekunden lang die Drucktechnik anwenden. Wenn sich das Gefühl gelegt hat, führt sie seinen Penis wieder in die Vagina ein und wiederholt den Vorgang. Mit großer Geduld kann die Frau ihrem Mann zur Beherrschung verhelfen, die dann eine Quelle großer Befriedigung für beide wird. Für den Mann bedeutet es eine große Befreiung, mit einer Unzulänglichkeit fertiggeworden zu sein, für die Frau bedeutet es, daß seine verzögernde Beherrschung sie zum Orgasmus führen kann.

Wenn diese Übung manchen Frauen auf den ersten Blick abstoßend erscheint, sollten sie daran denken, daß vorzeitige Ejakulation für Mann und Frau zum großen Problem werden kann, das sich nicht von allein bessert. Eine liebevolle Frau sollte überlegen, ob sich nicht eine Urlaubswoche oder ein oder zwei Wochenenden allein in einem Hotel dafür sehr lohnen würden. Drei bis fünfzehn solcher Erfahrungen genügen gewöhnlich, um die Selbstbeherrschung der Ejakulation beim Mann zu erreichen. Das Paar wird im Liebesakt viele Jahre lang noch reichlich für diesen Aufwand entschädigt, und seine intime Beziehung wird bereichert.

Alles Lernen hat seine Zeit. Mann und Frau werden erfahren, daß sich Mühe und Zeitaufwand lohnen.

Verzögerung der Ejakulation

Der Mann kann ohne Schwierigkeiten den Penis steif halten, aber nicht zur Ejakulation kommen. Das befriedigt weder ihn noch die Frau. Diese Art sexuellen Versagens beim Mann kann mehrere Ursachen haben. Um nur zwei zu nennen: Furcht vor Schwangerschaft aufgrund von Mißtrauen gegenüber der angewandten Methode zur Geburtenkontrolle oder Schuldgefühle durch häufigen Partnerwechsel vor der Ehe. Das Problem tritt selten auf. Wenn der Mann in die Sechzig oder Siebzig kommt, ejakuliert er eventuell nicht jedesmal beim Verkehr, aber nach ärztlicher Ausage ist das normal. Beide Partner sollten das verstehen und sich am Liebesakt freuen, ohne unter dem Zwang zu stehen, jedesmal einen Orgasmus herbeiführen zu wollen.

Heilung bei verzögerter Ejakulation

Kein körperlicher Kunstgriff und keine Technik kann einem Mann mit verzögerter Ejakulation helfen. Da diese Störung seelisch bedingt ist, muß sie entsprechend behandelt werden. Die Psychologen meinen, daß das Problem durch einen unbewußten Widerstand entsteht, der Frau den Samen zu übertragen. Das kann eine Art Selbstsucht sein und deutet wahrscheinlich darauf hin, daß der Mann auch auf anderen Gebieten der Ehe selbstsüchtig und kleinlich ist. Ist das der Fall, muß er seine Selbstsucht überwinden und sich darauf konzentrieren, seine Frau zu beglücken, anstatt nur selbst befriedigt zu sein. Eine weitere Ursache dieses Problems kann Haß gegenüber Frauen sein, der aus der Verbitterung des Mannes gegen die Mutter herrührt. Die Behandlung dieser Sünde wird in dem Abschnitt über Schuldgefühle besprochen.

9

DIE KEGEL-ÜBUNGEN

Es geschieht nicht oft im Leben, daß man einen fast allgemein gültigen Schlüssel zu einem Problem findet. Die Kegel-Übungen bieten unzähligen Ehepaaren eine solche Möglichkeit. Viele Frauen, die durch diese Methode zu einem erfüllten Orgasmus geführt wurden, halten sie für die größte Erkenntnis dieses Jahrhunderts auf sexuellem Gebiet. Interessanterweise wurde sie durch einen bloßen Zufall entdeckt. Ronald M. Deutsch, ein bedeutender Autor medizinischer Publikationen, erzählt die Geschichte in seinem Buch „Der Schlüssel zum Empfindungsvermögen der Frau in der Ehe":

„Im Jahre 1940 wurde Dr. Arnold Kegel, Spezialist für Frauenkrankheiten, von einer Patientin namens Doris Wilson aufgesucht. Obwohl ihr Gesundheitszustand gut war, entwickelte sich bei Frau Wilson nach der Geburt ihres dritten Kindes ein peinliches Problem, das ihr Arzt als Harninkontinenz bezeichnete. Er sagte ihr, daß jede zwanzigste Frau davon betroffen sei. Lachen, Husten oder eine plötzliche Bewegung verursachten unkontrolliertes Harnlassen. Zur Sicherheit mußte Frau Wilson eine Schutzbinde tragen.

Dr. Kegel sagte Frau Wilson, daß ihr Problem wahrscheinlich von einem geschwächten Muskel herrühre, aber bevor sie einen chirurgischen Eingriff machen ließe, der oft nur vorübergehende Besserung bringe, sollte sie versuchen, den schwachen Muskel zu trainieren. Er erklärte:

Dieser Muskel verläuft zwischen den Beinen von vorne nach hinten wie eine Schlinge. Er ist breit und stark. Er bildet den Beckenboden, den untersten Teil des Rumpfes und hält die Blase, einen Teil des Mastdarms, den Geburtskanal und die Gebärmutter.

Bei der Frau verlaufen drei Kanäle durch diesen Muskel und enden außerhalb des Körpers: der Mastdarm, der Geburtskanal und die Urethra oder Harnröhre. Kegel glaubte, daß eine Geburt den Muskel schädigen könne, da der Geburtskanal durch den Muskel verläuft und fest mit ihm verbunden ist. Weil die Harnröhre von demselben Muskel gestützt und verschlossen wird, könne eine Schwäche des Muskels zu fehlender Kontrolle beim Harnlassen führen. Der Muskel ist normalerweise stark genug, um den Harn zurückzuhalten, aber unter zusätzlichem Druck könnte etwas Flüssigkeit austreten.

Frau Wilson war eine von mehreren Harninkontinenz-Patientinnen, die spezielle Übungen versuchen wollten. In kaum zwei Monaten waren bei ihr die Störungen behoben.

Heute bildet diese Methode, bekannt als „Kegel-Übungen", eine gebräuchliche Technik bei Fällen von Harninkontinenz. Bei den meisten Patientinnen hat sie Erfolg und macht einen chirurgischen Eingriff unnötig.

Kurz nachdem Frau Wilson Kontrolle über ihr Harnlassen erreicht hatte, vertraute sie Dr. Kegel noch eine andere Wirkung dieser Übungen an."
Zum ersten Mal in den fünfzehn Jahren ihrer Ehe war sie beim Geschlechtsverkehr zum Orgasmus gekommen. Sie wollte wissen, ob das mit den Übungen in Verbindung stehe.

Dr. Kegel war skeptisch. Aber dann hörte er wiederholt dasselbe auch von anderen Frauen, denen er die Übungen empfohlen hatte.

Um Dr. Kegels Methode zu verstehen, muß man einiges über die Muskeln des Beckenbodens wissen. Sie bestehen aus mehreren Schichten. Die äußerste Schicht setzt sich hauptsächlich aus Sphinktern, ringförmigen Schließmuskeln, zusammen. Diese Muskeln schließen den Ausgang der Harnröhre, des Enddarms und des Geburtskanals. Sie sind relativ schwach.

Unter der äußeren Muskelschicht liegt ein sehr starker Muskel, mehr als zwei Finger dick. Er ist als Musculus pubococcygeus bekannt und verläuft vom Schambein, dem Knochenvorsprung an der Vorderseite des Beckens, zum Steißbein, dem Ende der Wirbelsäule. (Manche Ärzte nennen diesen Muskel, der bei Mann und Frau vorhanden ist, auch anders. In der Vergangenheit wurde er auch als ein Teil des Levator ani bezeichnet, weil er den After heben kann. In der Praxis spielt der Name keine Rolle. Im folgenden werden wir ihn mit P. C. bezeichnen.)

Stellen Sie sich die drei Knaäle vor, die durch den Muskelboden treten. Jeder Kanal wird von einem Netz miteinander verbundener Muskelfasern des P. C. auf einer Länge von etwa fünf

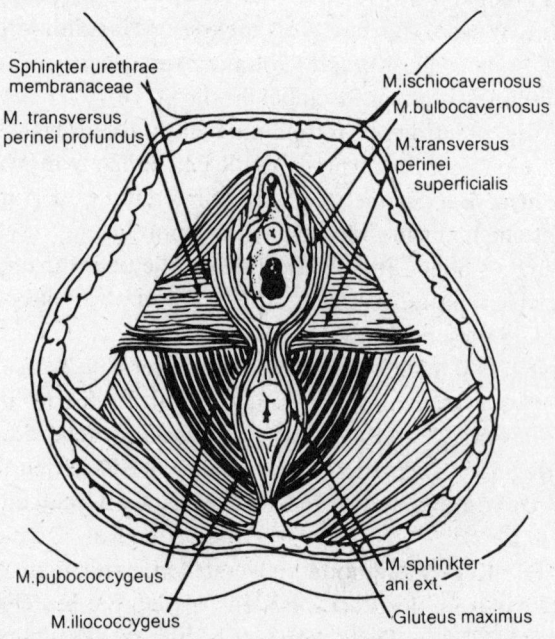

Skizze 5: Die wichtigsten Muskeln des Beckenbodens – man sieht die drei ineinandergreifenden Muskeldiaphragmen mit den drei Öffnungen – Harnröhre, Vagina und After – die durch den schlingenähnlichen äußeren Schließmuskel hindurchlaufen, unter dem der Musculus pubococcygeus liegt.

Zentimetern umgeben. Die Fasern laufen an jedem Kanal entlang und umgeben jeden wie ein Schließmuskel. So können die Muskelringe um jeden Kanal willentlich geschlossen werden.

Die Schließmuskelwirkung des Teils des P. C., der die Harnröhre umgibt, versagt bei der Harnkontinenz; der P. C. kann den Kanal nicht schließen. Durch Übung kann er so gekräftigt werden, daß er seine Funktion erfüllen kann.

Was hat das mit sexueller Befriedigung zu tun? Kegel wußte, daß der Muskel auch die Vagina umgibt; und er entdeckte, daß viele Frauen einen zu schwachen P. C. haben.

Bei mindestens zwei von drei Frauen war der P. C. relativ schlaff und schwach. Er hing durch wie eine Hängematte, ebenso die Organe, die er eigentlich stützen sollte. Bei diesen Frauen traten häufiger Schwierigkeiten bei der Geburt auf, auch Verletzungen des Geburtskanals und Harninkontinenz machten sich nach der Geburt bemerkbar. Sexuelle Befriedigung war selten.

Seltsamerweise stand die Stärke des P. C. anscheinend nicht mit der allgemeinen Muskelentwicklung der Patientin im Zusammenhang. Auch athletische Frauen hatten oft schwache, schlaffe P. C.-Muskeln. Manche zarten, untrainierten Frauen aber wiesen gute Spannung des P. C. auf. Die Erklärung dafür ist, daß der P. C. zwischen zwei festen Knochenstrukturen aufgehängt ist. Daher ist er vom Gebrauch der anderen Muskeln nicht betroffen. Er steht für sich allein.

Allmählich entwickelte Dr. Kegel eine Methode, um den P. C. zu trainieren und zu kräftigen. 1947 richtete die USC-Schule für Medizin eine Klinik ein, wo er seine Arbeit fortsetzen konnte, und 1948 gewann er mit seiner Arbeit den Jahrespreis der Gesellschaft für Geburtshilfe von Los Angeles.

Obwohl Kegels Hauptinteresse nicht den sexuellen Problemen gegolten hatte, fühlte er sich verpflichtet, die sexuellen Auswirkungen seiner Befunde zu verfolgen. Er ließ sich in seine Klinik vom Amerikanischen Institut für Familienbeziehungen Frauen überweisen, die sexuell versagten.

Eine Patientin war liebevoll und fand Gefallen an der körperlichen Liebe, konnte aber nicht zum Orgasmus kommen. Eigentlich verspürte sie nur wenig körperliche Erregung, sobald der Geschlechtsverkehr begann. Sie war psychisch normal.

Nach der Untersuchung der Patientin zeigte Dr. Kegel ihr zwei Abdrücke, um seinen Befund zu demonstrieren. Diese Abdrücke, Moulage genannt, entstehen, indem man ein bestimmtes weiches Plastikmaterial in die Vagina einführt. Wenn sich das Material dem Organ angepaßt hatte, wurde es entfernt und bildete ein fast vollkommenes Modell des Scheidenkanals.

Ein Abdruck stammte von der Vagina einer Frau mit guter P.C.-Muskelspannung. Er sah in etwa aus wie ein zusammengedrückter Schlauch. An der Öffnung war er breit, verengte sich dann auf einer Strecke von ungefähr fünf Zentimetern und erweiterte sich dann wieder. Im engen Abschnitt war der Abdruck leicht geriffelt, diese Riffelung wurde durch den Druck sich zusammenziehender reihenweiser Muskelbänder verursacht. Diese Bänder bildeten sich durch verzweigte Fasern des P. C. Sie machten die Vagina zu einem starken muskulösen Organ.

Der zweite Abdruck stammte von der Vagina einer Patientin, die nie einen wirklichen Orgasmus erlebt hatte. Er sah eher wie ein Kanal mit geraden Wänden aus, der sich von der Öffnung nach oben hin ständig erweiterte. Die Wände zeigten keinerlei Spuren von Muskeldruck. Augenscheinlich war der P. C. schwach. Das Organ hatte wenig Halt und kaum Kraft. „Sie können sehen", sagte der Arzt, „daß die Vagina, von der dieser Abdruck stammt, nicht den Druck ausüben kann, der für eine gute sexuelle Funktion wichtig ist."

Warum ist die Fähigkeit, Druck auszuüben, wichtig? Die Antwort auf diese Frage erklärt vielen Fachleuten das alte Rätsel, wieso die Vagina sexuelle Befriedigung gewähren kann, obwohl sie doch anscheinend so gut wie keine Nervenendungen enthält.

Diese Tatsache wird von Dr. Terence F. McGuire und Dr.

Richard M. Steinhilber von der Mayo-Klinik folgendermaßen erklärt: „Entsprechend heutigen Befunden sind die Muskeln unter der mukösen (begrenzenden) Schicht der Vagina gut mit propriozeptiven Endungen versorgt (Nervenendungen, die auf Druck, Bewegung und Streckung reagieren). Diese werden beim Geschlechtsverkehr entsprechend gereizt und könnten sehr wohl den wichtigsten Empfindungsmechanismus bilden. Dann erschiene der vaginale Orgasmus als Realität."

Mit anderen Worten: Der die Vagina umgebende Muskel ist reich an Nervenendungen. Die Ärzte konnten diese Endungen nicht finden, weil sie ihre Suche auf die Grenzschicht der Vagina beschränkten.

Da diese Muskeln außerhalb der Vagina liegen, bedarf es eines hohen Drucks in ihrem Inneren, um sie zu reizen. In einer weiten, schlaffen Vagina kommt das Glied des Mannes nur wenig und selten in Kontakt mit der Wand des Kanals und reizt so die Nerven in der umgebenden Muskulatur nur wenig.

Wenn die Vagina durch das Zusammendrücken des umgebenden Muskels zu einem engen, festen Kanal verkleinert wird, drückt und stößt das männliche Glied auf diese Muskeln und löst eine starke Reizung aus. Der gereizte Muskel reagiert automatisch mit Zusammenziehen, was den Kontakt noch verstärkt und somit die Spannung aufbaut, die zum weiblichen Höhepunkt führt.

Was sich hier zeigte, wurde von einigen Beobachtern schon lange vermutet. Schon zur Jahrhundertwende berichtet Dr. Robert L. Dickinson, daß er durch eine einfache Untersuchung bestimmen könnte, welche Frauen wahrscheinlich sexuell versagten. Er schreibt: „Größe, Kraft, Reaktionen und Rhythmik des Zusammenziehens der Beckenbodenmuskeln geben Aufschluß über einen vaginalen Orgasmus beim Koitus."

In seiner ersten Fallbeschreibung notiert er: „Levator nicht sehr gut. Sagte ihr, sie solle diesen Muskel üben!" und er fügte hinzu: „Es scheint von Bedeutung, daß viele Frauen nach der Beratung etwas erreichen können, was sie Orgasmus nennen, nachdem sie vor der Beratung in diesem Punkt versagten."

Manche orientalischen Völker kennen die Notwendigkeit einer solchen Muskelkontrolle und -kraft und belehren die jungen Frauen entsprechend. In einer afrikanischen Volksgruppe darf kein Mädchen heiraten, bevor es nicht mit den Scheidenmuskeln starken Druck ausüben kann. Andere Kulturen erkannten, daß der Geschlechtsakt nach einer Geburt oft weniger Genuß bietet, weil der Geburtskanal gedehnt oder verletzt ist. In manchen mohammedanischen Ländern üben die Frauen tatsächlich den entsetzlichen Brauch, nach der Geburt die Vagina mit Steinsalz zu füllen, damit sie sich zusammenzieht.

Dr. Donald Hastings von der University of Minnesota führte auf diesem Gebiet Untersuchungen durch und erklärt: *„Die Übung und das Zusammenziehen der willentlich beeinflußbaren Muskeln, die den Beckenboden bilden und Teile der Vagina umgeben, sind wichtig für die Steigerung des sexuellen Genusses."* Er fügt hinzu: *„Einige der ,geheimen' Sexualpraktiken anderer Kulturen beruhen auf der Stärke und Übung der Scheidenmuskeln."*

Und Dr. John F. Oliven vom New York's Columbia Presbyterian Hospital berichtet in seinem Leitfaden über sexuelle Probleme: *„Das wichtigste Syndrom bei Gefühlsarmut tritt in Verbindung mit zu geringer Spannung der Vagina auf. Der Patientin selbst kann das als unzureichender Kontakt zwischen Penis und Vaginawand erscheinen. Es ist jedoch klar, daß überdehnte Vaginawände gefühlsarm sind, da die tiefliegenden Nervenendungen unter der Mukosa, die zum größten Teil für die sogenannte vaginale Empfindung verantwortlich sind, kaum vorhanden sind, wenn ihr Träger – vor allem der Pubococcygeus – hypotrophiert (durch Fehlentwicklung oder Rückbildung schwach) ist."*

Oliven schließt: *„So kann wahrscheinlich das Einführen eines noch so großen Organs die Gefühlsarmut dieser Frauen nicht ganz ausgleichen."* Mit anderen Worten: Wenn die Vaginawände sich nicht so zusammenziehen, daß sie Druck und Widerstand bieten, wird das Gefühl wahrscheinlich be-

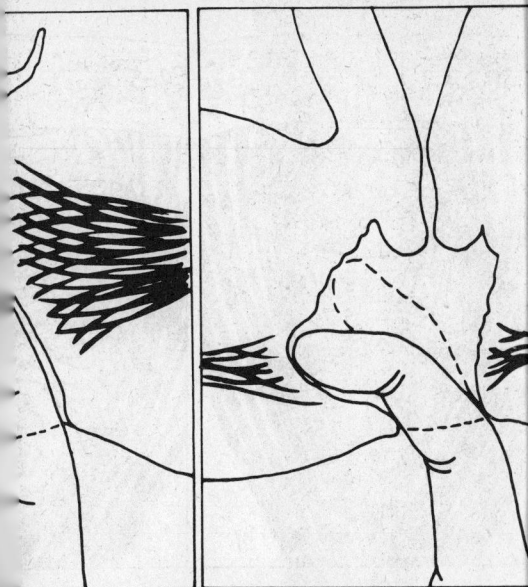

...ucht der Arzt den Pubococcygeus-Muskel.
...Muskel wenig Spannung hat, ist die Vagina weit, und ...
...en sich an, als wären sie von den umgebenden Struktur...

...Muskel gute Spannung, fühlt man Widerstand nach all...

...lerten von Frauen erprobt. Der Ruhm sein...
...en Erfolgs und der Verbesserung der sexuelle...
...t bei den Patientinnen breitete sich aus, b...
...on vielen Ärzten in der ganzen Welt übernon...
...wohl die Übungen Konzentration und Au...
...sind sie sehr einfach und liegen im Bereich d...
...er meisten Frauen.
...rte: „Fast alle Frauen waren in der Lage, da...
...n des Muskels zu erlernen."

grenzt sein, unabhängig von der Größe des männlichen Gliedes.

Der Nutzen der P. C.-Muskelübungen ist vielseitig. 1. Sie erleichtern dem weiblichen Körper die Geburt, 2. die Kontrolle beim Harnlassen, 3. sie verringern Rückenschmerzen und steigern 4. den sexuellen Genuß für Mann und Frau. Wenn eine Frau keinen Orgasmus erreicht, kann sie im Becken auftretende Spannungen meist durch wiederholtes Zusammenziehen der P. C.-Muskeln verringern.

Für die Mehrheit der vielen tausend Frauen, die diese Übungen erlernt haben, bedeuten sie mehr als Gesundheit und Sicherheit.

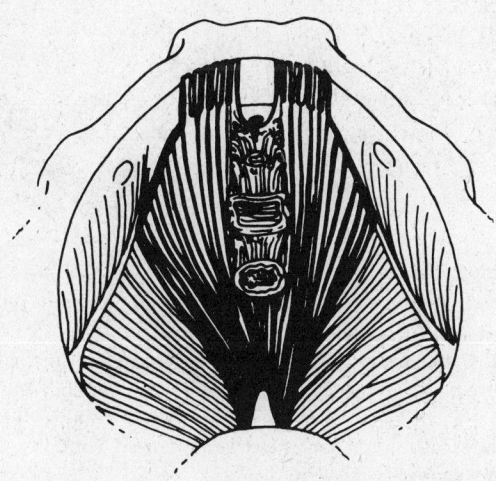

Skizze 6: Der Pubococcygeus-Muskel von oben nach Entfernung einiger der oberflächlichen Muskeln. Beachten Sie, wie die Fasern jede der Öffnungen umgeben und sich mit anderen Muskelfasern dieser Organe verzahnen. Feste P. C.-Muskelspannung gibt diesen Organen Halt, schlaffe Muskeln bieten nur wenig Stütze. Diese Muskeln reagieren auf entsprechende Übung.

Viele Frauen können den P. C. willentlich zusammenziehen, wenn sie sich seiner Existenz bewußt sind. Dr. Kegel weist darauf hin, daß manche Frauen zum ersten Mal einen Orgasmus erleben können, wenn sie sich des Muskels und seiner Rolle beim Geschlechtsakt bewußt werden.

Ist aber der Muskel schwach, wie das meist der Fall ist, so reicht die Kenntnis der organischen Gegebenheiten allein nicht aus. Die Frau muß nicht nur die bewußte Kontrolle über den Muskel erlernen, sie muß ihn auch durch Übung kräftigen. *„Selten geschieht es"*, sagt Dr. Kegel, *„daß eine Frau keinen Nutzen von einer vermehrten Kraft des Muskels hat."*

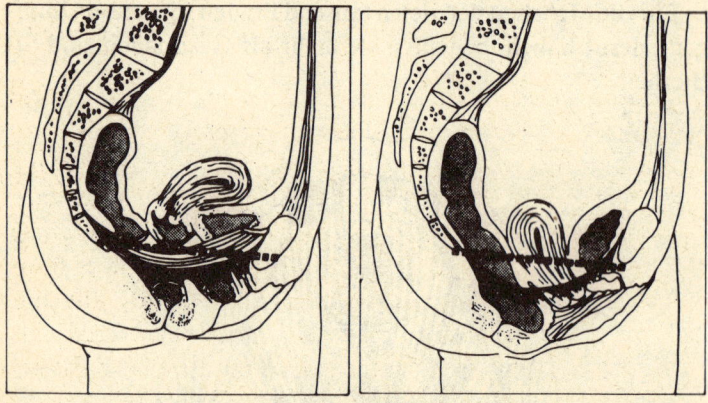

Skizze 7: (links) Längsschnitt, der gute P. C.-Muskelspannung zeigt. Beachten Sie die richtige Lage der Vagina.
(rechts) Der P. C.-Muskel mit lockerer Spannung hängt lose durch und hat eine Senkung der weiblichen Organe zur Folge, weil ihnen der Halt fehlt. Für eine solche Frau kann eine Geburt sehr schwer sein, sie ist anfälliger für Rückenschmerzen, die Menstruation kann beschwerlicher und der Koitus für sie und ihren Mann weniger erregend sein.

Ohne Anleitung kann man jedoch diese Kontrolle nur schwer gewinnen. Wenn Frauen die Scheidenmuskeln zusammenziehen sollen, versuchen sie meist, die kleineren, schwächeren äußeren Muskeln zusammenzuziehen. Man kann das an der Art des Hervortretens der Scheidenöffnung erkennen.

Bei der Aufforderung, es noch einmal zu versuchen, erinnern sich viele Frauen daran, daß es um einen Muskel im Inneren geht, und machen dann immer größere Anstrengungen,

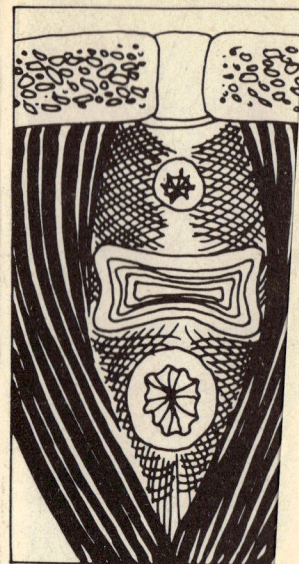

Skizze 8: (links) Darstellung
starken Linien deuten starke
die Dicke und Widerstandsfä
chen), die stärkere Empfind
(rechts) Darstellung der Vag
Die die Muskeln andeutende
und verdeutlichen die gering
Sie, um wieviel breiter die sch

wobei sie Muskeln de
der Hüften und der
Muskeln stehen mit de
sicher sein, daß die Üb
Ermüdungserscheinun

Die

Die beste Methode, d
mögliche Kräftigung
wurde von Dr. Kegel

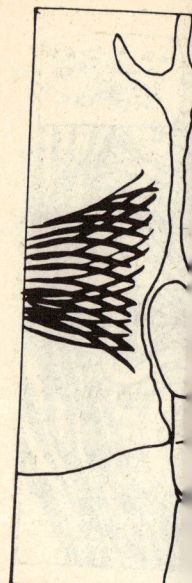

Skizze 9: So unter
(links) Wenn der
dünnen Wände fü
losgelöst.
(rechts) Hat der
Richtungen.

beitern an Hun
fast durchgängi
Empfänglichke
seine Methode
men wurde. O
dauer erforder
Möglichkeiten
Ein Arzt erk
Zusammenzieh

Damit die Patientin das Zusammenziehen des Muskels, das entsprechende Gefühl und die Kontrolle auch zu Hause lernen konnte, entwickelte Dr. Kegel ein Übungsprogramm.

Denken Sie daran, daß neben anderen Funktionen der P. C. das Harnlassen kontrollieren kann. Ein Unterbrechen des Harnlassens kommt durch das Zusammenziehen des P. C. zustande. Weil aber auch die schwächeren äußeren Muskeln den Urinfluß unterbrechen können, müssen diese ausgeschaltet werden. Um das zu erreichen, spreizt man die Beine weit auseinander. Wenn in dieser Lage der Harnfluß beginnt, versucht man, ihn aufzuhalten.

Bei fast allen Frauen führt dieser Versuch fast automatisch zum Zusammenziehen des P. C. Das sagt allerdings noch wenig über seine Kraft aus, denn der Muskel kann bei den meisten Frauen den Harnfluß ohne weiteres unterbinden. Man lernt aber das Gefühl beim Zusammenziehen des P. C. kennen. Nach wenigen Versuchen unterscheiden die meisten Frauen diese bestimmte Empfindung und können das Zusammenziehen jederzeit überall wiederholen, wobei sie gelegentlich die Unterbrechung des Harnlassens als Kontrolle verwenden. Jedes Zusammenziehen trainiert den Muskel um die Vagina.

Die körperliche Anstrengung ist klein, obwohl man zunächst Konzentration benötigt. „Wenn man einmal die Konzentration erlernt hat", sagt die Schwangerschaftsberaterin Dr. Mary Jane Hungerford, „braucht man dazu ebensowenig Konzentration wie zum Schließen des Auges." Es kann tatsächlich so schnell vor sich gehen wie Augenzwinkern, obwohl man beim Üben die Muskelspannung etwa zwei Sekunden lang anhalten sollte.

Wenn die Kontrolle des P. C. einmal erlernt ist, wird den meisten Frauen empfohlen, die Übungen mit fünf- bis zehnmaligem Zusammenziehen morgens vor dem Aufstehen zu beginnen. Das Zusammenziehen scheint dann leichter zu fallen.

Zuerst sollte man die Übung auch jedesmal beim Harnlassen durchführen. „Bei guter Kontrolle", sagt Dr. Hungerford, „kann man den Urin teelöffelweise entleeren."

Wie lange soll das Training dauern? Man kann den Plan variieren, aber gewöhnlich wird zehnmaliges Zusammenziehen hintereinander empfohlen. Bei sechsmaligem Üben am Tag kommt man dann insgesamt auf sechzigmaliges Zusammenziehen.

Allmählich kann man die Zahl der Übungsabschnitte und die Zahl der Kontraktionen dabei steigern. Zum Beispiel würden zwanzig Kontraktionen pro Übung bei sechs Übungen hundertzwanzig Kontraktionen am Tag bedeuten. Dr. Kegel empfiehlt jedes Harnlassen als Gelegenheit zum Üben. Erfolgt dies dreimal am Tag, dazu die Übungen vor dem Aufstehen, beim Zubettgehen und zu irgendeiner anderen Tageszeit, so ist das Anfangsprogramm vollständig. (Dr. Kegel empfiehlt, die Übungen an einem Tag in drei Phasen von je zwanzig Minuten durchzuführen.)

Danach sollte man dieses Programm steigern, denn das Zusammenziehen erfolgt dann fast ohne Anstrengung. Viele Frauen meinen, daß dreißig Kontraktionen pro Übung möglich seien; man kann sie in einer Minute durchführen, wenn man einmal in der Übung ist. Man muß das natürlich nicht von heute auf morgen steigern, aber schließlich erreichen die meisten Frauen ohne weiteres zwei- oder dreihundert Kontraktionen täglich. Dr. Kegel bestätigt das.

Nach etwa sechs Wochen ist die Kontrolle über das Harnlassen gewöhnlich sehr gut; bei Frauen mit besonders schwachen Muskeln können allerdings auch zehn Wochen nötig sein. Die meisten Frauen stellen sexuelle und andere Veränderungen innerhalb von drei Wochen fest, trotzdem sollten sie aber mit den Übungen nicht aufhören.

Nach sechs bis acht Wochen, wenn das Soll von dreihundertmal täglich erreicht ist, sind weitere Übungen nicht mehr erforderlich. Ein Grund dafür ist, daß der P. C. normalerweise nicht ganz entspannt ist. Um seine Aufgabe als Stütze im Becken zu erfüllen, bleibt er immer etwas zusammengezogen und kann so seine Kraft erhalten. Ohne solche teilweise Kontraktion könnte beispielsweise der Urin nicht wie normal zurück-

grenzt sein, unabhängig von der Größe des männlichen Gliedes.

Der Nutzen der P. C.-Muskelübungen ist vielseitig. 1. Sie erleichtern dem weiblichen Körper die Geburt, 2. die Kontrolle beim Harnlassen, 3. sie verringern Rückenschmerzen und steigern 4. den sexuellen Genuß für Mann und Frau. Wenn eine Frau keinen Orgasmus erreicht, kann sie im Becken auftretende Spannungen meist durch wiederholtes Zusammenziehen der P. C.-Muskeln verringern.

Für die Mehrheit der vielen tausend Frauen, die diese Übungen erlernt haben, bedeuten sie mehr als Gesundheit und Sicherheit.

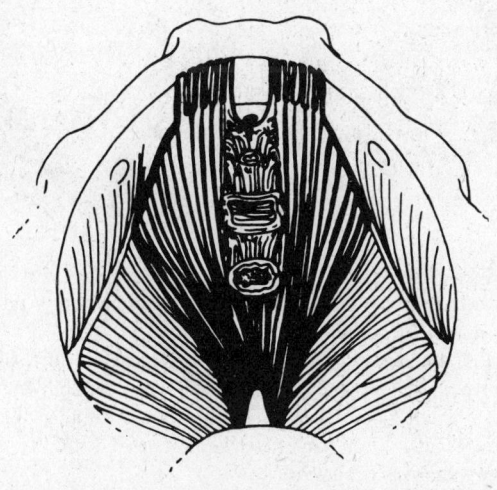

Skizze 6: Der Pubococcygeus-Muskel von oben nach Entfernung einiger der oberflächlichen Muskeln. Beachten Sie, wie die Fasern jede der Öffnungen umgeben und sich mit anderen Muskelfasern dieser Organe verzahnen. Feste P. C.-Muskelspannung gibt diesen Organen Halt, schlaffe Muskeln bieten nur wenig Stütze. Diese Muskeln reagieren auf entsprechende Übung.

Viele Frauen können den P. C. willentlich zusammenziehen, wenn sie sich seiner Existenz bewußt sind. Dr. Kegel weist darauf hin, daß manche Frauen zum ersten Mal einen Orgasmus

159

erleben können, wenn sie sich des Muskels und seiner Rolle beim Geschlechtsakt bewußt werden.

Ist aber der Muskel schwach, wie das meist der Fall ist, so reicht die Kenntnis der organischen Gegebenheiten allein nicht aus. Die Frau muß nicht nur die bewußte Kontrolle über den Muskel erlernen, sie muß ihn auch durch Übung kräftigen. *„Selten geschieht es"*, sagt Dr. Kegel, *„daß eine Frau keinen Nutzen von einer vermehrten Kraft des Muskels hat."*

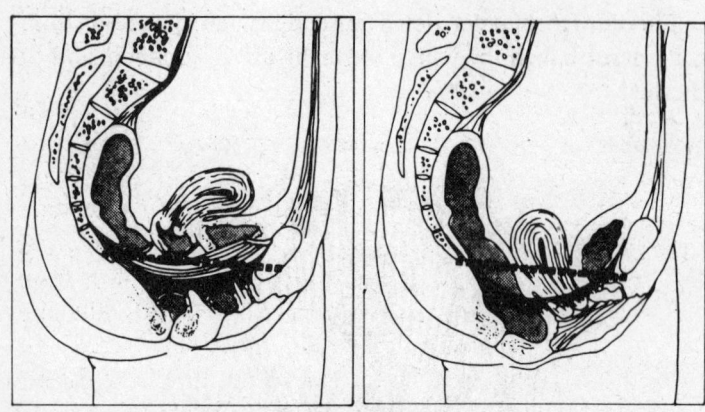

Skizze 7: (links) Längsschnitt, der gute P. C.-Muskelspannung zeigt. Beachten Sie die richtige Lage der Vagina.

(rechts) Der P. C.-Muskel mit lockerer Spannung hängt lose durch und hat eine Senkung der weiblichen Organe zur Folge, weil ihnen der Halt fehlt. Für eine solche Frau kann eine Geburt sehr schwer sein, sie ist anfälliger für Rückenschmerzen, die Menstruation kann beschwerlicher und der Koitus für sie und ihren Mann weniger erregend sein.

Ohne Anleitung kann man jedoch diese Kontrolle nur schwer gewinnen. Wenn Frauen die Scheidenmuskeln zusammenziehen sollen, versuchen sie meist, die kleineren, schwächeren äußeren Muskeln zusammenzuziehen. Man kann das an der Art des Hervortretens der Scheidenöffnung erkennen.

Bei der Aufforderung, es noch einmal zu versuchen, erinnern sich viele Frauen daran, daß es um einen Muskel im Inneren geht, und machen dann immer größere Anstrengungen,

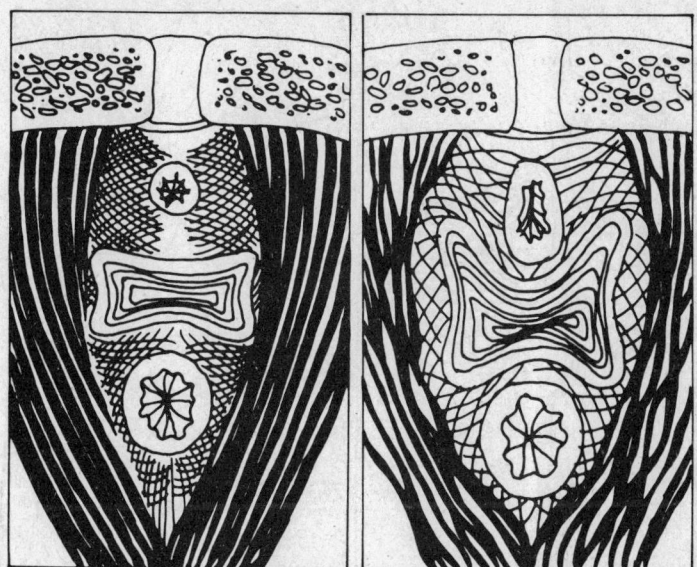

Skizze 8: (links) Darstellung der Vagina mit guter Muskelentwicklung. Die starken Linien deuten starke Muskelfasern an (die hier überzeichnet sind, um die Dicke und Widerstandsfähigkeit des Pubococcygeus-Muskels zu verdeutlichen), die stärkere Empfindungen in der Vagina ermöglichen.
(rechts) Darstellung der Vagina, die eine schwache Muskelentwicklung zeigt. Die die Muskeln andeutenden Linien sind hier dünner und weniger zahlreich und verdeutlichen die geringe Stärke und Widerstandskraft des P. C. Beachten Sie, um wieviel breiter die schlecht gestützten Harn- und Scheidenkanäle sind.

wobei sie Muskeln des Bauches, der unteren Rückengegend, der Hüften und der Oberschenkel zusammenziehen. Diese Muskeln stehen mit dem P. C. nicht in Verbindung. Man kann sicher sein, daß die Übung nicht richtig ausgeführt wurde, wenn Ermüdungserscheinungen auftreten.

Die Kegel-Übungsmethode

Die beste Methode, die P. C.-Muskeln zu üben, um die größtmögliche Kräftigung und Kontrolle des Muskels zu erreichen, wurde von Dr. Kegel erarbeitet und von ihm und seinen Mitar-

161

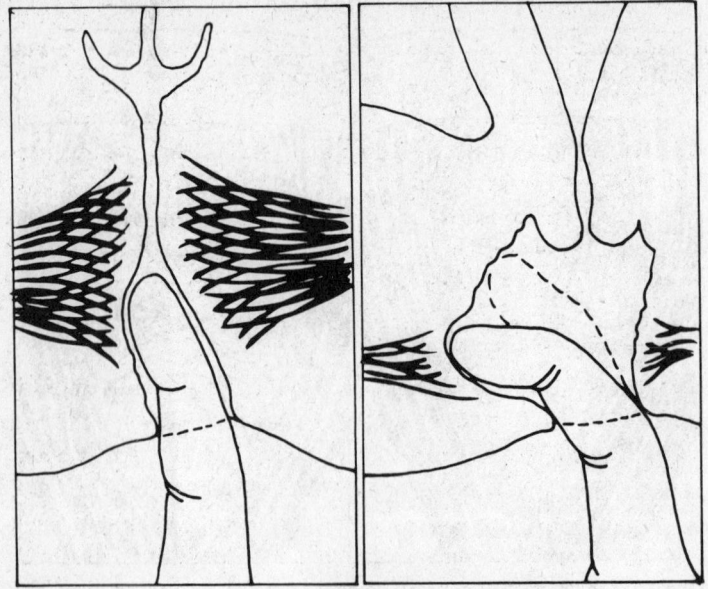

Skizze 9: So untersucht der Arzt den Pubococcygeus-Muskel.
(links) Wenn der Muskel wenig Spannung hat, ist die Vagina weit, und die dünnen Wände fühlen sich an, als wären sie von den umgebenden Strukturen losgelöst.

(rechts) Hat der Muskel gute Spannung, fühlt man Widerstand nach allen Richtungen.

beitern an Hunderten von Frauen erprobt. Der Ruhm seines fast durchgängigen Erfolgs und der Verbesserung der sexuellen Empfänglichkeit bei den Patientinnen breitete sich aus, bis seine Methode von vielen Ärzten in der ganzen Welt übernommen wurde. Obwohl die Übungen Konzentration und Ausdauer erfordern, sind sie sehr einfach und liegen im Bereich der Möglichkeiten der meisten Frauen.

Ein Arzt erklärte: „Fast alle Frauen waren in der Lage, das Zusammenziehen des Muskels zu erlernen."

gehalten werden. Der P. C. entspannt sich nur unter Betäubung völlig.

Nach einigen Wochen Übung zeigt ein Abdruck der Vagina eine deutlich andere Form. Darüber hinaus trägt sexuelle Aktivität auf verschiedene Weise dazu bei, daß die neu erworbene Muskelspannung aufrechterhalten wird:
1. wird anscheinend die Dauerspannung während des Geschlechtsverkehrs verstärkt, 2. scheint sexuelle Erregung leichte reflexartige Kontraktionen der Scheidenmuskel hervorzurufen, 3. raten viele Fachleute den Frauen, gelegentlich bewußt den Muskel als Technik beim Geschlechtsverkehr zusammenzuziehen; wir werden das später noch im einzelnen erörtern. Schließlich zieht sich beim sexuellen Höhepunkt der P. C. unwillkürlich stark und rhythmisch zusammen, in Abständen von etwa einer $^4/_5$ Sekunde. (Das Gefühl der Gelöstheit und das Abklingen der Spannung folgen diesem Ausbruch.)

Frauen, die schlecht feststellen können, ob sie den P. C. zusammenziehen oder nicht, wird empfohlen, das zunächst nur während des Harnlassens zu tun. Andere Frauen, die anscheinend wenig Gefühl für die Lage und Existenz des Muskels haben, brauchen eventuell ärztliche Hilfe beim Erlernen der Übungen.

Im Amerikanischen Institut für Familienbeziehungen wird den Frauen geraten, die neue Fähigkeit zur Kontraktion zunächst bewußt beim Geschlechtsverkehr anzuwenden und dabei langsam und fest zu drücken. Dazu wird eine Reihe von bewußten Kontraktionen auch vor dem Einführen des männlichen Gliedes empfohlen. Man nimmt an, daß damit das Arbeiten des Muskels im automatischen Reflex vorbereitet wird. Außerdem erhöht es anscheinend die sexuelle Spannung, was ja wünschenswert ist, weil der Aufbau einer solchen Spannung beim Erreichen des „Gipfels" den Orgasmus auslöst.

Der Gebrauch des P. C.-Muskels bietet eine neue Vorstellung von der Vagina – nicht mehr als ein passives Empfangsorgan, sondern als ein aktives Zentrum.

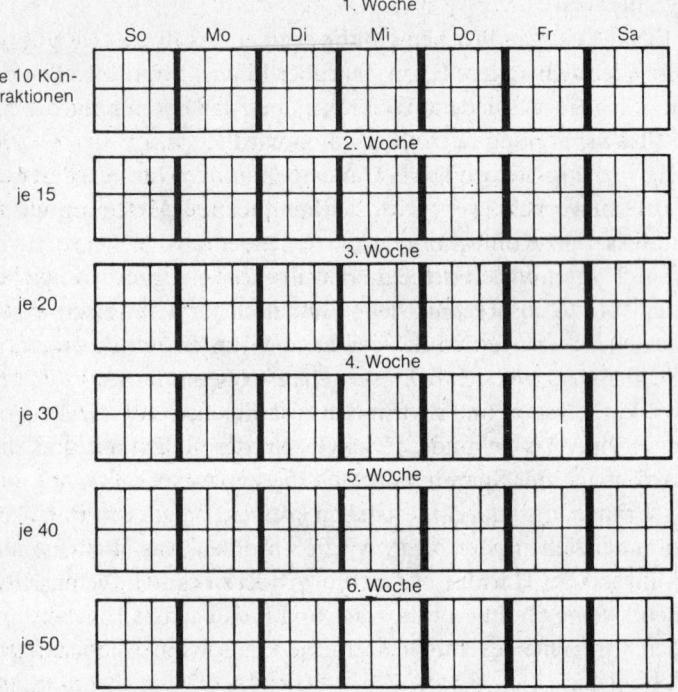

P-C-Übungskarte für 6 Wochen

Die Spalten stehen für sechs Abschnitte von P. C.-Muskelübungen. Links an der Tabelle finden Sie die empfohlene Zahl von P. C.-Kontraktionen für jeden der täglichen sechs Abschnitte. Tragen Sie in die Spalten die Zahl der pro Abschnitt erreichten Kontraktionen ein.

Vor über vierzig Jahren schrieb van der Velde:

„Die gesamte Anordnung (der weiblichen Geschlechtsorgane) – durch die Muskelfunktion noch besonders betont . . . – ist eine Vorrichtung zum Ergreifen und Reiben des männlichen Geschlechtsorgans während und nach seiner Einführung in die Vagina und zum Hervorrufen der Ejakulation von Samen oder Spermazellen im Höhepunkt der Erregung. Gleichzeitig soll durch Drücken und Reiben der Orgasmus, also Genuß und Ekstase, auch bei der Frau hervorgerufen werden."

Bei der Schwangerschaftsberatung lehren wir die Kontraktionsübungen, um den Geburtskanal zu kräftigen und dazu beizutragen, daß der Kanal sich leichter erweitern kann, so daß Schmerz und Verletzungen bei der Mutter vermieden werden können. Als ich mit den Übungen begann, erwähnte ich den sexuellen Wert zuerst nicht. Ich empfahl die Methode nur im Blick auf die Geburt.

Aber innerhalb weniger Wochen nach Unterrichtsbeginn vertraute mir eine Frau vor der Stunde an, sie hätte zum ersten Mal den Orgasmus erlebt. Viele Frauen hielten das anscheinend für das Wichtigste, was sie in den Kursen gelernt hatten, und berichteten, daß andere dasselbe festgestellt hätten.

Vor einigen Jahren beobachtete eine Kollegin aus der Eheberatung (eine Frau von sechzig Jahren) meine Gruppe und hörte zu, während wir über diese Übungen sprachen. Ich erklärte die sexuelle Bedeutung. Als ich ihr einen Monat später begegnete, umarmte sie mich und sagte, sie hätte zum ersten Mal in vierzig Jahren Ehe einen vollen Orgasmus erlebt.

Die Übungen können anscheinend auch verlorengegangene sexuelle Empfänglichkeit, die vermutlich durch Dehnung des P. C. während der Geburt verursacht wurde, wiederherstellen. So erklärt Dr. John Oliven:

„Wenn er (der P. C.-Muskel) von der Veranlagung her zur Schwäche neigt, erlangt er auch nach einer relativ normalen Geburt die volle Spannung nicht wieder, vor allem, wenn mehrere Geburten aufeinanderfolgen."

Manche Ärzte empfehlen ihren Patientinnen die Übungen während der Schwangerschaft, damit sie in den Scheidenwänden größere Kraft und Spannung erlangen. Wie andere Muskeln verstärkt sich der P. C. wirklich durch Übung. Aus ähnlichen Gründen raten die Ärzte auch nach der Entbindung zu diesen Übungen.

Die P. C.-Muskelübungen haben nach Aussage vieler Experten für die meisten Frauen einen großen Nutzen, besonders für solche, die schwanger sind. Eine gute Muskelspannung wird auch für medizinisch wünschenswert gehalten. Die Übungen, mit denen man diese Spannung erreichen kann, sind ungefährlich.

Gelegentlich stieß ich bei Christen auf Widerstand gegen diese Übungen. Eine fast fünfundzwanzig Jahre verheiratete Mutter von fünf Kindern sagte: „Herr Pastor, das erscheint mir alles widernatürlich. Wenn Gott gewollt hätte, daß die Scheidenmuskeln bei mir stark sind, damit ich beim Lieben mehr empfinde, hätte er sie auch so geschaffen." Ich erklärte ihr, daß er das ursprünglich auch so gemacht hätte. Aber ihre fünf Geburten und der natürliche Alterungsprozeß hätten sie so ausgedehnt, so daß sie mit zunehmendem Alter immer mehr darauf angewiesen sei, durch Übung vermehrte Spannung zu gewinnen.

Nachdenklich ging sie nach Hause und wollte einen Versuch wagen. Sie erklärte aber, daß sie wenig Vertrauen zu der Sache hätte. Dennoch übte sie gewissenhaft und berichtete später: „Innerhalb eines Monats hatte ich Empfindungen, die ich nie zuvor erfuhr. Nach fünf Wochen bemerkte mein Mann, dem das Aufrechterhalten der Erektion etwas Mühe gemacht hatte, die „neue Dimension" in unserem Liebesleben. Nun glauben wir beide, daß unsere nächsten fünfundzwanzig Jahre in der Liebe aufregender werden als die ersten."

Manche Frauen, die sich weigerten, es um ihretwillen zu versuchen, konnten jedoch um ihres Mannes willen für die Übungen gewonnen werden. Bevor die acht Wochen um waren, berichteten mehrere von ihrem ersten erfüllten Orgasmus nach vielen Ehejahren. Acht Wochen ist wirklich keine lange Zeit für einen Versuch, der das ganze Leben bereichert. Versuchen Sie es – die Erfolgschance für ein gutes Ergebnis ist groß!

10

DER IMPOTENTE MANN

Als sich ein Arzt nach einer Operation in einem berühmten medizinischen Forschungszentrum erholte, fragte ihn ein ehemaliger Studienkollege und Leiter dieses Zentrums: „Tauchen deiner Meinung nach heute irgendwelche medizinischen Probleme häufiger auf?" Ohne zu zögern antwortete sein Freund: „Ja, Impotenz beim Mann! Kaum ein Tag vergeht, ohne daß ein Mann zu mir kommt und bekümmert klagt: ‚Herr Doktor, ich fürchte, ich werde impotent!' Ich habe viele in Tränen ausbrechen sehen."

Nach dem vierzigsten Lebensjahr ist das wichtigste Geschlechtsorgan beim Mann sein Gehirn. Die Größe seiner Geschlechtsorgane hat mit seiner sexuellen Fähigkeit nichts zu tun, wohl aber, was er von sich selbst hält. Hält er sich für männlich und kräftig – dann ist er es. Das alte Sprichwort „Man ist, wofür man sich hält" gilt besonders für die sexuellen Fähigkeiten eines Mannes.

Ich stieß zum ersten Mal auf männliche Impotenz nach einem Seminar über Familienleben bei einer Vorlesung über „Sexuelle Anpassung in der Ehe". Ein achtundvierzigjähriger Ehemann fragte, ob ich noch Hoffnung für einen seit acht Jahren impotenten Mann hätte. Innerlich stöhnte ich über diese unnötige Tragödie und fragte ihn, wie seine Frau es aufnähme. Er antwortete: „Sie hat gelernt, sich damit abzufinden." Wie traurig! Unwissenheit hatte sie beide um viele Liebeserlebnisse betrogen.

Warum manche Männer impotent werden

Untersuchungen zeigen, daß die Impotenz alarmierend ansteigt. Es wird aber damit noch schlimmer werden, wenn der Mann nicht etwas über sich selbst lernt.

Der Geschlechtstrieb erreicht bei ihm seine höchste Entfaltung mit achtzehn bis zweiundzwanzig Jahren. Von da an nimmt er langsam ab – so langsam, daß die meisten Männer es bis in die Mitte oder zum Ende ihrer vierziger Jahre nicht bemerken und manche es sogar bis in die Sechziger nicht entdecken. Wenn ein Mann zum ersten Mal seine Erektion nur schwer aufrechterhalten oder nicht ejakulieren kann, geht es allerdings schlagartig in dieser Richtung weiter. In überraschend kurzer Zeit ist er selbst davon überzeugt, daß er seine Manneskraft eingebüßt hat, und je häufiger er darüber nachdenkt, desto mehr enttäuschende Erfahrungen macht er.

Ein fünfundvierzigjähriger Mann, der sich einer wunderbaren Beziehung zu seiner Frau erfreute, entschloß sich zu einer Vasektomie. Drei Ärzte versicherten ihm, der Eingriff sei vollkommen ungefährlich und würde seinen Geschlechtstrieb nicht mindern. Er wartete die vorgeschriebenen sechs Wochen nach der Operation ab und machte dann eine niederschmetternde Erfahrung beim Versuch, eine Samenprobe für die ärztliche Untersuchung bereitzustellen. Die Katastrophe ereignete sich an dem gleichen Tag, als er die Stadt zu einer Geschäftsreise verlassen wollte. Sein Flugzeug sollte um 15.00 Uhr starten, er ging morgens ins Büro, nachdem er mit seiner Frau noch verabredet hatte, sie wollten sich nachmittags lieben, um die Samenprobe zu erhalten. Seine Frau sollte sie auf dem Rückweg vom Flughafen in der Arztpraxis abliefern. Unglücklicherweise kam er später nach Hause, als er wollte, packte hastig seine Sachen ein und begann dann eilig das Liebesspiel mit dem Erfolg, daß seine Erektion nicht ausreichte, um seiner Frau Befriedigung zu verschaffen, und er zum ersten Mal in seinem Leben nicht ejakulieren konnte.

Wenn er seiner Frau auch sagte: „Das macht nichts" – es

machte ihm doch etwas aus. Nach einer Woche, in der seine Gedanken in negativer Weise um sein sexuelles Versagen kreisten, kehrte er mit der Überzeugung zurück, er sei nun impotent. Er liebte seine Frau aber so sehr, daß er sich entschloß, Hilfe zu suchen. Als er nun mehr über die Funktion seiner Geschlechtsorgane gelernt hatte, gewann er das Vertrauen in seine Geschlechtlichkeit zurück. Die erste positive Erfahrung mit seiner Frau zog eine zweite nach sich, und schließlich lösten sich seine Befürchtungen über „Impotenz" wie ein Nebel auf. Heute haben die beiden wieder ein erfülltes Liebesleben.

In neunzig von hundert Fällen kann man Impotenz heilen. Wir erinnern uns: „Man ist, wofür man sich hält." Oft spricht man vom Herzen, wenn man das Gefühlszentrum im Gehirn beschreiben will, das zunächst jedes Organ des Körpers in Bewegung setzt. Wenn ein Mann denkt, er sei impotent, fühlt er sich impotent; wenn er sich so fühlt, ist er impotent. In einer Formel könnte man das Problem so ausdrücken: Gedanken an Impotenz + Gefühl der Impotenz = Impotenz.

Störungen beim Geschlechtsverkehr sind oft der erste Schritt zur Impotenz. Aus vielen Gründen kann es für einen Mann nach Jahren erfolgreicher Erfahrungen plötzlich unmöglich sein zu ejakulieren. Nach einer ersten Störung redet ihm seine Furcht vor der nächsten etwa folgendes ein: „Ich baue ab" oder „Ich werde alt!", und diese Furcht kann nachfolgende Störungen bewirken. Auch wenn er vorher nie Schwierigkeiten mit dem Aufrechterhalten der Erektion hatte, kann man sicher sein, daß es in der negativen Richtung weitergeht, wenn er seine Furcht nicht überwindet.

Ein schlaffer Penis ist die häufigste Form von Impotenz und war bis vor zwei Jahrzehnten hauptsächlich ein Problem der Männer im mittleren Alter. Wegen der Überbetonung des Sex in unserer Gesellschaft sind heute leider auch viele jüngere Männer davon betroffen. Man kann diese Art Impotenz gewöhnlich nicht auf einen einzigen Faktor zurückführen, sie wird meistens durch das Zusammentreffen mehrerer Schwierigkeiten ausgelöst.

Was verursacht Impotenz beim Mann?

Es gibt nicht nur einen Grund für die Impotenz beim Mann. Was aber auch der Grund sein mag, sie verursacht große gefühlsmäßige Qualen bei jedem Mann. Man muß das Problem sorgfältig untersuchen, denn in vielen Fällen kann man die Impotenz heilen.

Der erste Schritt zur Heilung dieser Störung ist das Erkennen ihrer häufigsten Ursachen.

1. Verlust an Vitalität. Wenige Berufsfußballer spielen nach ihrem vierzigsten Lebensjahr aktiv weiter, die meisten hören Anfang oder Mitte der Dreißig mit dem Spielen auf. Die Knochen werden brüchig, die Heilung der Muskeln dauert länger und die jugendliche Kraft beginnt zu schwinden. Natürlich hören solche Männer dadurch nicht auf, weiterhin Männer zu sein. Die meisten wechseln in andere Berufe und führen ein produktives Leben.

Ähnlich muß ein Mann, der an Impotenz durch das Nachlassen der Vitalität leidet, seine Störung nicht als eine Art Kastration betrachten. Wenn Ende der Vierzig oder Fünfzig die Intensität seines Geschlechtstriebs abnimmt, bedeutet das nicht, daß er auf sexuellem Gebiet „weg vom Fenster" ist. Natürlich ist der Geschlechtstrieb um die Vierzig oder Fünfzig nicht mehr so stark wie um die Zwanzig, der Penis bleibt vielleicht nicht so steif wie in früheren Jahren und es kann gelegentlich zu Störungen kommen – auf keinen Fall bedeutet das aber, daß der Mann auf diesem Gebiet am Ende ist. Im Gegenteil, mit der rechten Hilfe und dem Verständnis einer liebevollen Ehefrau kann er lernen, einige der erfüllendsten Liebeserfahrungen seines Lebens zu machen.

2. Ärger, Bitterkeit und Haß. Seit Jahren stelle ich eine wichtige Frage an impotente Männer: „Gibt es in Ihrem Leben jemanden, den Sie nicht leiden können?" Ein Flugkapitän, kaum dreißig Jahre alt, kam zu mir und platzte nach einigen verlegenen Versuchen, mir sein Problem zu erklären, heraus: „Ich bin impotent!" Beim Anblick dieses herrlichen Exemplars von Mann, der aussah wie ein Athlet, konnte ich es kaum glauben.

Auf meine Frage: „Wie sieht es zwischen Ihnen und Ihrer Mutter aus?" erwiderte er knurrend: „Müssen wir über sie reden?"

„Wenn Sie das so sagen, ist es besser", antwortete ich.

Dann berichtete er über „diese Hexe", die sich als Mutter verkleidet habe. Menschlich betrachtet hatte er alles Recht zu solchen Gefühlen, denn wenn nur die Hälfte seiner Aussagen über sie stimmte, muß sie ein Teufel gewesen sein.

Erst als dieser junge Mann seinen bitteren Haß auf seine Mutter bekannte und um Vergebung bat, konnte er normal mit seiner Frau leben. Irgendwie wird ein solcher Haß unbewußt von der Mutter auf die Frau übertragen und unterdrückt die normale Geschlechtlichkeit. Impotenz ist ein hoher Preis für solche Bitterkeit.

Herrschsüchtige Mütter sind nicht die einzigen, die durch Haß Impotenz verursachen können. Ein Vorgesetzter, der Vater und natürlich die Frau können dieselbe Reaktion verursachen. Sündige Gedanken und Gefühle dieser Art ersticken nicht nur die Geschlechtlichkeit des Mannes und betrügen ihn und seine Frau um viele Liebeserlebnisse, sondern halten ihn auch für sein restliches Leben in einem geistlichen Pygmäendasein.

Jesus sagt: *„Wenn ihr den Menschen ihre Übertretungen vergebt, so wird euch euer himmlischer Vater auch vergeben"* *(Matthäus 6, 14)*.

Wenn man große Verbitterung geistlich überwindet, hat man damit das einzige wirksame Heilmittel, das wir kennen. Jemand sagte weise: „Lieben oder untergehen."

3. Angst. Männer sind selten so, wie sie scheinen: zuversichtlich, selbstsicher und männlich. Hinter dieser Fassade kann die Angst vor Impotenz liegen. Wie schon früher festgestellt, ist das Selbstbewußtsein des Mannes eng mit seiner Geschlechtlichkeit verbunden. Manche Männer wurden impotent durch ihre Angst, sie könnten ihre Frau nicht befriedigen. Daher geht eine kluge Frau aus sich heraus und läßt ihren Mann wissen, wie sehr seine Liebe sie beglückt.

Sozialwissenschaftler stellen fast einhellig fest, daß bei Männern die Kastrationsangst ein allgemeines Problem ist, für manche wird sie sogar zu Phobie. Weil sie im Unterbewußtsein jedes Mannes herumspukt, kann man wirklich verstehen, warum die erste Störung in den mittleren Jahren in Gedanken unverhältnismäßig aufgebauscht wird und zu weiteren Potenzschwierigkeiten führt. Wenn diese Angst vor dem Versagen einen Mann einmal ergriffen hat, kann er sie nur schwer abschütteln. Durch Gebet, zärtliche Liebe und einiges, was man lernen kann, ist es jedoch möglich, sie zu vertreiben.

Wenn ein pochender, steifer Penis plötzlich aus nicht erkennbarem Grund schlaff wird, können wir den kritischen Punkt in der Gedankenwelt des Mannes vermuten. Die Angst war wieder am Werk!

Trotz der Tapferkeit, die der Mann vorgibt, und des „sexuell Allwissenden", den er spielt, wird er gewöhnlich von fünf großen Ängsten auf sexuellem Gebiet geplagt:

a) Die Angst vor Zurückweisung. Je nach Temperament und den erfahrenen Reaktionen seiner Frau nähert sich der Mann seiner Frau oft nur mit der tiefgründigen Angst, abgewiesen zu werden. Natürlich gibt es Zeiten, in denen sie wirklich „zu müde" ist oder „sich heute abend nicht wohl fühlt", aber sie sollte dabei sehr ehrlich sein. Wenn der Mann sensibel ist, muß sie ihn davon überzeugen, daß es an ihr liegt und nicht an ihm. Seine unterbewußte Angst vor Zurückweisung läßt ihn ihre Ablehnung so auslegen, als fände sie ihn sexuell nicht erregend. Kein Mann kann sich damit abfinden, nicht anziehend auf seine Frau zu wirken. Nichts ist gefährlicher für sein Selbstbewußtsein. Manche Ehefrauen geben zu, daß eine solche Zurückweisung ihren Mann für Wochen lahmlegte.

b) Die Angst, er könne seine Frau nicht befriedigen. Neuere Untersuchungen zeigen, daß es ein Mann sehr frustrierend empfindet, wenn seine Frau im ehelichen Akt nicht befriedigt wird.

c) Die Angst vor einem Vergleich mit anderen Männern. Diese grundlegende Angst eines Mannes sollte für Christen nie ein Problem sein, da die Bibel eindeutig voreheliche Keuschheit und Enthaltsamkeit lehrt. Wenn man dieses Gebot verletzt hat oder schon einmal verheiratet war, sollte man sich nie zu einem Vergleich hinreißen lassen. (Auch ein reifer Christ kann nur schwer diesen Verstoß gegen Gottes vollkommenen Plan vergessen.) Ein mir bekannter Mann drängte seine Frau so lange, bis sie schließlich zugab, daß ihr verstorbener erster Mann sie sexuell mehr befriedigte als er. Aber dieses Bekenntnis brachte unaussprechliche seelische Qualen mit sich, und schließlich blieb ihnen nur noch der Weg zur Beratung.

d) Die Angst, daß seine Erektion schwindet. In einem großen Maß hängt befriedigende Liebe von der Fähigkeit des Mannes ab, seine Erektion aufrechtzuerhalten. Ein schlaffer Penis bedeutet für beide keine Befriedigung und eine Erniedrigung für den Mann.

e) Die Angst, nicht ejakulieren zu können. Vor dem Erleben der ersten Ejakulationsstörung denkt kein Mann im Traum daran, daß ihm das passieren könnte. Dieses erste Erlebnis ist so niederschmetternd, daß durch die immer wiederkehrende Angst eine Neurose entstehen kann, die einen völlig normalen Mann möglicherweise impotent macht.

4. Spott. Der Mann kann Spott nicht ertragen, und eine kluge Ehefrau wird ihren Mann nie darunter leiden lassen. Ganz besonders gilt das für alles, was seine Männlichkeit angeht, und noch mehr für seine Geschlechtsorgane. Es ist eine seltsame Eigenart der Natur, aber fast jeder erigierte Penis hat dieselbe Größe (fünfzehn bis zwanzig Zentimeter) unabhängig von der Körpergröße des Mannes. Der schlaffe Penis kann jedoch zwischen fünf und zwanzig Zentimeter lang sein. Die Wissenschaft muß erst noch klären, warum manche stark schrumpfen, andere nicht. Man kann sich bestimmt darauf verlassen, daß ein Mann Angst hat, unzulänglich zu sein, wenn sein Penis in weichem Zustand klein ist. Das männliche Glied braucht aber nur zwischen fünf und acht Zentimeter lang zu sein, um seine Aufgabe im Liebesakt hervorragend zu erfüllen, denn das Innere der Vagina ist nur vom Gebiet zwischen den äußeren Schamlippen bis etwa fünf, höchstens acht Zentimeter nach innen empfindlich für Berührung oder Druck.

Aller Wahrscheinlichkeit nach war der Penis eines Mannes noch nie zu klein, und doch fürchten Millionen diese Möglichkeit. Daher kann es für eine Frau zerstörerische Folgen haben, über das Glied ihres Mannes zu witzeln, sie kann dadurch seine normale Funktion völlig unmöglich machen. Es kam vor, daß eine Frau ihren Mann fragte: „Bist du Manns genug, es heute abend mit mir aufzunehmen?" Sie wollte ihn nicht lächerlich machen, sondern war sehr nervös beim Gespräch über das Lieben und dachte nicht im Traum daran, es könnte ihn beleidigen. Er aber fühlte sich erniedrigt.

Man kann sich auch vorstellen, wie es sich auswirkte, als eine andere Frau ihrem Mann sagte, ohne daran zu denken, daß es seine erste sexuelle Störung war: „Was ist denn los, Junge? Bist du nicht mehr der Mann von früher?" Spott ist eine Waffe für Kinder. Wird er von der Frau gebraucht, kommt das Mord gleich.

5. *Schuld*. Ein Thema, das die moderne Psychologie übersieht, ist die Realität des Gewissens, denn sie versucht die Probleme des Menschen unabhängig von Gott zu lösen. Aus diesem Grund erklären Psychologen selten, wenn überhaupt, daß freie Liebe und Partnerwechsel vor oder in der Ehe schwere Schuldgefühle auslösen können, die Impotenz verursachen. Man weiß sehr gut, daß Frauen sich nach ihrer Hochzeit oft wegen ihrer schwachen Moralprinzipien vor der Ehe so schuldig fühlen, daß ihre Fähigkeit, die Sexualität in der Ehe zu genießen, stark darunter leidet. Dasselbe kann bei Männern auftreten.

Ein junger Mann faßte das im Rückblick auf sein Erleben der Impotenz im ersten Ehejahr so zusammen: „Mein Geschlechtstrieb war stärker, als wir frei zusammen lebten, als später, nachdem sie meine Frau geworden war."

Ein anderer stellte fest: „Seitdem ich eine Liebesaffäre mit der Frau meines besten Freundes hatte, wird mein Penis jedesmal schlaff, wenn ich in unser Schlafzimmer gehe."

Ein Geschäftsmann gab zu, er habe zum ersten Mal mit der Impotenz Bekanntschaft gemacht, kurz nachdem ihn eine Frau verführt hatte (wie er es darstellte) und sie von ihrem Mann ertappt worden waren. Sie waren alle miteinander schuldig.

Der Lohn für eine sexuell saubere Haltung und Enthaltsamkeit ist vielfältig. Vor allem besteht er in einem reinen Gewissen. Einer der traurigsten Fälle, die uns bekannt wurden, war die Geschichte eines jungen Pfarrers, der seine Frau, seine Kinder und das Pfarramt zugunsten einer Frau aufgegeben hatte, die er „so liebte, daß er sie nicht lassen konnte". Nach zehn Jahren des Lebens in Schuld klagte er im Alter von siebenunddreißig Jahren über Impotenz. Schließlich gab er zu: „Jedesmal, wenn ich nach Hause komme und meine Frau sehe, denke ich an meine erste Frau, die ich verlassen habe. Wenn ich unser Schlafzimmer betrete, werde ich an meine Untreue erinnert. Jedesmal, wenn ich an einer Kirche vorbeigehe, denke ich an das Pfarramt, das mir einmal Freude gemacht hat. Vielleicht bin ich wegen meiner Schuld impotent. Mein fehlendes Begehren erschreckt meine Frau, sie drängt mich zu ehelichen Beziehungen, und alles wird nur noch schlimmer."

Die Bibel warnt: „*Der Verächter Weg bringt Verderben*" (*Sprüche 13, 15*) und dazu: „*Denn was der Mensch sät, das wird er ernten (Galater 6, 7).*

Zum Glück gibt es ein Heilmittel für einen Schuldkomplex: Jesus Christus als Herrn und Heiland anzunehmen und in seinem Namen unsere Sünden zu bekennen. „*Wenn wir aber unsere Sünden bekennen, so ist er treu und gerecht, daß er uns die Sünden vergibt und uns reinigt von aller Ungerechtigkeit*" (*1. Johannes 1, 9*).

Auch wenn unser Herr sofort vergibt, glaube ich, daß es viel länger dauert, bis man sich selbst vergibt. Aus diesem Grund verschwindet Impotenz durch Schuld nicht über Nacht.

6. Unrealistische Erwartungen. Für den Mann ist das Wissen wichtig, daß Gott ihn so geschaffen hat, daß sein Geschlechtstrieb im Alter zwischen achtzehn und zweiundzwanzig Jahren seinen Höhepunkt hat. In dieser Zeit produzieren seine Geschlechtsorgane eine unglaubliche Menge an Testosteron, Samen und Spermazellen. Der Grund ist klar: Gott wollte, daß der Mann in seiner Jugend heiratet und Vater wird. In diesen Jahren können manche Männer ein bis fünf Ejakulationen täglich erleben. Wie wir schon früher bemerkten, nimmt das Begehren und diese Möglichkeit bald nach zweiundzwanzig ab. Wenn der Mann sich der Abnahme seines Geschlechtstriebes bewußt wird, macht er das Problem nur noch größer durch einen Vergleich mit seinen Möglichkeiten in der Jugend. Die meisten Männer überlegen nicht, daß Gott es nie wollte, daß sie ihre Potenz mit fünfzig Jahren mit der von zweiundzwanzig vergleichen. Wir sollten aber auch daran denken, daß ein fünfzigjähriger Mann mehr Möglichkeiten hat, seine Liebe und sein Gefühl zum Ausdruck zu bringen als ein unreifer Mann. Beim Liebesakt geht es um mehr als um die Funktion der Drüsen. Den meisten Männern wird das schließlich auch klar, aber einige lassen sich leider durch eine gelegentliche Störung um Jahre des Genusses bringen. Der reife Ehemann ist bereit, etwas an Quantität für höhere Qualität zu opfern.

Offen gesagt, der Mann rechnet in bestimmten Zeiten seines Reifungsprozesses mit der Tatsache, daß er wöchentlich ein bis vier und mehr befriedigende Begegnungen mit seiner Frau (von Mann zu Mann verschieden) erleben kann, je nach den Umständen, der Arbeitsbelastung, der Beziehung zu seiner Frau und mehreren anderen Faktoren. Aber auch in seinen späteren Lebensjahren kann er selbstverständlich noch Hunderte von Liebeserlebnissen haben. Wer als Mann so unrealistisch ist und verlangt, daß er die athletischen Fähigkeiten seiner Jugend behält, macht sich etwas vor und setzt sich unweigerlich der Impotenz aus.

Die Forschung hat erwiesen, daß viele Männer ihr ganzes Eheleben hindurch Liebesbeziehungen aufrechterhielten, natürlich in ihren Achtzigern nicht mehr so oft wie in ihren Siebzigern, aber sogar Hundertjährige konnten noch Vater werden.

Nach einem Seminar über Familienleben fragte mich eine vierundsiebzigjährige Frau: „Wie alt muß ein Mann werden, damit er keinen Sex mehr begehrt? Mein Mann ist jeden Tag hinter mir her." Ihr Mann war einundachtzig.

Forschungen auf diesem Gebiet zeigten, daß alle, die ein Leben lang lieben können, eines gemeinsam haben: nicht Größe oder Figur, nicht das gute Aussehen oder die sichtbare Vitalität des Partners, sondern die positive Geisteshaltung. Der Mann, der den Liebesakt mit seiner Frau beginnt, möchte ihn auch bis zur Erfüllung bringen; wer von vornherein mit dem Versagen rechnet, erfährt es auch unweigerlich. Jemand sagte: „Es gibt zwei Arten von Menschen: Die einen meinen, sie könnten etwas, und die anderen meinen, sie könnten nichts – und beide haben recht." Das gilt besonders auch für die männliche Potenz.

7. Fettsucht. Dickleibigkeit ist nichts Schönes, weder für die Ehefrau noch für den Mann selbst. Speckfalten regen das Selbstbewußtsein sicher nicht an, das für die Potenz notwendig ist. Wenn ein Mann sich so gehenläßt, daß er erhebliches Übergewicht bekommt, verliert er seine Selbstachtung; es ist ihm peinlich, sich unbekleidet zu sehen, und, was noch wichtiger ist, er schämt sich vor seiner Frau. Je mehr er seine eigene Erscheinung ablehnt, desto mehr glaubt er auch, seine Frau fände ihn abstoßend. Anstatt sie „Schatz" oder „Liebling" zu nennen, beginnt er Ausdrücke zu gebrauchen wie „Mama" oder „Mutter", und die Freude an der Liebesbeziehung sinkt zum Nullpunkt.

Ein fünfzigjähriger Mann mit dreißig Pfund über dem Normalgewicht klagte über „mangelnde Geschlechtlichkeit". Ich führte ihm die Notwendigkeit einer größeren Disziplin in seinem geistlichen Leben vor Augen (treueren Gottesdienstbesuch, regelmäßiges Bibellesen, Leben unter dem Heiligen Geist und zu lernen, seinen Glauben an Christus anderen mitzuteilen). Ich empfahl ihm dann, seinen Hausarzt aufzusuchen und ein Schlankheitsprogramm zu beginnen. Als Herr Spenzer einige Wochen später wiederkam, brachte er seine Frau mit.

Eine Besserung war schon zu erkennen. Er hatte sieben Pfund abgenommen und erzählte stolz, er könne „seinen Gürtel schon zwei Löcher enger schnallen".

Liebesbeziehungen dagegen hatte er noch nicht wiederaufgenommen. Während der Beratung entdeckte ich sehr bald, daß er seine Frau „Mutter" nannte. Sie hatten drei Söhne großgezogen und er erklärte, er habe sich das „eben so angewöhnt".

Die meisten Menschen unterschätzen die Bedeutung von Ausdrücken. Wissenschaftler sagen uns, daß die Sprache geistige Bilder aufbaut, die sich im Unterbewußtsein festsetzen. Das Wort „Mutter" bedeutet in unserer Kultur Würde, Respekt, Ehre, Reinheit und viele gute Gedanken. Es wirkt aber fast nie sexuell erregend. Meiner Meinung nach ist es eine der schlechtesten Gewohnheiten für einen Mann im mittleren Alter, seine Frau „Mutter" zu nennen. In der Ehe regt es sicher weder Mann noch Frau sexuell an. Obwohl es das Ergebnis einer langjährigen, unbewußten Gewohnheit sein kann, versetzt es den Mann doch in die Rolle des Sohnes anstatt in die des Oberhaupts, Führers und Versorgers der Familie. Ich bin davon überzeugt, wenn ein Mann seine Frau lange genug „Mutter" nennt, stellt er sie sich unbewußt in dieser Rolle vor – und sie wird sich schließlich auch so sehen. Ich empfehle immer, daß ein Mann zu den liebevollen Namen für seine Frau zurückkehrt, die er in der Zeit ihrer Verliebtheit benutzte. Das weckt oft wieder Spannung an dem Punkt, wo sich eine „bequeme Beziehung" entwickelt hat.

Im dritten Gespräch berichtete dieser Mann: „In unserer Ehe ist ein Wunder geschehen. Wir haben uns zweimal geliebt!" Natürlich war das kein Weltrekord, aber nach fast fünf Jahren des „Nichts" war es ein guter Anfang. Man soll die Dinge nicht überstürzen, wenn man Impotenz überwinden will. Wie die anderen Organe und Muskeln des Körpers bauen auch die Geschlechtsorgane ihre Leistungsfähigkeit durch wiederholtes und wirkungsvolles Üben auf.

Das letzte Mal, als ich mit Herrn Spenzer über sein Liebesleben sprach, hatte er nicht nur einen großen Teil seines Übergewichts verloren, sondern er sagte auch: „Ich fühle mich großartig, und unser Liebesleben ist jetzt besser, als es seit fünfzehn oder zwanzig Jahren war." Auf die Frage, ob er wieder unter dem Auftreten von Impotenz gelitten habe, erwiderte er: „Hin und wieder einmal, aber nun weiß ich, daß das eben manchmal passiert. Ich lasse mich davon nicht entmutigen. Ich versuche nur, mich das nächste Mal besser zu konzentrieren." Ein Psychiater hätte es nicht besser ausdrücken können.

Jeder Mann mit fünfzehn oder mehr Pfund Übergewicht sollte seinen Arzt aufsuchen und eine Schlankheitskur beginnen. Der Gedanke, daß zuviel Übergewicht (auch wenn das nicht immer der Fall ist) seine Potenz vermindern kann, wird ihn noch stärker dazu antreiben, die Diät einzuhalten. Übergewicht vermindert Vitalität und bedeutet eine Gefahr für die Gesundheit, daher beeinträchtigt es auch die natürliche Geschlechtlichkeit des Mannes.

8. Schlechter körperlicher Zustand. Gott befahl dem Menschen, sein Brot „im Schweiße seines Angesichts" (1. Mose 3, 19) zu verdienen. In den westlichen Ländern haben wir heute allzu oft eine „sitzende Lebensweise". Je erfahrener und geschickter ein Mensch auf beruflicher Ebene ist, desto weniger arbeitet er körperlich, aber um so mehr geistig. Folglich ist das Schwitzen heute nicht mehr so verbreitet wie früher, und die Menschen haben nicht das körperliche Training, das sie brauchen. Wenn die Muskeln eines Mannes ihre Spannung verlieren, verliert er auch an Vitalität und an Selbstbewußtsein. Wir sahen schon, daß das einen Verlust in der Geschlechtlichkeit bedeutet. Jeder gesunde Mann sollte in Übung bleiben, aber dazu braucht man Disziplin – und Disziplin erfordert einen inneren Antrieb. Viele Männer berichten, daß regelmäßiges Laufen, Training oder andere Formen körperlicher Übung auch ihre Geschlechtlichkeit positiv beeinflußt haben.

9. Starkes Rauchen. Eine vor einigen Jahren erschienene Ausgabe von Reader's Digest enthielt einen Artikel mit dem Titel: „Geht Ihre Geschlechtlichkeit in Rauch auf?" In diesem

Artikel wird Dr. Alton Ochsner, Chefarzt des Ochsner Foundation Hospital in New Orleans, zitiert: *„Man schätzt, daß in diesem Land (USA) etwa 360 000 Menschen jährlich durch Tabakgenuß sterben."* Einige deutsche Ärzte entdeckten, daß Rauchen die Testoron-Produktion senkt und so die Befruchtung erschwert. Tatsächlich gab es einige kinderlose Männer, die erst Vater wurden, nachdem sie das Rauchen aufgegeben hatten. Der Artikel zitiert weiter:

„Buchstäblich Dutzende von Patientinnen berichteten mir, daß sich ihr sexuelles Leben verbessert habe, nachdem sie zu rauchen aufgehört hätten."

Dr. Ochsner erzählt von einem 73jährigen, der seit 45 Jahren stark rauchte und dem ein Lungenabszeß entfernt worden war. „Ich sagte ihm, er müsse mit dem Rauchen aufhören, und er tat es. Zwei Monate später war die Lunge völlig verheilt. Bevor er zu rauchen aufhörte, hatte er alle vier bis sechs Monate einmal sexuelle Beziehungen gehabt, nun drei- oder viermal in der Woche, so berichtete er."

Dr. med. Joel Ford, Direktor des Zentrums für Sozial- und Gesundheitsfragen in San Franzisko, rät Rauchern, die über sexuelle Impotenz klagen, sich bei der Entwöhnungsklinik des Zentrums zu melden. Die überwältigende Mehrheit der Männer berichten danach über bedeutende Besserung ihres Sexuallebens. Er gibt Raucherinnen den gleichen Rat.

Dr. Ford glaubt, daß das Rauchen die Sexualität auf zwei Wegen beeinträchtigt: Das Kohlenmonoxid vermindert den Sauerstoffgehalt des Blutes und beeinträchtigt die Hormonproduktion, das Nikotin verengt die Blutgefäße, deren Erweiterung das wichtigste Geschehen bei der sexuellen Erregung und der Erektion ist. Dr. Ford führt dann noch weitere Auswirkungen starken Rauchens an: Das Lungenvolumen wird kleiner, was die Vitalität und das „Durchhaltevermögen" während des Geschlechtsverkehrs vermindert. Außerdem verfärbt das Nikotin die Zähne und verdirbt den Atem, das mindert die Anziehungskraft des Mannes herab.

Weiter heißt es in dem Artikel:

„Es liegt eine Ironie darin, daß viele Männer ihr Libidoproblem erst erkennen, wenn sie aufgehört haben zu rauchen. Dann wird ihnen erst klar, was ihnen eigentlich fehlte. Es ist traurig, wenn man bis zum 73. Lebensjahr wartet, um diese Entdeckung zu machen."

10. *Seelischer Druck.* Viele Männer denken zielstrebig. Ihr Gehirn kann anscheinend immer nur eine Aufgabe bewältigen. Aus diesem Grund kann seelischer Druck im Beruf die Konzentration im entscheidenden Moment stören, und der Penis erschlafft. Bei genauerem Hinsehen werden wir wahrscheinlich feststellen, daß eine solche Ablenkung der Konzentration während einer Zeit, in der man ohnehin müde ist, die häufigste Ursache für das erste Auftreten von Impotenz ist. Von da an muß nur noch die Angst dazukommen, es könne sich wieder ereignen, um das Selbstbewußtsein des Mannes stark herabzusetzen.

Ein vom Heiligen Geist beherrschter Christ sollte dieses Problem nicht haben. Er sollte lernen, alle seine Sorgen auf seinen Herrn zu werfen und sie nicht mit ins Ehebett zu nehmen. Gott will, daß seine Kinder „ganz in Frieden liegen". Entspannung fördert die Liebe weit mehr als die Ängste und Sorgen der Welt. Daher rührt auch die Tatsache, daß manch ein impotenter Mann sich tapfer geschlagen hat, wenn er seine Frau für einen Wochenendurlaub in ein Hotel entführte.

11. *Depressionen.* Berater sagen übereinstimmend, daß Depressionen eine Epidemie unserer Zeit sind. Ein Autor hat die siebziger Jahre als „Jahrzehnt der Depressionen" bezeichnet. Ich bin überzeugt, daß niemand Depressionen haben muß. Wenn ein Mann einmal seine Depressionen überwunden hat, kehrt auch seine normale Sexualität zurück.

12. *Drogen und Alkohol.* Seit den fünfziger Jahren ist der Drogenmißbrauch in einem alarmierendem Maße angestiegen. Irgendwie unterliegen die Menschen dem Irrtum, daß alle Probleme durch die Chemie gelöst werden können. Nur wenige sind sich darüber klar, daß durch die Behandlung des einen Symptoms ein neues Problem entsteht. Nicht zufällig stiegen

gleichzeitig die Fälle von Drogenmißbrauch und Impotenz. Erst seit kurzem geben die Wissenschaftler die Tatsache zu, daß beide miteinander in Beziehung stehen könnten. Aufputschmittel und Beruhigungsmittel, Appetitzügler, Marihuana und Heroin verschaffen einem Menschen vielleicht für einige Zeit ein besseres Gefühl oder helfen ihm in einem bestimmten Lebensbereich, können sich aber gleichzeitig negativ auf die Geschlechtlichkeit auswirken. Das Problem kommt in der Jugend vielleicht nicht so an die Oberfläche, aber viele Männer im mittleren Alter sagen später, daß ihre erste sexuelle Störung nach der Einnahme von Drogen auftrat.

Die „harten Drogen" zeigen noch drastischere Auswirkungen. Über die Impotenz von Drogenabhängigen in der Jugend wurde schon viel berichtet. Einige ehemalige Vietnam-Soldaten, die heroinsüchtig gewesen waren, blieben auch lange nach der Entwöhnung von der Droge noch völlig impotent. Psychiater meinen, daß es sich nach so langer Zeit eher um ein psychisches als um ein körperliches Problem handelt, trotzdem sind immer noch Tausende von Männern in ihren zwanziger Jahren unnötig impotent. Die Frau eines bekehrten Drogenabhängigen, der in den Mittvierzigern stand und schon mehrere Jahre von der Droge frei war, sagte, ihr Mann hätte sie „in den vergangenen acht Jahren nur ein paarmal geliebt und sie in den letzten fünf Jahren nicht einmal angerührt". Menschen, die sich an der Liebe freuen, können kaum verstehen, warum jemand die Ekstase eines ehelichen Aktes einem Drogentrip opfert. Schon das allein bedeutet, daß es eine „bittere Pille" ist.

Ziemlich verworrene Vorstellungen herrschen darüber, wie sich Alkohol auf die Geschlechtlichkeit eines Menschen auswirkt. Manche halten ihn für ein Anregungsmittel, weil er Hemmungen und moralische Bedenken unterdrückt. Nach meinen Erfahrungen aus der Beratung gilt das mehr für Frauen als für Männer. Die chemische Wirkung des Alkohols ist aber immer beruhigend, nie anregend. Er kann das Begehren eines Mannes nach Sex steigern, aber seine Fähigkeit, die Erektion aufrechtzuerhalten, wird vermindert oder unterdrückt. Zwei andere Faktoren sind dabei noch zu berücksichtigen: die Alkoholmenge und seine sehr verschiedenartigen Auswirkungen auf den einzelnen. Meiner Meinung nach führt starkes Trinken oft zu Impotenz. Ein Alkoholiker mit normaler Sexualität muß mir erst noch begegnen.

Vor einigen Jahren forderte ich einen erfolgreichen jungen Bankier eindringlich auf, Jesus Christus anzunehmen. Er lehnte ab. Seine hübsche junge Frau war eine wirkliche Christin und setzte alles daran, ihn zu gewinnen, aber sie verlor den Kampf gegen die Flasche. Als sein Einfluß in der Bank zunahm, mußte er in Gesellschaft immer mehr trinken; heute ist er Vizepräsident eines Bankbezirks, fünfzig Jahre alt und ein vollendeter Alkoholiker. Seine Frau bekannte: ,,Auf seinen Wunsch hin schlafen wir in getrennten Schlafzimmern. Wir haben seit über zehn Jahren keine ehelichen Beziehungen mehr gehabt." Seine Liebe zum Alkohol ließ ihn in diesem Leben, und augenscheinlich auch im Hinblick auf das zukünftige, zum Versager werden.

Medikamente, besonders Tabletten gegen Bluthochdruck, können manchmal die Ursache für Impotenz sein. Wenn es nach Verordnung eines neuen Medikaments bei einem Mann zum ersten Mal zu Impotenz kommt, sollte er seinen Arzt darüber unterrichten.

13. Masturbation. Bei einer Beratung wegen Potenzschwierigkeiten frage ich den Mann zuerst, ob er sich selbst befriedigt. Es überrascht nicht, daß viele, die selten Geschlechtsverkehr haben, diese Methode der sexuellen Befriedigung anwenden. Ein Großteil der Literatur über Sexualität der letzten Jahre entschuldigt diese psychisch schädigende Gewohnheit. Ich kann verstehen, warum humanistisch orientierte Psychologen und Psychiater sie billigen, aber es ist mir unverständlich, warum manche christlichen Berater sie als Hilfe anstatt als psychisch schädigende Gewohnheit betrachten, die von sündigen Gedankengängen herrührt.

Bis vor etwa vierzig Jahren hielt man die Masturbation für

gesundheitsschädlich. Junge Männer hatten Alpträume wegen der angeblich schlimmen Folgen, die sie treffen würden, weil sie diesem Hang nachgaben. Jetzt, da die wissenschaftliche Medizin ihre Harmlosigkeit bewiesen hat, neigt die öffentliche Meinung dazu, sie als normale sexuelle Betätigung zu akzeptieren. Aber hier berücksichtigt man weder das Schuldgefühl, das fast immer als Folge auftritt, noch die Tatsache, daß der Mann seine Frau betrügt und der Heiligen Schrift zuwiderhandelt (1. Korinther 7, 5). Darüber hinaus sagt die Bibel: *„Heiraten ist besser als in Glut geraten"* (1. Korinther 7,9), nicht: *„Es ist besser zu masturbieren als vor Begierde verzehrt werden."*

Masturbation macht eine Liebesbeziehung ärmer. Ein Ehemann sollte nie seine Frau und sich selbst mit Masturbation um den beiderseitigen Segen der geschlechtlichen Vereinigung betrügen. Das gilt vor allem für den Mann, der sexuelle Schwierigkeiten hat. Er benötigt jede nur mögliche Hilfe, um sein sexuelles Selbstvertrauen zurückzugewinnen. Selbstbefriedigung würde ihm aber keinesfalls helfen.

Ein Mann, der mit Erfolg masturbiert, braucht natürlich nicht impotent zu sein. Allein die Tatsache, daß er masturbieren kann, beweist seine sexuellen Fähigkeiten. Es mag für den Mann leichter sein, sich selbst zum Orgasmus zu bringen, weil er seine empfindlichsten erogenen Zonen kennt – aber es ist trotzdem falsch, denn Masturbation ist eine rein selbstsüchtige Handlung. Wenn der Mann seine Aufmerksamkeit auf sich selbst lenkt, geht das immer auf Kosten der Frau.

14. Eine erschlaffte Vagina. Im vorigen Kapitel setzten wir uns ausführlich mit dem Problem einer extrem spannungslosen Vagina auseinander, das nach einer Geburt auftreten kann. Auch beginnen die Muskeln um die Vagina um die Mitte des Lebens zu erschlaffen und an Spannung zu verlieren wie andere Muskeln des Körpers auch. Anstatt fest und fühlbar während des Liebesaktes gegen die Spitze des Penis zu drücken, kann die erschlaffte und geschwächte Vagina nicht genügend Kontakt aufrechterhalten, um bis zur Ejakulation zu erregen – oft in einem Lebensalter, in dem der Mann eher mehr als zuwenig an Reibungskontakt braucht.

Es gibt zwei wichtige Heilmethoden für dieses Problem – die im vorigen Kapitel empfohlenen Übungen und einen relativ neuen chirurgischen Eingriff. Wenn ein Paar meint, daß eine erschlaffte und geschwächte Vagina Probleme in seinem Liebesleben schafft, sollte die Frau in jedem Fall einen Gynäkologen aufsuchen. Es ist jedoch ratsam, wenigstens drei Monate die Kegel-Übungen gewissenhaft durchzuführen, bevor man sich einer Operation unterzieht.

15. Passivität der Frau. Jeder Mann träumt davon, eine sexuell aktive Frau zu haben. Wie hoch seine Ideale von Fraulichkeit auch sein mögen, der Mann stellt sich seine Frau oft als sexuellen Feuerball im Bett vor. Unglücklicherweise sehen die meisten Frauen ihre Rolle passiv. Eine Frau sagte: ,,Ich dachte immer, er würde die Achtung vor mir verlieren, wenn ich sexuell aktiv würde." In Wahrheit findet ein Mann es ungeheuer erregend, wenn seine Frau die Initiative ergreift. Das trägt zum Aufbau seines männlichen Selbstbewußtseins bei, dagegen führt Passivität zur Langeweile und Langeweile zur Impotenz.

Nur wenige sexuell aktive Frauen haben einen impotenten Ehemann. Manche Ehefrauen werden erst dann aktiv, wenn der Mann bereits Potenzschwierigkeiten hat, doch er reagiert darauf eher widerwillig, weil er sich erinnert, daß ihn seine Frau früher oft abgewiesen hat oder sich so passiv verhielt, daß er dachte, sie ,,erfüllt nur ihre eheliche Pflicht". Meistens genießt der Mann die aktive Rolle bei der Liebe, aber kein Mann möchte einen leblosen Körper lieben. Und hin und wieder möchte er auch wissen, daß seine Frau ebenso glücklich ist wie er.

16. Nörgelei. Nichts läßt einen Mann schneller erkalten als Nörgelei! Diese Angewohnheit findet man sehr häufig. Sie beeinflußt eine Beziehung niemals positiv – im Gegenteil, sie beeinflußt die Manneskraft und die Geschlechtlichkeit negativ. Man sollte sich davor hüten. Frauen mit melancholischem

Charakter müssen sicherlich auf ihre Zunge achten, weil Melancholiker meist nach Vollkommenheit streben und von Natur aus leicht an anderen herumkritisieren. Die leidenschaftlichen Gefühle eines Mannes können durch Nörgelei und Kritik augenblicklich auf Eiseskälte sinken.

Ein befreundeter Arzt erinnerte sich an einen Extremfall von Nörgelei. Er sollte einen Mann beraten, der mit sechsunddreißig Jahren impotent war. Der einzige Grund, den er dafür finden konnte, war die Angewohnheit der Frau, während des Liebens zu reden. Sie hatte keinerlei Schwierigkeit, zum Orgasmus zu kommen, und dann fing sie jedesmal an zu reden – gewöhnlich kam irgendeine kleine kritische Bemerkung, die ihn störte. Folge: Er verlor seine Erektion. Die Angst vor einem weiteren Versagen zog die nächste Störung buchstäblich herbei. Die Lösung des Problems war gefunden, als die Frau ihren Mund hielt.

17. Vorherrschaft der Frau. Gleich nach der Nörgelei bedrückt einen Mann nichts mehr als eine herrschsüchtige Frau. (Herrschsucht der Mutter beeinflußt auch die Kinder negativ.) Eine herrschende Frau hat nichts Weibliches an sich. Cholerische Frauen (die oft bequeme Männer heiraten) müssen sich besonders vor dieser Gefahr in acht nehmen. Sie halten oft die ruhige Fügsamkeit des Mannes für Zustimmung: Wenn er nicht schlagfertig ist, lenkt er gewöhnlich lieber ein, als zu widersprechen oder zu streiten. Das weckt aber allmählich Haßgefühle. Jede Frau in dieser Lage sollte in der Bibel Epheser 5, 17–24 und 1. Petrus 3, 1–7 genau lesen und dann Gott um die Gabe des Gehorsams bitten.

Die Schwierigkeiten, von denen ich jetzt reden möchte, sind genaugenommen keine Form der Impotenz. Aber man muß sich mit ihnen oft im Zusammenhang mit Impotenz auseinandersetzen.

18. Vorzeitige Ejakulation. Männer mit diesem Problem sind schlechte Liebhaber und haben im allgemeinen unzufriedene Frauen. Diese Form der Impotenz läßt sich oft auf intensives Petting in der Jugend zurückführen, das vielleicht mit einer Ejakulation in die Kleidung endete; oder man war zu einem eiligen Geschlechtsverkehr in einem Stundenhotel oder in einem geparkten Auto, wo man Angst hatte, gestört zu werden, gezwungen.

19. Verzögerte Ejakulation (s. Seite 150).

Diese neunzehn Faktoren sind die Hauptursache für Impotenz des Mannes. Nur selten wird das Problem durch einen dieser Faktoren allein bedingt. Bevor ein Mann auf den Segen der geschlechtlichen Gemeinschaft verzichtet, an der er sich nach dem Willen Gottes die längste Zeit seines Lebens erfreuen darf, sollte er objektiv seine Verhältnisse überprüfen. Wenn er den Verdacht hegt, daß auch nur einer dieser Faktoren bei ihm auftritt, sollte er auf dessen Beseitigung hinwirken.

Ist Ihnen aufgefallen, daß in der obigen Liste etwas fehlt? Wir sagten fast nichts über körperliche und biologische Ursachen. Sie sind so selten, daß man sie kaum in Betracht zu ziehen braucht, auch wenn sie am häufigsten als Entschuldigungsgründe erwähnt werden. Ärzte, Pfarrer, Berater, Psychiater und vor allem früher impotente Männer wissen, daß Impotenz meistens im seelischen Bereich seine Ursache hat, nicht in der Drüsenfunktion. Wenn es Ihnen nicht gelingt, das Problem selbst zu beheben, dann suchen Sie Ihren Arzt auf. Es gibt Männer, die einen Hormonmangel mit nachfolgender Impotenz entwickeln, sie reagieren aber sehr gut auf Spritzen mit männlichen Hormonen, daher lohnt sich eine solche Untersuchung.

Kann man Impotenz heilen?

Impotenz ist nichts Neues, sie plagt Männer zweifellos schon seit Beginn der Menschheitsgeschichte. Die Heilung dieses Übels ist jedoch neu, vor allem weil man heute mehr Verständnis dafür hat und entschieden gegen das Problem angeht. Man kann aber keine Schwierigkeit ohne Ehrlichkeit und Offenheit beseitigen.

Die Heilung von Schuld

Wir sahen, daß Schuld, Angst, Ärger, Depression, Bitterkeit und eine nicht zur Vergebung bereite Einstellung zur Impotenz beitragen können. Liegt etwas Derartiges vor, sollte man nicht von neuen Methoden oder psychologischen Techniken Hilfe erwarten. Statt dessen wenden Sie sich durch Jesus Christus an Gott, um Vergebung zu erhalten. Der erste Schritt ist das Bekennen der Sünden im Namen Jesu Christi. Im ersten Johannesbrief lesen wir: *,,Wenn wir aber unsere Sünden bekennen, so ist er treu und gerecht, daß er uns die Sünden vergibt und reinigt uns von aller Ungerechtigkeit."* Der nächste Schritt ist das Leben unter der Herrschaft seines Geistes, der die negativen Gefühle überwinden hilft. Man wird fähig, die Hemmungen abzubauen und kann sich dem Partner öffnen. Wenn man seine geistlichen Probleme gelöst hat, findet man auch die Mittel und Wege zur Behebung der anderen Schwierigkeiten.

Freuen Sie sich auf den Erfolg

In fast jedem Fall kann ein Mann die Heilung seiner Impotenz erreichen, wenn er seine geistige Haltung gegenüber dem Problem ändert. Anstatt zu denken, er sei ,,so gut wie tot", muß er erkennen, daß seine Erlebnisse im Grunde normal sind und überwunden werden können. Er sollte zuerst mit seinem Arzt sprechen, der ihn vermutlich gründlich untersuchen wird. Wenn er sicher ist, daß ihm organisch nichts fehlt, wird es ihm leichter, in Gedanken mit dem Erfolg zu rechnen. Die Hoffnung auf Heilung ist unbedingt wichtig!

Zum nächsten Schritt gehört, daß ein Mann mit seiner Frau offen über sein Problem spricht. Die meisten Frauen bringen viel Verständnis auf und wollen helfen. Ein Mann, der ,,seit fünf Jahren keine Liebesbeziehung mehr hatte", staunte über die Reaktion seiner Frau. Sie hatte gemeint, sein Desinteresse sei mangelnde Liebe zu ihr, aber nach einem offenen Gespräch verwandelte sie sich von einer nörgelnden, verunsicherten Frau zu einer liebenden Partnerin. Der Mann unterschätzt gewöhnlich die Fähigkeit seiner Frau, dieses Problem ernst zu nehmen.

Wie kann die Frau helfen?

Der Mann findet nach Änderung seiner eigenen geistigen Einstellung zur Impotenz in seiner Frau die größte Hilfe. Unter anderem kann die Frau das Problem als eine Herausforderung ansehen, der sie nun zu zweit begegnen müssen. Sie sollte nie etwas tun oder sagen, was die sexuellen Ängste ihres Mannes noch vertieft oder etwa andeuten, er sei unzulänglich, unfähig und nicht begehrenswert. Vor allem Witze oder Späße über die Impotenz sind zu vermeiden. Seine Angst könnte dadurch noch größer werden. Jemand sagte in diesem Zusammenhang sehr klug: „Der Sinn für Humor hört beim Mann unterhalb der Gürtellinie auf."

Die Frau sollte sexuell aktiv werden. Im allgemeinen erwartet die Frau in der Ehe, daß ihr Mann „Regie führt", nun ist es für sie an der Zeit, daß sie die Bühne betritt und einige Akte inszeniert. Wenn sexuelle Hemmungen ihr das schwermachen oder erniedrigend erscheinen lassen, so bedeutet das, daß sie mehr an sich selbst interessiert ist als an ihrem Mann.

Wenn die Frau in ihrem sexuellen Benehmen ihre Hemmungen aufgibt, hat das gewöhnlich zweierlei zur Folge: Sie wird für ihren Mann zu einem erregenderen Partner, und sie steigert ihre eigene Freude an der Beziehung.

Oft wird schon nach wenigen Ehemonaten der Liebesakt zu sehr zur Routine. Es wird Zeit, aus den alten Gleisen herauszukommen und sexuell aktiv zu werden. Welcher Mann bleibt schon impotent, wenn er in *dieses* Schlafzimmer kommt: dämmriges Licht – sanfte Musik – ein aufgeschlagenes Bett und eine Frau, die mit jeder Bewegung zeigt, wie sehr sie darauf wartet, ihren Mann in die Arme zu schließen?

Helfen Sie Ihrem Mann, Kleider und Hemd aufzuknöpfen. Lassen Sie ihn Ihre Erregung fühlen. Manche Leser werden fragen: „Ist das keine Heuchelei?" Nicht im geringsten! Man kann sich daran gewöhnen, daß die eigenen Hemmungen das wahre Begehren unterdrücken, und weiß dann kaum noch, wie man natürlich reagiert. Das ist noch schlimmere Heuchelei, und vielleicht handelt man schon jahrelang so. Wenn Sie Ihren Mann wirklich lieben, werden Sie seine Reaktion genießen. Wenn Sie ihm gegenüber aktiv sind, weiß er, daß Sie ihn sexuell anziehend finden, und er kann leichter an seine sexuellen Fähigkeiten glauben.

Eine liebevolle Frau in den mittleren Jahren bemerkte bei ihrem Mann – er hatte Schwierigkeiten mit der Potenz –, daß er wenig Mühe beim Ejakulieren hatte, wenn sie sexuell aktiv wurde. „Aber", so gab sie zögernd zu, „auch wenn ich es genieße, fühle ich mich irgendwie schuldig." Ich erklärte ihr, daß ihr Schuldgefühl fehl am Platze sei, Gott hätte nichts gegen ein solches Verhalten bei der Liebe.

Sie erwiderte: „Aber ich hatte gedacht, daß eine Dame nicht so handeln darf." Darauf erklärte ich: „Sie tut es ja auch nicht in der Kirche oder im geparkten Auto. In der Heiligkeit ihres Schlafzimmers ist das aber etwas ganz anderes."

Wenn man Pastor und Eheberater gleichzeitig ist, hat man den großen Vorteil, daß man unbegründete, unnötige Schuldgefühle leichter abbauen kann. Der Pastor wird oft für den Sprecher Gottes gehalten – das ist er auch, wenn seine Worte auf der Grundlage der Bibel beruhen. In Kapitel 1 haben wir uns eingehend mit der Sexualität der Frau befaßt, denken Sie daran, daß 1. Korinther 7, 1–5 klar sagt, daß ein Mann seiner Frau gehört. Entsprechend kann sie mit ihm nach seinen Wünschen verfahren. Das sollte sicher auch einschließen, ihn sexuell zu erregen.

Die aufmerksame Frau sollte immer daran denken, daß der Mann seine sexuell inaktive Frau leicht als etwas Langweiliges ansieht, während er eine aktive Frau sehr aufregend findet. Mehr als eine Frau hat schon entdeckt, daß sie ihren Mann erregen kann, wenn sie seine Haut streichelt, seinen Körper massiert und dabei ganz leicht seine Geschlechtsorgane berührt. Auch ein schlaffer Penis reagiert oft auf das liebevolle Streicheln der Frau, besonders am Skrotum und den Innenseiten der Oberschenkel. Leichte, aufreizende Liebkosungen sind nötig, um die Phantasie des Mannes anzuregen.

Der beste Dienst, den eine Frau dem impotenten Mann erweisen kann, ist die Konzentration auf die Übungen der Vagina, die im vorigen Kapitel skizziert wurden. Wenn beim Mann Schwierigkeiten auftauchen, die Erektion aufrechtzuerhalten oder zu ejakulieren, sollte das auf keinen Fall an seiner Frau liegen, weil sie keine starken Scheidenmuskeln hat. Er braucht mehr Reibung, nicht weniger. Wenn die Frau ihren schwachen Vagina-Muskel soweit entwickelt, daß sie den eingeführten Penis des Mannes zusammendrücken kann, trägt sie viel dazu bei, daß das Glied hart bleibt. Wie wir sahen, erwartet der Mann nach einigen Erfolgserlebnissen auch weiterhin Erfolg. Wenn er erst einmal soweit ist, hat die Heilung praktisch schon stattgefunden.

Natürlich gehört zu diesen Bemühungen der Frau Konzentration und manchmal auch das Annehmen einer neuen Rolle. Doch wenn sie ihn liebt, bezahlt sie diesen Preis gern, denn für beide wird es sich lohnen.

Der Schlüssel liegt beim Mann

Keine Frau kann die Impotenz ihres Mannes heilen. Sie kann, wie oben gezeigt, ihre Hilfe anbieten, aber da es sich um eine Krise des Mannes handelt, kann er sie nur durch ernste Anstrengung überwinden. Hier nennen wir einige Regeln, die Sie als Mann zusätzlich zu den vorher erwähnten beachten müssen:

1. Beten Sie darüber, besonders mit Ihrer Frau. Die Bibel sagt: „Erkenne ihn auf allen deinen Wegen, und er wird deine Pfade führen." Gott hat die Menschen erstaunliche Wege geführt, um sie Hilfe für ihre Probleme finden zu lassen. Lassen Sie sich von ihm helfen.

2. Suchen Sie Ihren Arzt auf und folgen Sie seinem Rat.

3. Sprechen Sie mit Ihrer Frau aufrichtig über Ihr Problem.

4. Lesen Sie, was Sie zu diesem Thema finden können. Nichts vergrößert die Angst mehr als Unwissenheit. Als Christen lehnen wir die Theorien und Schlüsse humanistisch orientierter Fachleute weithin ab, wir können aber in ihren Schriften viele hilfreiche Empfehlungen entdecken. Denken Sie daran, daß alle Wahrheit Gottes Wahrheit ist. Einerlei, aus welcher Quelle sie kommt, Wahrheit bleibt Wahrheit. Man kann Einsteins Relativitätstheorie nicht ablehnen, weil der Entdecker Humanist war. Ebensogut kann eine liberale medizinische Abhandlung, die man mit geistlichem Unterscheidungsvermögen liest, gute Lösungen anbieten. Leider setzen sich die meisten christlichen Autoren, die sich mit der Sexualität beim Menschen befassen, nicht klar mit dem Problem der Impotenz auseinander.

5. Beginnen Sie ein körperliches Übungsprogramm, das Ihnen der Arzt vorschlägt. Mehrere meiner Freunde behaupten, daß Laufen ihre Manneskraft stärkt. Versuche haben ergeben, daß die Lebensenergie dadurch tatsächlich gesteigert werden kann.

6. Wenn nötig, führen Sie eine Schlankheitskur durch.

7. Lieben Sie nicht, wenn Sie müde sind! Die meisten Menschen gehören zu einer der beiden Gruppen: Nachtmenschen oder Morgenmenschen. Versuchen Sie zu lieben, wenn Sie hellwach sind, denn in dieser Zeit arbeiten Ihre Drüsen am besten.

8. Lieben Sie ohne Eile! Je länger Sie sich vorher darauf freuen, desto leichter ejakulieren Sie.

9. Geben Sie nicht auf! Rechnen Sie mit dem Erfolg. Dr. David Reuben schreibt in einem seiner Bücher:

„Fast jeder Mann kann seine Impotenz überwinden. Es gibt eine Minderheit, deren Problem im wesentlichen körperlich bedingt ist, und es gibt eine kleine Gruppe, die die Impotenz wie ein Erkennungszeichen an sich trägt – und sie nicht um alles in der Welt aufgeben würde. Bei der Mehrheit hängt die Wiederherstellung des kraftvollen, befriedigenden Verkehrs vom eigenen Entschluß ab. Mit Entschlossenheit, Mühe und der Liebe einer hingabebereiten Frau kann praktisch jeder Mann bis ins Alter von siebzig, achtzig und mehr Jahren ausgesprochen potent bleiben. Die meisten Männer würden sich das wünschen, wenn sie die Wahl hätten. Die erfreuliche Botschaft lautet: Die meisten Männer haben diese Wahl – ihre ganze Aufgabe besteht darin, die Möglichkeiten zu nutzen."

11

GESUNDE FAMILIENPLANUNG

In einer Stadt im Süden der USA sprach mich nach einem Seminar über Familienleben ein junges Ehepaar an. Er stellte sich als der hauptamtliche Jugendpfarrer des Ortes vor und fragte: „Was ist falsch daran, wenn wir keine Kinder wollen? Wir sind so sehr mit der Arbeit für Christus beschäftigt, daß wir keine Zeit für Kinder haben." Ich fragte: „Soll das nur vorübergehend sein?" Doch sie erklärten, sie wollten überhaupt keine Kinder.

Diese beiden jungen Leute sind kein Einzelfall, und ihre Zahl nimmt heute aus einem einfachen Grund zu: Zum ersten Mal in der Geschichte hat die moderne Wissenschaft dem Menschen eine fast narrensichere Methode der Empfängnisverhütung in die Hand gegeben. In jeder Stadt werde ich nach meinen Vorlesungen von der jüngeren Generation angegriffen, weil ich für eine Familie mit vier oder fünf Kindern plädiere.

In Chicago machte mir ein Paar, das die Universität von Chicago besuchte, klar, daß meine Ansichten über Familienplanung aus der Neandertalerzeit stammen müßten, weil ich Gottes erstes Gebot an den Menschen betone: *„Seid fruchtbar und mehret euch und füllet die Erde" (1. Mose 1, 28)*. Die humanistischen Familienplaner unseres Schulsystems hatten sie einer solchen Gehirnwäsche unterzogen, daß sie die Ablehnung von Kindern für eine vaterländische Pflicht hielten. Ich hatte aber den Verdacht (wie ich ihnen persönlich sagte), daß größtenteils Selbstsucht dahinterstehe. Die Frau wurde wütend und zeigte dabei das Ausmaß ihrer humanistischen Gehirnwäsche, indem sie das Schlagwort der Frauenemanzipation nachplapperte: „Was glauben Sie denn, was ich bin? Eine Kinderfabrik vielleicht? Ich möchte Karriere machen."

Ein junger, humanistisch erzogener Pastor behauptete: „1. Mose 1, 28 gilt nicht mehr, die Welt ist schon überbevölkert. Sie sollten die Menschen zur Planung kleiner Familien anhalten."

Darauf erwiderte ich: „Wer sagt, daß 1. Mose 1, 28 ungültig ist? Gott allein kann seine Gebote widerrufen, und ich kenne keinen Vers im Neuen Testament, der gegen 1. Mose 1, 28 spricht."

Andere bringen die Entschuldigung vor, daß „unsere heutige Zeit so unmoralisch und die Weltlage so bedrohlich sei, daß wir kein Recht haben, Kinder in diese Welt zu setzen." Das ist ein Argument des Unglaubens!

Menschen, die ihre Kinderlosigkeit damit verteidigen, sind sich nicht klar darüber, daß die moralischen Verhältnisse im ersten Jahrhundert unter der Tyrannei Roms und unter der korinthischen Kultur der Griechen schlimmer waren als unsere. Die Kinder der Christen des ersten Jahrhunderts wurden damit fertig, und unsere werden es auch, aber wir müssen ihnen die Vorstellungen vorleben, in denen wir sie erziehen: den Grundsätzen in Gottes Wort zu gehorchen und vom Heiligen Geist erfüllt zu sein.

Wir persönlich haben keine Verantwortung für die Unordnung in dieser Welt. Die Grundsätze Gottes, unter die wir unser Leben stellen, sind nicht schuld an dem Problem. Der Fehler liegt darin, daß die Führer unserer Nation diese Grundsätze verwerfen. Nicht der Glaube an unseren Herrn und Heiland Jesus Christus, sondern der Unglaube und die Ablehnung seines Heilsangebots treibt die Menschheit in die Verzweiflung. Der Mensch mit rein humanistischer Weltanschauung verwirft Gottes Plan für sein Leben und für die Bestimmung der Völker, darum muß er auch die volle Verantwortung für die Folgen übernehmen.

Gründe, Kinder aufzuziehen

Zuerst wollen wir vier Gründe aufzeigen, warum christliche Ehepaare nach Möglichkeit Kinder haben sollten.

1. Kinder sind eine einzigartige Gabe der ewigen Schöpferkraft. Gott gewährte Mann und Frau eine Gabe, die kein anderes Geschöpf der Welt besitzt: ein anderes menschliches Wesen mit freiem Willen, einer ewigen Seele und der Fähigkeit zu schaffen, diese Gabe seinen Kindern zu übertragen. Um es auf eine einfache Formel zu bringen: Mann und Frau haben die Fähigkeit, eine ewige Person zu schaffen. Wo diese Person ihre Ewigkeit verbringen will, liegt natürlich an ihr selbst. Wenn sich Christen gegen Kinder entscheiden, schließen sie praktisch das mögliche Kind vom möglichen Segen des ewigen Lebens aus, wie Gott es eigentlich wollte. Gottes Gebot in 1. Mose 1, 28 zu erfüllen, schließt diese Möglichkeit ein.

2. Kinder sind ein Segen fürs ganze Leben. Der Psalmist sagt: *„Siehe, Kinder sind ein Erbteil vom Herrn, Leibesfrucht ist ein Lohn . . . Wohl dem Mann, der seinen Köcher mit ihnen gefüllt hat"* (Psalm 127, 3 und 5). Der Mensch sieht seine Kinder manchmal unter den Gesichtspunkten „Verantwortung", „Kosten" oder gar als „Unfall", die Bibel aber nennt sie „Segen". Natürlich sehen wir die Probleme und Sorgen einer Familie. Wir selbst haben vier Kinder aufgezogen und eines verloren. Dabei standen wir Krankheit, Versagen, finanziellem Druck und beinahe jeder Schwierigkeit gegenüber, die Kinder und Jugendliche mit sich bringen können. Aber nach achtundzwanzig Jahren Ehe können wir aufrichtig sagen, daß die Freude an unseren Kindern und der damit verbundene Segen jedes Opfer bei weitem überwiegt. Meine Frau und ich sind einer Meinung darin, daß wir keine größere Freude kennen, als daß unsere Kinder in der Wahrheit leben. Sie und unsere Enkel sind unser größter menschlicher Segen.

Jemand meinte, daß entsprechend der jüdischen Tradition ein „Köcher" (Vers 5) fünf Pfeile umfaßte. Wenn das stimmt, könnte es bedeuten, daß der von Gott hier ausgesprochene Segen mindestens fünf Kinder umfaßt. Als ich kürzlich ein Paar traute, sagte mir die Braut, sie wollte sechs Kinder haben:

„Ich komme aus einer Familie mit sechs Kindern, und da hatten wir soviel Freude aneinander, daß ich auch gern sechs hätte."

3. Kinder sind ein sichtbarer Ausdruck der Liebe. Die Zeugung von Kindern ist viel mehr als ein biologischer Akt. Wenn Ehepartner „ein Fleisch" werden, vereinigen sich ihre Erbanlagen in einer gottgegebenen Weise und bringen eine Person zur Welt, in der sie beide verschmolzen sind. So war es Gottes Plan, daß Kinder der Ausdruck der Liebe ihrer Eltern seien. Glücklich die Kinder, die von ihren Eltern so angesehen werden, sie sind ein „Erbe", in dem Segen liegt. Nur in einem Kind kann man sehen, wie sich bestimmte Züge der geliebten Person mit den eigenen in einem anderen Menschen mischen.

4. Durch Kinder erfüllt sich das psychische Programm Ihrer Seele. Gott gebietet Menschen nie etwas, was gegen ihre seelischen Funktionen steht. Die beste Art, die seelischen Mechanismen des Menschen zu studieren, ist das Studium der Gebote Gottes in der Bibel. Denn er schuf die psychische Struktur im Menschen so, daß sie am besten funktioniert, wenn er seinen Geboten gehorcht. Wir nennen das „natürlich". Es ist „natürlich", zu heiraten, Kinder zu zeugen und Großeltern zu werden. Die Seele des Menschen muß schon sehr verwirrt sein, um etwas „Unnatürliches" bei der Vater- und Mutterschaft zu empfinden. Gott gab der menschlichen Seele bestimmte Instinkte mit, die in Übereinstimmung mit seinen Geboten zu arbeiten fähig sind. Diese bewirken das „natürliche" Gefühl, das für ein glückliches Leben wichtig ist. Die Paare, die keine Kinder bekommen können, sollen sich „an Gottes Gnade genügen lassen". Aber die natürliche Sehnsucht der Menschheit nach Familienleben wird für Ehepaare eine lebenslange Leere und mangelnde Erfüllung bedeuten, wenn sie aus Selbstsucht keine Kinder haben wollen.

Der Hauptfeind des persönlichen Glücks ist Selbstsucht. Nichts zwingt eine Person mehr, über die Grenzen der Selbstsucht hinauszuwachsen als die Verantwortung für ein eigenes Kind. Die Tatsache, daß viele Erwachsene nie reif werden und sogar ihre Kinder mißhandeln, ändert nichts daran, daß für die meisten Menschen Kinder ein Segen sind, den sie zur Erfüllung nicht nur ihrer Bestimmung, sondern ihres Lebens brauchen.

Eltern werden nach Plan

Aus der Betrachtung des bisher Gesagten könnte der Leser schließen, daß wir Familienplanung ablehnen, aber das ist nicht der Fall. Die Bibel sagt nichts über die Zahl der Kinder, die man haben sollte. Gott überläßt uns die Entscheidung. Wir persönlich glauben nicht, daß er gegen die Begrenzung der Familie ist, aber wir glauben sehr wohl, daß er die völlige Ablehnung von Kindern nicht billigt.

Fast alle Christen halten heute an einer Begrenzung der Familie fest. Nach medizinischen Erkenntnissen kann eine normale Frau ohne Geburtenkontrolle in ihren fruchtbaren Jahren zwanzig Kinder bekommen. Da wir aber noch nie eine christliche Familie mit zwanzig Kindern angetroffen haben, vermuten wir, daß sie irgendeine Methode zur Verminderung dieser möglichen Zahl anwenden. Realistisch gesehen sollte jedes Paar, von Gebet und Nachdenken geleitet, die Zahl von Kindern zur Welt bringen, die es in der rechten Weise dazu erziehen kann, Gott zu dienen. Jedes Kind sollte man als Gottes Gabe begrüßen.

Methoden zur Geburtenkontrolle

Die Methoden zur Geburtenkontrolle sind vielfältig, wir kennen zwei Hauptgruppen: umkehrbare und endgültige.

Wir wollen uns zuerst die reversiblen Methoden ansehen, weil es die einzigen sind, die ein junges Paar anwenden kann, bis es völlige Gewißheit erlangt hat, daß es keine weiteren Kinder will.

Das staatliche Ministerium für Ernährung und Gesundheit (USA) veröffentlichte eine·Liste, die die gebräuchlichsten Methoden zur Empfängnisverhütung in der Reihenfolge ihrer Sicherheit aufführt. Wir wollen jede vorstellen, und auch die Zahl der ungewollten Schwangerschaften von tausend Frauen anführen, die vermutlich die jeweilige Methode richtig anwandten. Nach dieser Unsicherheitsrate werden wir die Kosten pro Monat und eine Zusammenfassung der Beschreibung von Dr. Ed Wheat über die Methode aufführen.

1. Die Pille. Am wirksamsten ist die Pille: zwischen einer und fünf Schwangerschaften auf tausend Frauen. Die Kosten betragen zwischen fünf und zehn DM pro Monat.

Man schätzt, daß acht bis zehn Millionen Frauen in den USA die Pille nehmen. Als sie zum ersten Mal auf dem Markt erschien, ließ die Zahl der nachgewiesenen ungünstigen Nebenwirkungen noch viele Frauen zurückschrecken. Die moderne Forschung hat aber viele dieser Nebenwirkungen durch die Entdeckung abgebaut, daß eine geringere Dosierung genauso wirksam und bei Einnahme über längere Zeiträume hinweg sogar sicherer ist. Statistisch gesehen bedeutet die Pille keine größere Gefahr für Leben und Gesundheit als Rauchen.

Die Pille ist etwa $1/4$mal so groß wie eine gewöhnliche Aspirintablette und muß ärztlich verordnet werden. Bei verschiedenen Arten muß man täglich eine Tablette an zwanzig, einundzwanzig oder achtundzwanzig aufeinanderfolgenden Tagen im Monat einnehmen. Werden die Pillen nach Vorschrift eingenommen, so kann man damit rechnen, daß sie die Ovulation hemmen, weil keine Eizelle reift. So kann der Samen ohne weiteres in die Eileiter eindringen, ohne daß die Gefahr der Empfängnis besteht.

Damit bieten die oral eingenommenen Pillen den Vorteil eines ständigen Schutzes.

2. Kondom mit Creme oder Schaum. Wenn das Kondom in Verbindung mit spermientötendem Gelee, Creme oder Schaum verwendet wird, liegt die Unsicherheit bei weniger als zehn Schwangerschaften auf tausend Frauen. Es kostet etwa 1,– DM.

Das Kondom, oft auch als Präservativ bezeichnet, findet in den Vereinigten Staaten wenig Beachtung, denn es ist ungesetzlich, öffentlich dafür zu werben oder es auszustellen. Das Kondom ist aber das weltweit am häufigsten verwendete Mittel zur Schwangerschaftsverhütung und das am zweithäufigsten angewandte Mittel in den USA. Das Kondom bietet viele Vorteile. Es ist ohne ärztliches Rezept in jeder Drogerie erhältlich, es hat keine Nebenwirkungen, man kann die Wirkung sofort nach dem Verkehr sehen, es ist einfach und leicht im Gebrauch, und es überträgt dem Mann die Verantwortung für die Geburten was manche Frauen für einen beachtlichen Vorteil halten.

Meist werden dem Kondom bestimmte Nachteile zugeschrieben. Erstens kann es die Empfindungen des Penis herabsetzen; das ist allerdings für manche Paare ein Vorteil, da die Ejakulation des Mannes dadurch verzögert wird. Zweitens wird dabei das sexuelle Vorspiel unterbrochen, aber diesen Einwand kann man leicht entkräften, wenn als Teil des erotischen Vorspiels die Frau das Kondom liebevoll über den Penis ihres Mannes zieht. Drittens ist das Kondom ohne starke Befeuchtung für die Frau unangenehm, aber dies kann man durch den Kauf vorbefeuchteter, luftdicht verpackter Kondome oder durch die Verwendung eines spermientötenden Gels zur besseren Gleitfähigkeit vermeiden. Verwenden Sie kein Gleitmittel auf Erdöl-Basis, das kann dem Gummi schaden. Zweckmäßigerweise gibt man auch etwas Gleitmittel ins Innere des Kondoms, um die Spitze des Penis selbst gleitfähig zu machen. Es gibt die Möglichkeit, daß ein Kondom einen Schaden, etwa ein winziges, nicht erkennbares Loch aufweist. Aber auch damit läge die Wahrscheinlichkeit für eine Schwangerschaft unter eins zu drei Millionen.

Viele Paare wissen nicht, daß sie auch ein hochwertiges Latex-Gummikondom kaufen und dieses dann öfter verwenden können. Man muß es gründlich mit Wasser und Seife waschen, mit einem Tuch trocknen und es mit Talkumpuder oder Stärkemehl pudern, dann gründlich überprüfen, indem man es wie einen Ballon aufbläst und es gegen ein starkes diffuses Licht hält. Wenn keine Risse erscheinen, zieht man das Kondom über Zeige- und Mittelfinger und rollt es bei gespreizten Fingern in seine ursprüngliche Form auf.

Alles in allem bleibt das Kondom die weltweit verbreitetste und allgemein verständliche Methode zur Empfängnisverhütung. Wenn man es richtig verwendet, wirkt es sehr gut. – Der Weltmarkt außerhalb der USA wird von Großbritannien und Japan beliefert. Dort wird ein wesentlich dünneres Kondom hergestellt als in den USA, dem die meisten Männer auch den Vorzug geben, wenn sie die Wahl haben.

3. Die Spirale. Die Schwangerschaftswahrscheinlichkeit für die intrauterine Spirale beträgt etwa fünfzehn bis dreißig Schwangerschaften auf tausend Frauen jährlich im ersten Jahr, danach liegt sie niedriger. Das bedeutet eine größere Wirksamkeit als bei jeder anderen mechanischen Methode der Empfängnisverhütung, ausgenommen dem Kondom mit spermientötender Creme oder Gel. Die Kosten zum Einsetzen einer Spirale betragen gewöhnlich etwa 80,– DM, wahrscheinlich die niedrigsten Kosten aller Methoden zur Geburtenkontrolle.

Allerdings gibt es bei dieser bequemen Methode der Geburtenregelung auch einen ethischen Aspekt: Da die Spirale die Einnistung des befruchteten Eies in der Gebärmutter verhindert, sprechen viele Christen in diesem Zusammenhang von Abtreibung. Deshalb dürfte die Spirale nicht ein geeignetes Verhütungsmittel sein.

4. Das Pessar. Das Scheidenpessar soll im Durchschnitt sechsundzwanzig Schwangerschaften pro tausend Frauen zulassen und kostet etwa 30,– DM beim Einsetzen und dazu 30 Pfennig bei jedem Gebrauch.

Das Pessar ist eine starke, leichte Gummikappe, etwas kleiner als die Handfläche. Es war die erste medizinisch anerkannte Methode zur Schwangerschaftsverhütung und wurde vor etwa achtzig Jahren entwickelt. Der dünne Rahmen des Pessars besteht aus einer ringförmigen, gummiüberzogenen Metallfeder. Da die Feder elastisch ist, kann man das ganze Pessar zusammendrücken und leicht in die Vagina einführen. Man läßt es dann im oberen Teil der Vagina los, wo es den Gebärmuttermund wie ein Kuppeldach abdeckt.

Die Entfernung zwischen der Rückwand der Vagina und dem Schambein ist von Frau zu Frau verschieden. Aus diesem Grunde fertigt man Pessare in verschiedenen Größen an. Während einer Untersuchung des Beckenraums, die der Frau keine Unannehmlichkeiten bringt, muß der Arzt diese Entfernung messen, um das richtige Pessar auszuwählen. Nach den entsprechenden ärztlichen Anweisungen muß man das Pessar vor dem Geschlechtsverkehr einsetzen, am besten einige Stunden vorher. Wenn das Pessar gut paßt, sollte kein Partner etwas von seiner Anwesenheit spüren.

Das Pessar wirkt als Barriere und Sperre und verhindert, daß Samen in den Uterus eindringt, aber zur vollen Wirksamkeit muß man es an der dem Cervix zugewandten Seite mit einem spermiziden Gel oder Creme einreiben. Wenn man ein künstliches Gleitmittel beim Verkehr wünscht, wählt man ein Gel, wenn man kein Gleitmittel braucht, nimmt man eine empfängnisverhütende Creme.

Die spermiziden Mittel bringt man auf das Pessar, um alle Spermien bei Berührung zu töten. Wir müssen aber warnen: Ein Pessar ohne spermizide Mittel ist fast nutzlos. Man kann dasselbe Pessar viele Jahre lang verwenden, wenn man keine Risse darin findet.

Das Pessar ist eine weit verbreitete, bewährte Methode, die vielen Frauen zusammmen mit dem Spermizid die Sicherheit einer mechanischen Sperre bietet. Es hat keine Auswirkungen auf eine zukünftige Schwangerschaft.

5. *Schaumpräparate*. Ein Spermizide enthaltender Schaum, der in die Scheide gebracht wird, ist ebenfalls seit über dreißig Jahren in Gebrauch. Die Sicherheitsquote liegt bei etwa sechsundsiebzig Schwangerschaften auf tausend Frauen. Das Mittel kostet bei jedem Gebrauch etwa 30 Pfennig.

Allein verwendete Spermizide zur Empfängnisverhütung enthalten Chemikalien, die in der Vagina die Samenzellen abtöten, ohne das zarte Scheidengewebe zu schädigen. Diese Mittel sind in verschiedenen Ausführungen erhältlich – als Schaum, Creme, Gel, Tabletten oder Zäpfchen – und werden mit einem dünnen Gerät aus Plastik in die Scheide gebracht, das automatisch die richtige Menge bemißt. Sie sind so wirksam, daß nur einmaliges Einbringen vor jedem Geschlechtsakt nötig ist und die Frau nach ihrem Gebrauch nicht duschen muß. Eigentlich sollte sie überhaupt wenigstens sechs Stunden mit dem Duschen warten. Schaum hat deutlich mehr Erfolg als Zeitwahl, Unterbrechung des Koitus, Zäpfchen oder Duschen. Viele Frauen halten diese Methode für sicher, wirksam und verläßlich.

6. Zeitwahlmethode. Die älteste und gleichzeitig am wenigsten wirksame Methode zur Empfängnisverhütung ist die Zeitwahlmethode. Man rechnet dabei mit etwa 140 Schwangerschaften auf tausend Frauen. In unseren Familienseminaren heißt es oft scherzhaft, daß „man die Leute, die die Zeitwahlmethode praktizieren, auch Eltern nennt".

Die Zeitwahlmethode zur Empfängnisverhütung erfordert Enthaltsamkeit vom Geschlechtsverkehr während der Tage gleich nach dem Eisprung. Man versucht dabei, die Empfängnis zu vermeiden, indem nur dann Samen die Frau erreicht, wenn gerade keine reife Eizelle vorhanden ist. Bei dieser Methode werden keinerlei Mittel angewendet.

Man kann den Eisprung auf zwei Arten vorausberechnen. Die erste Art bezeichnet man als Temperaturmethode, bei der die Frau jeden Morgen vor dem Aufstehen ihre Körpertemperatur mißt. Ein leichtes Abfallen der Temperatur, dem ein erhebliches Ansteigen folgt, zeigt gewöhnlich an, daß in der Zeit der Abnahme der Eisprung erfolgte. Man muß die Messungen über viele Monate hin sorgfältig durchführen, denn nur nach Aufzeichnung der Körpertemperatur über mehrere aufeinanderfolgende Monate kann man die Zeit des Eisprungs einigermaßen verläßlich vorhersagen.

Die zweite Methode zur Vorhersage des Eisprungs erfordert die Aufzeichnung der Menstruationszyklen der Frau über mindestens acht Monate oder im Idealfall ein Jahr. Das bedeutet, daß sie im Kalender über ihre Menstruationsblutungen Buch führen muß – daher der Name „Kalendertechnik". Man kann dann nach einer Formel aus diesen Daten die Tage feststellen, an denen die Ovulation aller Wahrscheinlichkeit nach erfolgt.

Die Ovulation tritt meistens zwei Wochen vor dem Beginn der Regelblutung ein. Eine Frau mit einem regelmäßigen Zyklus von achtundzwanzig Tagen wird also um den vierzehnten Tag ovulieren. Dabei berechnet man drei Tage vor und nach dem Eisprung, um die Lebensdauer der Eizelle und der Samenzellen zu berücksichtigen. Die fruchtbaren oder unsicheren Tage dauern also vom elften bis zum achtzehnten Tag. Vom achtzehnten Tag an liegt normalerweise keine Eizelle zur Befruchtung bereit und deshalb findet eine Empfängnis voraussichtlich nicht statt. Auch die Tage vor dem elften Tag hält man nicht für unbedingt sicher, aber die Wahrscheinlichkeit einer Schwangerschaft ist aufgrund der Lebensdauer der Spermien weit weniger gewiß.

Bei den aufgezeichneten Daten der Menstruationszyklen zieht man achtzehn von der Zahl der Tage des kürzesten Zyklus und elf von der Tageszahl des längsten Zyklus ab. Die Tage dazwischen betrachtet man als fruchtbare oder unsichere Tage. Die gebotene Enthaltsamkeit an bestimmten Tagen ist noch das geringste Problem bei dieser Methode.

Schwierig ist es, festzustellen, wann Enthaltsamkeit notwendig ist. Leider kann man das für die einzelne Frau nicht immer genau erkennen, weil der Menstruationszyklus oft unregelmäßig und nie so zuverlässig verläuft, wie es auf dem Kalender aussieht. Wenn die Periode einer Frau unregelmäßig ist, sind auch die sicheren und unsicheren Tage unregelmäßig. Dazu können Krankheit, Schreck oder andere körperliche und seelische Veränderungen den Menstruationszyklus stören und die Berechnung des Eisprungs ungültig machen.

Als praktischen Vorschlag zur wirksamen Anwendung der Zeitwahlmethode, ohne sich zu einer kaum zu schaffenden Selbstbeherrschung zu zwingen, kann man mit ziemlicher Sicherheit in einem Satz sagen: Eine Woche vor der Periode und etwa fünf Tage nach der Periode braucht man keine Verhütungsmittel, in der übrigen Zeit sollte man sie aber sorgfältig verwenden.

7. *Koitus interruptus*. Enthaltsamkeit und Koitus interruptus sind zwei der gebräuchlichsten Methoden, die man am wenigsten empfehlen kann. Wir wissen, daß Enthaltsamkeit vom Geschlechtsverkehr zur Verhütung einer Schwangerschaft kein verdienstvolles Handeln ist, denn 1. Korinther 7, 3 sagt uns: *„Der Mann leiste der Frau die schuldige Pflicht, ebenso aber auch die Frau dem Manne."* In diesem Bibelabschnitt (Verse 3–5) wird jedem Mann und jeder Frau streng geboten, alles zur Befriedigung des Ehepartners zu tun. Es wird gar keine andere Wahl gelassen.

Die andere Methode zur Geburtenkontrolle ist der Koitus interruptus oder die Unterbrechung des Beischlafes. Man sieht sie deshalb meist als unbefriedigend an, weil sie gerade dann höchste Zurückhaltung von den Partnern verlangt, wenn beide sich im Liebesakt der gegenseitigen völligen Hingabe erfreuen sollten. Bei ihr wird auch nicht in Betracht gezogen, daß gewöhnlich schon einige Spermien in der Gleitflüssigkeit vorhanden sind, die der Penis während der sexuellen Erregungsphase vor dem Höhepunkt der Ejakulation absondert. Zur Befruchtung der Eizelle bedarf es jedoch nur eines Spermiums, und das kann schon vor der Ejakulation auf seinem Weg sein. Noch aus einem weiteren Grund halten wir diese Methode nicht für gut: Die Frau kommt auf diesem Wege fast nie zum Orgasmus.

Unwiderrufliche Geburtenkontrolle

Wir kommen nun zu der irreversiblen Methode der Geburtenkontrolle – der Vasektomie. Dabei handelt es sich um eine einfache Operation beim Mann, die man gewöhnlich in der Arztpraxis durchführt und die etwa 200 bis 500 DM kostet.

In Kapitel 4 beschrieben wir den kleinen, als Vas deferens bezeichneten Kanal, der vom Hoden aufwärts zu den Samenbläschen nahe der Prostata führt. Diese Röhre hat etwa die Stärke einer einfachen Kugelschreibermine. Wenn der Mann die lose Haut des Hodensacks zwischen Hoden und Körper greift, kann er durch Rollen diese kleine Röhre zwischen Daumen und den Fingern spüren.

Bei der Operation ergreift der Arzt eine Schlinge der Röhre mit einem scharfen Greifinstrument, macht einen kleinen (etwa einen Zentimeter langen) Einschnitt in die Haut des Skrotums und bringt dadurch die Schleife der Röhre nach außen. Dieser Hautschnitt ist gewöhnlich so klein, daß es nach der Operation keiner Naht bedarf, vor allem, weil die Haut des Skrotums so lose hängt.

Ein zwischen ein und fünf Zentimeter langes Stück dieses Kanals wird dann entfernt. Ein älterer Mann, der auf spätere Wiederherstellung des alten Zustandes verzichten will, kann dem Arzt vorschlagen, ein besonders langes Stück zu entfernen. Vor allem die Länge des entfernten Abschnitts garantiert den Erfolg der Operation. Dieser Erfolg wird nur dann gefährdet, wenn sich ein neuer Kanal durch das Narbengewebe zwischen den beiden zerschnittenen Enden bildet. Der Arzt kann auch die zerschnittenen Enden des Vas deferens verätzen, um die Möglichkeit der Neubildung des Kanals zu vermindern. Man kann die Vasektomie auch notfalls rückgängig machen. Wir raten aber jedem Mann, der eine Vasektomie erwägt, sie als unwiderruflichen Eingriff zu betrachten, und sie nur dann durchführen zu lassen, wenn er und seine Frau im Gebet die Gewißheit erlangt haben, daß sie keine Kinder mehr haben sollten. Ein Mann ließ einmal eine solche Operation vornehmen. Dann starb seine Frau. Er heiratete ein zweites Mal und konnte dann zu seinem Kummer und großem Leid seiner zweiten Frau keine Kinder mehr haben. Kein christliches Ehepaar sollte diese Operation leichtnehmen oder sie ohne sorgfältige Überlegungen überstürzt vornehmen lassen.

Zusammenfassung

Jedes Ehepaar muß Klarheit über die Zahl der Kinder im Gebet finden. Am besten plant man im voraus. Gott führt uns, wenn wir seinen Willen suchen. Prüfen Sie genau, ob Sie nicht unter allzugroßem Einfluß unserer heutigen humanistischen Philosophie stehen und suchen Sie den Willen Gottes zu erkennen, wie er in seinem Wort offenbart ist.

12

UMFRAGE ZUR SEXUALITÄT IN DEN USA

Bis vor kurzem hatte man allgemein den Eindruck, daß Christen oder stark religiöse Menschen der Sexualität abweisend oder zumindest unklar gegenüberständen. Sie schienen darin mehr eine Möglichkeit zur Fortpflanzung zu sehen als ein Angebot Gottes zur Freude. Als Berater wußten wir, daß das in Wirklichkeit nicht zutraf. Seit vielen Jahren sind wir der Überzeugung, daß verheiratete Christen ein ebenso gutes oder in vielen Fällen besseres Geschlechtsleben genießen als ein Durchschnittsehepaar. Wenn auch viele Menschen, die wir beraten, auf diesem Gebiet Schwierigkeiten haben, so kennen wir doch viele Christen, die keine Beratung nötig haben. Ihre gelegentlichen Bemerkungen und ihr Umgang miteinander lassen auf ein sehr erfülltes Liebesleben schließen. Die meisten Christen sind allerdings nicht sexbesessen und brauchen daher keine schmutzigen Geschichten, Pornographie oder künstliche Reizmittel, um einander zu erregen. Sie freuen sich nach Gottes Plan einfach Jahr für Jahr an ihrer Liebe.

Dafür gibt es mehrere Gründe: Die Beziehung des Christen zu Gott gibt ihm große Möglichkeiten, Liebe zu verschenken und zu empfangen.

Die Frucht des Geistes (Liebe, Freude, Friede, Güte usw. – siehe Galater 5, 22 und 23) nimmt den Geist des Hasses und der Verbitterung weg, der ein anregendes Liebesleben zerstört. Dazu kommt, daß Menschen, die sich herzlich lieben, eher das Bedürfnis haben, einander zu befriedigen, einander kennenzulernen und nicht eigensüchtig miteinander umzugehen. Das bereichert natürlich auch ihr Liebesleben.

Wer glaubt, daß mittelalterliche Anschauungen über Sexualität in christlichen Kreisen heute noch verbreitet sind, ist falsch informiert. Die „Viktorianische Moral" wurde sicher nicht von geisterfüllten Bibelkennern geprägt, sondern entsprach einer kulturellen Reaktion in einer Zeit, in der man die Bibel kaum kannte. Man kann wahres Christentum nicht verantwortlich machen für die sexuelle Leere vieler Ehepaare, die unter dem Einfluß dieser Zeitströmung standen, denn die Bibel sieht von jeher die eheliche Liebe als heiligen und lebenswichtigen Bereich in einer glücklichen Ehe an.

Ein wesentlicher Grund für das Schreiben dieses Buches bestand darin, daß wir eine Umfrage über Sexualität erheben sollten. Wir wollten ein für allemal unsere These erhärten oder sie als widerlegt abhaken, daß echte Christen an ihrem Liebesleben mehr Freude haben als Nichtchristen.

2300 Paare nahmen freiwillig an der Umfrage teil, die endgültige Zahl der vollständig zurückgesandten Fragebogen betrug im ganzen 3377, davon: 1705 Frauen und 1672 Männer.

Die Antworten auszuwerten war eine ungeheure Arbeit. Als die Umfrage schließlich codiert und in den Computer eingegeben war, erhielten wir sechzehn Pfund Papier mit Daten, die auf großen Bögen ausgedruckt waren. Nun besaßen wir zum ersten Mal echte Informationen über das Intimleben einer hinreichend großen Zahl von Christen, um daraus eine allgemein gültige Statistik ableiten zu können. Wir freuten uns über das Ergebnis, nicht nur weil es unsere These bestätigte, sondern auch, weil es wertvolle Daten bietet.

Während wir die Daten für dieses letzte Kapitel sammelten, veröffentlichte die Zeitschrift „Redbook" eine Befragung von 100 000 Frauen, die sich einem ähnlichen Versuch unterzogen hatten. Ohne Zweifel ist es die bisher größte Umfrage zu diesem Thema, und auch sie betont, daß „die stark religiöse Frau sexuell aufgeschlossener ist als andere Frauen ihres Alters".

Der Grund liegt auf der Hand – wenn eine Frau die biblische Lehre über die körperliche Liebe wirklich versteht, leidet sie kaum unter Hemmungen und kann die Liebesbezeigungen ihres Mannes offen annehmen.

Aus einem Vergleich unserer Umfrage mit der von „Redbook" können wir viele interessante Schlüsse ziehen. Die „Redbook"-Umfrage wurde an „religiöse und nichtreligiöse Menschen" gerichtet, während wir bis zu ihrem Erscheinen fast keine Vergleichsergebnisse aus nichtreligiösen Bevölkerungskreisen hatten. 89 Prozent der von uns Befragten bekennen, wiedergeborene Christen zu sein. Die von „Redbook" als „stark religiös" Bezeichneten sind zu 20 Prozent Katholiken und zu 80 Prozent Protestanten, man kann aber auf keine Weise erkennen, wie viele davon eine persönliche Beziehung zu Jesus Christus haben. Von den Frauen aus unserer Umfrage hatten 10 Prozent einen höheren Grad sexueller Freude, häufigere Liebesbeziehungen im Monat und eine aktivere Rolle beim Koitus als die „stark religiöse" Vergleichsgruppe in „Redbook", außerdem erreicht sie insgesamt bessere Ergebnisse als die durchschnittliche „nichtreligiöse" Frau in der „Redbook"-Umfrage.

Nach sorgfältigem Studium des ersten „Redbook"-Artikels stellten wir fest, daß die Ergebnisse im Grunde mit unseren übereinstimmen. Der einzige Unterschied bestand im Prozentanteil, der durch den religiös bedingten Unterschied zwischen ihrer mehr gemischten und unserer vorwiegend bewußt christlichen Untersuchungsgruppe erklärt werden kann.

Auf der Grundlage dieser beiden Umfragen sind wir nun noch mehr zu der Überzeugung gekommen, daß unsere ursprüngliche Vermutung zu Recht besteht – daß Christen die Schönheit der ehelichen Liebe mehr als andere Menschen unseres Kulturkreises genießen.

13

DIE FEHLENDE DIMENSION

Der Mensch besteht aus drei Bereichen: dem Körper, dem Geist und der Seele. Die heutige humanistische Philosophie, die den Menschen auf Körper, Geist und Gefühle reduziert, ist in unseren Augen eine der wichtigsten Ursachen ehelicher Zwietracht in der heutigen Welt.

Wir sind überzeugt, daß der seelische Anteil des Menschen – diese oft vernachlässigte Dimension – der bedeutendste dieser drei Bereiche ist.

Er umfaßt Wille, Verstand und Gemüt. Um den Einfluß der Seele auf die anderen Bereiche darzustellen, wollen wir alle drei einzeln untersuchen.

1. Der Körper. Wir alle sind uns des körperlichen Bereichs unseres Wesens bewußt. Er umfaßt unsere Körperfunktionen und ist bei der Betrachtung der ehelichen Liebe von äußerster Wichtigkeit.

2. Der Geist. Der Geist ist der komplizierteste Apparat, den wir Menschen kennen. Manche bezeichnen ihn als den kompliziertesten Computer der Welt. Der Erinnerungsspeicher unseres Gehirns registriert die Eindrücke des Lebens, die unsere Vorurteile, Sympathien und Abneigungen beeinflussen und so indirekt unsere Gefühle hervorbringen. Menschen, die zum Beispiel eine dauernde Abneigung gegen Sexualität haben, leiden nicht unter einer körperlichen Störung, sondern unter einer geistigen Verirrung, die sich auf ihre Gefühle auswirkt und die normale körperliche Ausdrucksfähigkeit hemmt. Wenn man daher geistige Irrtümer durch richtige Vorstellungen ersetzt, verschwinden gewöhnlich die Hemmungen gegenüber positiven Gefühlen, und der einzelne oder das Paar erlebt die normalen körperlichen Reaktionen.

3. Die Seele. Die am wenigsten bekannte Seite des Menschen ist die Seele. Sie ist der Sitz aller Gefühle, der guten wie der bösen – der Liebe und des Hasses, der Freude und der Verbitterung. Sind die Gefühle eines Menschen in Ordnung, hat er auch mit seinen Körperfunktionen keine Probleme.

Wenn man die Wirklichkeit dieser seelischen Seite seines Menschseins ignoriert, vergrößert man seine Probleme, weil man gegen die Gesetze Gottes verstößt. Interessanterweise wachsen die Probleme mit dem Alter. Es ist kein Wunder, daß viele Menschen in unserer Kultur einen Ausweg aus ihrem Unglück über Drogen, Alkohol und eine Reihe anderer Dinge zu finden suchen. Jeder, der die seelische Seite seines Wesens vernachlässigt, tut das auf eigene Gefahr, denn Gott gab ihm diesen notwendigen Bereich als Stütze für Geist und Körper. Wenn ein Mensch von dieser gewaltigen Kraftquelle in sich nichts wissen will, gleicht er einem Acht-Zylinder-Auto, das auf sechs Zylindern läuft. Er kann nur begrenzt „funktionieren" und nie so ausgeglichen und wirkungsvoll leben, wie Gott es für ihn gewollt hat.

Jeder Mensch wünscht sich Glück für sich selbst und für seine Lieben. Wir glauben aber, daß kein Mensch zum vollkommenen Glück finden kann, wenn er nicht die seelische Leere in seinem Leben ausfüllt. Wir wollen vier Schlüsselsätze betrachten, die zum Ausfüllen dieses Vakuums helfen können und zu dem Glück führen, das sich jeder Mensch wünscht.

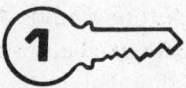 **Gott liebt den Menschen und hat ihm eine Seele gegeben, durch die er sich der Nähe Gottes bewußt wird.**

„Denn also hat Gott die Welt geliebt, daß er seinen eingeborenen Sohn gab, auf daß alle, die an ihn glauben, nicht verloren werden, sondern das ewige Leben haben" (Johannes 3, 16).

An nichts sollten die Menschen mehr denken als daran, daß

214

Gott sie liebt, einerlei wie sich ihre Lebensumstände äußerlich gestalten. Gott liebt den Menschen! Das Opfer seines Sohnes am Kreuz ist das geschichtliche Denkmal dafür. Man kann dies durchaus persönlich auffassen und sagen: „Gott liebt mich!"

Gott will auch, daß wir uns in seiner Nähe wohl fühlen. *„Gott ist Geist, und die ihn anbeten (Gemeinschaft mit ihm haben), müssen ihn im Geist und in der Wahrheit anbeten"* (Johannes 4, 24).

Wie wir schon sahen, fühlt der Mensch eine Leere, wenn er sich nicht an der einzigartigen Gemeinschaft mit Gott freut.

Die Liebe des Menschen zum Rationalismus, der auf atheistischen humanistischen Vorstellungen aufbaut, „streicht" den Menschen auf zwei Bereiche zusammen. Die Tragik dieser Philosophie liegt darin, daß sie ihn völlig auf seine eigenen Hilfsquellen beschränkt und so sein Leben sinnlos macht. Das war aber nie die Absicht des Schöpfers.

 **Der Eigenwille des Menschen und die Sünde zerstören sein geistliches Leben, trennen ihn von Gott und machen ihn unglücklich.**

„Alle haben gesündigt und ermangeln der Herrlichkeit Gottes" (Römer 3, 23).

Der Mensch ist anders als das Tier – von Geburt an mit einem freien Willen ausgestattet, um den Herrscher für sein Leben frei zu wählen. Er kann die Freude der Gemeinschaft mit Gott erlangen oder seinen eigenen Willen durchsetzen und unabhängig von Gott leben. Von dieser Entscheidung hängt es ab, ob er geistliches Leben hat oder ob seine Fähigkeit zu dauerndem Glück zerstört wird.

Der Mensch ist von Gott getrennt

„Denn der Tod ist der Sünde Sold" (Römer 6, 23). Da Gott heilig ist, trennen den Menschen die alltäglichen Sünden, die er

begeht, von Gott, wenn sein Ich sein Leben beherrscht. Nach der Lehre der Bibel wird kein Sünder „*das Reich Gottes ererben*" *(Galater 5, 21)*.

Der Mensch versucht gewöhnlich, seine Gemeinschaft mit Gott durch gute Werke, Religion, Philosophie oder Kirchenzugehörigkeit herzustellen. Er findet aber in sich selbst keine Hilfe zur Rettung. „*Nicht um der Werke der Gerechtigkeit willen, die wir getan hätten, sondern nach seiner Barmherzigkeit rettete er uns*" *(Titus 3, 5)*. Auch die ernsthaftesten Versuche des Menschen können nie seine Gemeinschaft mit Gott oder sein Glück herstellen.

Der
heilige
Gott

Die Sünde
trennt den
Menschen
von
Gott

Der
sündige
Mensch

Obwohl die Bibel viele Erscheinungsformen der Sünde beschreibt, werden doch alle durch die Auflehnung gegen den Willen Gottes verursacht.

Jesus Christus ist Gottes einzige Antwort auf die Sünde des Menschen. Durch ihn kann man Gemeinschaft mit Gott erlangen und das Glück erfahren, das er für uns bereit hat. Die Bibel lehrt, daß Christus als Stellvertreter für den Menschen starb.

„*Aber der Herr warf unser aller Sünde auf ihn*" *(Jesaja 53, 6)*.

„*Gott aber beweist seine Liebe gegen uns damit, daß Christus für uns gestorben ist, als wir noch Sünder waren*" *(Römer 5, 8)*.

„*In ihm (Christus) haben wir die Erlösung durch sein Blut,*

216

die Vergebung der Sünden, nach dem Reichtum seiner Gnade (Epheser 1, 7).

Christus ist der einzige Weg zu Gott

Jesus sagt: *„Ich bin der Weg, die Wahrheit und das Leben, niemand kommt zum Vater, denn durch mich" (Johannes 14, 6).*
   Er sagt auch: *„Ich bin die Tür. Wenn jemand durch mich eingeht, wird er gerettet werden" (Johannes 10, 9).*

Gott bietet eine tragfähige Brücke an, um den sündigen Menschen in die Gemeinschaft mit ihm zu bringen: das Kreuz, an dem sein eigener Sohn für die Sünden der ganzen Welt gekreuzigt wurde. *„Christus ist gestorben für unsere Sünden nach der Schrift . . . und ist auferstanden am dritten Tage nach der Schrift" (1. Korinther 15, 3 und 4).*

Geben Sie Ihren Eigenwillen auf und nehmen Sie Jesus Christus durch persönliche Einladung als Herrn und Heiland an, um diese Gemeinschaft und dieses Glück herzustellen.

Die drei Schritte zur Annahme Christi

1. Reue. „*Wenn ihr nicht Buße tut (euch vom Eigenwillen ab-kehrt und Gottes Willen zuwendet), werdet ihr alle auch so um-kommen*" *(Lukas 13, 3).* Buße bedeutet die Bereitwilligkeit, sich von den eigenen Wegen, dem Eigenwillen abzukehren und den Wegen Gottes zu folgen. Manche meinen, sie müßten sich bei der Bekehrung von ihren Sünden abwenden, aber das kön-nen sie gar nicht, wenn sie nicht von Gott Vergebung empfan-gen. Er allein kann den Menschen verwandeln und ihn von sei-nen Sünden befreien.

2. Glaube. „*Wie viele ihn aber aufnahmen, denen gab er Macht, Gottes Kinder zu werden, die an seinen Namen glau-ben*" *(Johannes 1, 12).* Das Wort „glauben" bedeutet im ei-gentlichen Sinn „*sich vollkommen auf sein Wort stützen und verlassen*".

3. Annehmen. „*Siehe, ich stehe an der Tür (deines Lebens) und klopfe an. Wenn jemand meine Stimme hört und die Tür öffnet, so werde ich zu ihm hineingehen und das Nachtmahl (Gemeinschaft) mit ihm einnehmen und er mit mir*" *(Offenba-rung 3, 20).*

Christus als Herrn und Heiland annehmen

Wenn man Jesus Christus als Herrn und Heiland annimmt, übergibt man ihm die Kontrolle über sein Leben und macht ihn so zum Herrn des Lebens. Auf Ihre Einladung hin kommt er in Ihr Leben, reinigt es von den Sünden der Vergangenheit und übernimmt die Verantwortung für Ihre Zukunft.

Die beiden nebenstehenden Skizzen zeigen die beiden Mög-lichkeiten geistlichen Lebens. Das Ich-zentrierte Leben zeigt unser Selbst auf dem Thron; das Ich trifft die Lebensentschei-dungen, wobei Christus symbolisch außerhalb des Lebens steht. Ein solcher Mensch kann religiös, nichtreligiös, Atheist, Verbrecher oder Idealist sein, das ist im Grunde einerlei. Wenn das Ich auf dem Thron sitzt, fehlt in jedem Fall Gottes Dimen-

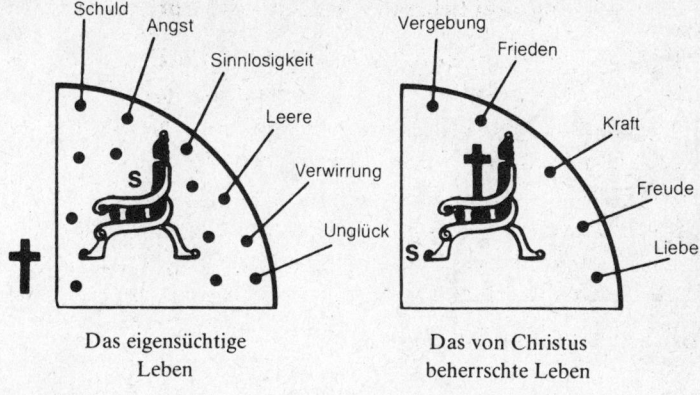

Schuld
Angst
Sinnlosigkeit
Leere
Verwirrung
Unglück

S

Das eigensüchtige
Leben

Vergebung
Frieden
Kraft
Freude
Liebe

S

Das von Christus
beherrschte Leben

sion im Leben des betreffenden Menschen, und er kann kein
wahres Glück erleben. Unglück, Verwirrung, Leere, Sinnlosigkeit, Angst und Schuld wird in steigendem Maße sein Leben
beherrschen, wie es die Skizze darstellt.

Auf unseren Reisen begegnen wir Menschen aus allen Lebensbereichen, und wir machen gewöhnlich jeden einzelnen mit
diesen „(vier) Schlüsselfragen zum Glück" bekannt. Beim
Hinweis auf die sich ergebende Leere im Ich-zentrierten Leben
stimmen uns die meisten zu. Ich habe in diesen vierzig oder
mehr Jahren keinen Menschen kennengelernt, der dies als seine
persönliche Erfahrung geleugnet hätte. Die einzigen, die wi-
dersprachen (und das waren nur wenige), waren Studenten,
deren Idealismus sie dazu verführte, sich für Ausnahmen zu
halten. Ich bin überzeugt, daß im Lauf der Zeit ihre Einwände
verschwinden.

Das von Christus beherrschte Leben entsteht, wenn jemand
Jesus Christus als Herrn und Heiland bewußt annimmt. Beachten Sie, daß wir nicht nur sagen: „Christus als Heiland aufnehmen". Die Bibel stellt die Erfahrung der Rettung wiederholt als das Ergebnis der Annahme Christi als *Herrn* und
Heiland dar. Römer 10, 13 besagt: *„Denn wer den Namen des
Herrn anrufen wird, der soll gerettet werden."*

219

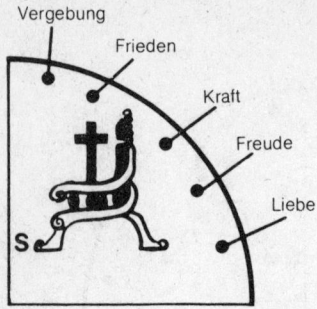

Das von Christus beherrschte Leben

Wo jemand bereit ist, seinen Eigenwillen zu erkennen und Jesus Christus um Rettung von seinen Sünden und die Übernahme der Herrschaft über seine Zukunft zu bitten, in dessen Leben kommt Christus und übernimmt die Herrschaft. Der Wille wird dann zum Diener Christi.

Jesus Christus bringt in das menschliche Leben zuerst die umfassende Vergebung für alle Sünden. Das bedeutet einen bis dahin unbekannten Herzensfrieden. Der Glaubende empfängt die Macht Gottes, um den Anfang zur Überwindung seiner Sünden, schlechten Angewohnheiten und Schwächen zu machen.

Darüber hinaus besitzt er die Freude am Herrn und die Liebe Gottes, die er im Überfluß an andere weitergeben kann. Das ist das vom Heiligen Geist beherrschte Leben, das Glück mit sich bringt.

Die Annahme Jesu Christi im Gebet

Das Annehmen Jesu Christi ist eine sehr persönliche Erfahrung. Niemand kann das für einen tun. Wie man einen Gast zu sich einlädt, so muß man auch Jesus Christus persönlich in sein Herz einladen. Das Gebet ist einfach ein Gespräch mit Gott. Er ist mehr an der Einstellung des Herzens als an den

220

Worten interessiert. Wenn Sie Hilfe zum Gebet brauchen, geben wir hier eine Anregung:

„Lieber himmlischer Vater, ich erkenne, daß ich ein Sünder bin und nichts zu meiner Rettung tun kann. Ich erbitte für mich deine Vergebung und Gnade. Ich glaube daran, daß Jesus Christus am Kreuz starb und mit seinem Blut die volle Sühne für meine Sünden bezahlte. Ich glaube, daß er leiblich von den Toten auferstanden ist und damit zeigte, daß er Gott ist.

Hier und jetzt nehme ich Jesus Christus als meinen Herrn und Heiland in mein Leben auf. Er ist meine einzige Hoffnung auf Rettung und das ewige Leben.

Laß mich dein Wort verstehen. Ich übergebe dir meinen Willen, damit du mich durch den Heiligen Geist zu einem neuen Menschen umgestaltest, wie du es haben willst.

Das bitte ich im Namen Jesu Christi. Amen.“

Spiegelt dieses Gebet die Gedanken Ihres Herzens wider? Wenn das so ist, beten Sie jetzt zum himmlischen Vater; die Bibel sagt uns, daß Jesus Christus dann in unser Leben treten wird und daß unser Gebet eine Antwort findet.

Wie weiß man, daß man ein Christ ist?

Ein Christ lebt fest in der Gemeinschaft mit Jesus Christus. Wenn man ihn im Gebet ernstlich bittet, in das eigene Leben einzutreten, kann man gewiß sein, daß er es tut. Er kann nicht lügen, und er verspricht uns, auf unsere Einladung hin zu kommen (Offenbarung 3, 20).

Die Bibel verheißt uns ewiges Leben. *„Und das ist das Zeugnis, daß uns Gott ewiges Leben gegeben hat, und dieses Leben ist in seinem Sohn. Wer den Sohn hat, der hat das Leben; wer den Sohn Gottes nicht hat, der hat das Leben nicht. Solches habe ich euch geschrieben, die ihr an den Namen des Sohnes Gottes glaubet, damit ihr wisset, daß ihr ewiges Leben habt“* (1. Johannes 5, 11–13).

Stärkung des Christseins

Wenn ein Mensch geboren ist, braucht er bestimmte Dinge zum Wachstum: Nahrung, Bewegung, Wissen. Genauso ist es im Geistlichen.

Die folgenden Anregungen sollen Ihnen zum geistlichen Wachstum helfen.

1. Die Bibel ist Gottes Botschaft an Sie, aber Sie werden nur Hilfe für Ihre Nöte finden, wenn Sie die Bibel auch lesen. Es ist ratsam, daß Sie sich beim Lesen auf das Neue Testament konzentrieren, besonders auf das Evangelium des Johannes, den ersten Johannesbrief und die Briefe an die Philipper und Epheser. Dann sollten Sie nach und nach das ganze Neue Testament lesen. Wenn Sie Gottes Wort nicht regelmäßig lesen, können Sie unmöglich ein mündiger Christ werden.

2. Beten Sie täglich. Gott ist unser himmlischer Vater, er will, daß Sie sich regelmäßig an ihn wenden (Matthäus 26, 41).

3. Gehen Sie regelmäßig zum Gottesdienst. Man kann sich nie als Christ entfalten, wenn man nicht ständig die Gemeinschaft mit Gläubigen pflegt, um sich mit ihnen über Gottes Wort auszutauschen. Daneben sollte man auch Christen kennenlernen, mit denen man Freundschaft schließen kann. Dafür ist die Gemeinde der ideale Ort (Hebräer 10, 25).

4. Sprechen Sie mit anderen über Ihre Erfahrung. Wenn Sie das, was Christus für Sie getan hat, weitergeben, wird Sie das stärken und Ihren Freunden das Annehmen Jesu Christi erleichtern (1. Petrus 3, 15).

5. Studieren Sie die Bibel. Machen Sie zusätzlich von den Hilfen zum Bibelstudium Gebrauch, die heute erhältlich sind. Ihre Gemeinde kann Sie bestimmt bei der Suche nach solcher Literatur unterstützen. Wenn nicht, so hat jede christliche Buchhandlung in Ihrer Stadt eine hinreichende Auswahl.

Treffen Sie in Gemeinschaft mit Jesus Christus Ihre täglichen Entscheidungen, dann werden Sie unabhängig von Ihren Lebensumständen und können wahres inneres Glück genießen.

Mensch mit einem christusbezogenen Leben hat größere Fähigkeiten, seinen Partner zu lieben. Wer dem anderen seine Liebe schenkt, steigert gleichzeitig seine eigene Liebesfähigkeit.

Gott heilt Unverträglichkeit

Die häufigste Entschuldigung für eine anstehende Scheidung heißt: Wir verstehen uns nicht mehr. Weil viele mit dieser Klage in mein Büro kommen, habe ich dafür eine grundlegende Methode entwickelt. Ein typisches Paar soll als Beispiel dienen.

Die Frau erzählte ihre traurige Leidensgeschichte und rief dabei aus: ,,Es gibt keine Hoffnung mehr für unsere Ehe, weil Marc und ich uns nicht mehr verstehen!" Das bedeutet, daß sie keine sexuelle Gemeinschaft mehr miteinander hatten; in diesem Fall hatten sie seit fünf Monaten jeden Geschlechtsverkehr unterlassen.

Ich fragte Sara: ,,War das immer so?" Natürlich verneinte sie. Welches Paar würde an Heirat denken, wenn es weiß, daß sich beide nicht verstehen?

Manche Paare, die über Unverträglichkeit klagen, verstehen sich in ihren verliebten Tagen so gut, daß sie die Hände nicht voneinander lassen können. Daraus wird erkennbar, daß sie erst allmählich dahin kommen, sich nicht mehr zu verstehen. Eine solche Disharmonie hat nichts mit der Biologie zu tun, sondern kommt, wie wir noch zeigen wollen, von geistiger und geistlicher Sünde.

Die gegenseitige Anziehungskraft beruht bei einem Paar heute meistens auf der gefühlsmäßigen und der körperlichen Ebene, weil man sich im beruflichen oder gesellschaftlichen Umfeld kennenlernt.

Beide bemerken, daß ihre Körpervorgänge – oder, wie ich es gern bezeichne, ihre biologisch-magnetische Anziehung – eine Gefühlsreaktion auslöst. Das ist immer ein aufregendes Erlebnis für zwei heißblütige Menschen verschiedenen Geschlechts. Wenn ihnen aber die geistliche Lebensdimension fehlt, bindet sie ihr erstes Zusammentreffen weiter aneinander,

14

HÄUFIGE FRAGEN –
PRAKTISCHE ANTWORTEN

Die körperliche Liebe ist eine schwierige Kunst, zu der Übung gehört, wenn sich beide Ehepartner daran erfreuen sollen. Wie bei jeder Tätigkeit ist auch hier die Zusammenarbeit zweier Menschen wichtig. Durch Unachtsamkeit des einen oder des anderen kann eine Störung ausgelöst werden. Wir haben versucht, die wichtigsten Aspekte der Liebe zu behandeln. Als Ergänzung haben wir die häufigsten Fragen, die zur Sexualität gestellt werden, ausgewählt und eingehend beantwortet.

Während der letzten vier Jahre führten wir über hundert Seminare über Familienleben überall in den Vereinigten Staaten und Kanada durch und erreichten damit fast 75 000 Menschen. Auf vielen dieser Seminare baten wir die Teilnehmer, Fragen zum Thema Familienleben einzubringen. Über fünfzig Prozent dieser Fragen bezogen sich auf sexuelles Zusammenleben.

Viele unserer Antworten unterscheiden sich aber von denen der populären Sexautoren unserer Tage. Wir wollen uns deswegen nicht entschuldigen, denn wir haben uns der Autorität der Bibel verpflichtet und messen alle Probleme und Gedanken an ihren Grundsätzen. Wir glauben, daß der Schlüssel zum Glück in der Kenntnis und Befolgung der Prinzipien Gottes liegt (Johannes 7, 17). Die weltlichen Autoren sind gewöhnlich Humanisten, die von der irrigen Voraussetzung ausgehen, der Mensch stehe in sexueller Hinsicht auf der Stufe eines Tieres und könne seine wichtigsten Triebe und Leidenschaften ausleben, solange er damit niemand anderen verletze. Im Unterschied dazu glauben wir aber, daß der Mensch eine besondere Schöpfung Gottes und die Bibel Gottes Leitfaden für das menschliche Verhalten ist. Wo sich die Bibel klar zu einem Thema äußert, weichen wir daher wahrscheinlich von den humanistischen Anschauungen entscheidend ab.

Wir sind davon überzeugt, daß auch auf diesem Gebiet der Gehorsam gegenüber biblischen Grundsätzen ein viel größeres Glück mit sich bringt, als die Philosophie des Humanismus, wir haben dafür zwei Gründe:

1. Die biblischen Grundsätze stammen von einem liebenden, allwissenden Gott, der weiß, was das Beste für den Menschen ist.

2. Wir haben oft beobachtet, daß sich unglückliche Jünger des Humanismus zu den biblischen Prinzipien bekannten und dann das Glück fanden.

An eines sollten wir denken, wenn jemand Lebensfragen von der Bibel her beantworten will: Gottes Wort behandelt zum Beispiel nicht jeden einzelnen Aspekt ehelicher Liebe bis in alle Details. Daher kann es leicht geschehen, daß man sich von Traditionen und Meinungen leiten läßt, die möglicherweise biblisch begründet werden und doch nur Überbleibsel einer vergangenen Kultur oder Verhaltensnorm sind. Wir haben versucht, in solchen Fällen objektiv zu sein und bei der Beantwortung dieser Fragen unbiblische Vorurteile abzulegen. Wo sich die Bibel klar ausspricht, sprechen auch wir eindeutig; wo die Bibel schweigt, bieten wir unsere Meinung (das Resultat langjähriger Erfahrung als Eheberater) an.

ABTREIBUNG

„Darf ein Christ abtreiben lassen?"

Ein kritisches Thema in unserer Gesellschaft ist heute die moralische Bewertung der Abtreibung.

Seit 1973 der Oberste Gerichtshof (USA) die Entscheidung während der ersten sechs Monate ihrer Schwangerschaft der einzelnen Frau überließ, haben legale Abtreibungen in einem katastrophalen Ausmaß zugenommen. Viele Abtreibungsgeg-

„*Gedenke an ihn in allen deinen Wegen, so wird er dich recht führen*" *(Sprüche 3, 6).*

Sie brauchen Jesus Christus nur einmal in Ihr Leben einzuladen, aber wenn er in Ihrem Leben herrschen soll, darf die Gemeinschaft mit ihm nicht unterbrochen werden.

Das glückliche Leben – Ein von Jesus Christus beherrschtes Leben

Glücklich sind Christen nur dann, wenn sie wirklich unter der Herrschaft Jesu Christi stehen. Jesus sagt: „*Wenn ihr solches wisset, selig seid ihr, so ihr es tut*" *(Johannes 13, 17).*

Das Glück folgt für den Christen nicht automatisch. Bei Menschen, deren geistliches Leben „Ich"-gebunden bleibt, sitzt das Ich auf dem Thron. Der Mensch lebt unabhängig von Gott. In diesem Zustand befinden sich leider viele Christen, daraus entsteht immer Unglück. Eigentlich sind Christen, die so leben, noch unglücklicher als Nichtchristen, weil sie durch ihre eigensüchtigen Entscheidungen Unglück in ihr Leben bringen und vom Heiligen Geist, der in ihnen wohnt, verurteilt werden.

Das auf Jesus Christus ausgerichtete geistliche Leben läßt Christus als den offenbar werden, der den Menschen bei seinen Entscheidungen leitet. Ein Mensch, der mit Jesus lebt, fällt die Entscheidungen nicht mehr selbst – wo er arbeitet, wie er mit seiner Familie umgeht, wer seine Freunde sind und wo er lebt. Er fragt statt dessen seinen Herrn danach. Wenn Jesus Christus im Leben des Christen herrscht, sucht der Mensch so zu handeln und zu denken, wie es seinem Herrn gefällt, und dieser wiederum gibt ihm Liebe, Freude und Frieden im Überfluß und garantiert ihm damit das Glück, das jeder Mensch ersehnt.

Die wichtigste Sache im Leben des Christen ist, daß Jesus Christus sein geistliches Leben beherrscht. Deshalb glauben wir auch, daß ein Ehepaar, das unter der Herrschaft Jesu Christi steht, in seinen langen Ehejahren auch den Liebesakt mehr genießt als andere Menschen. Liebe ist die erste „Frucht des Geistes", die in Galater 5, 22 und 23 aufgeführt ist. Der

was wiederum ihre Gefühle anregt und ihre körperliche Anziehung weiter verstärkt. Haben sie die Gehirnwäsche der heutigen Humanisten an den höheren Schulen mit ihren Vorstellungen von freier Liebe akzeptiert, wohnen sie vielleicht zusammen und genießen das Ausleben ihrer Triebe fast wie die Tiere. Manche heben sich klugerweise das Ausleben ihrer Sexualität für die Ehe auf, aber in jedem Fall entdeckt das Paar, wenn der Reiz der Neuheit verschwindet, daß eine Vielzahl geistiger Meinungsverschiedenheiten Streit und Unverträglichkeit erzeugt.

Ein Paar entdeckt bestimmt bald nach der Hochzeit, daß es sich im Hinblick auf Vorliebe und Abneigung nicht so gleicht, wie es dachte. Herkunft, Intelligenz und Erziehung sind oft verschieden, und es kommt leicht zu Meinungsverschiedenheiten bei lebenswichtigen Angelegenheiten wie Geld, Kinder, Benehmen, Familie, Beruf und soziale Beziehungen. Wenn man diese Unterschiede ohne Selbstsucht betrachtet, müssen sie nicht zu Unverträglichkeit führen.

Wenn aber das Ich auf dem Thron des Willens sitzt, werden sich solche Menschen in Gedanken des Undanks, der Rache und der Feindseligkeit verstricken. Dadurch verkehren sich Liebe, Freude und Frieden in Verbitterung und Haß – genau die Ursachen, die zu Unverträglichkeit führen.

Als Sara damals zu mir kam, hatten sie und Marc keine gemeinsame geistliche Ebene, und dadurch wurden sie durch ihre persönliche Eigensucht unverträglich. Aber nachdem Sara an diesem Tag in meinem Büro Jesus Christus als ihren Herrn und Heiland angenommen hatte, machte sie ihren Scheidungsantrag rückgängig, ging nach Hause und wurde eine liebevolle, nachgiebige, freundliche Ehefrau. Sie war zu der Überzeugung gelangt, daß diese Haltung dem Willen Gottes für ihr Leben entsprach.

Auf meine Empfehlung hin erzählte sie Marc zunächst nichts von ihrem Glauben an Jesus Christus. Statt dessen wartete sie, bis er den augenfälligen Wechsel an ihr bemerkte. Das dauerte nicht lange. Als sie ihm zum ersten Mal spontan ihre Zuneigung zeigte, argwöhnte er, sie sei auf einen kostspieligen Einkaufsbummel aus. Nach kurzer Zeit mußte er aber ihre Aufrichtigkeit und Lauterkeit anerkennen. Innerhalb von zehn Wochen kam auch Marc zur rettenden Übergabe an Jesus Christus, und nun erfreuen sie sich seit vielen Jahren einer einträchtigen Beziehung zueinander.

Wenn das eine seltene Erfahrung wäre, hätte ich Hemmungen, sie hier zu erwähnen. Ich habe aber darin die beste Heilmethode für Unverträglichkeit entdeckt.

Eine einträchtige Ehe ist eine glückliche Ehe und die beste Umgebung zur Kindererziehung. Obwohl jedes Paar eine harmonische Ehe erwartet, erleben sie nur wenige, weil sie die fehlende Dimension nicht in Betracht ziehen, nämlich die geistliche Seite ihrer Existenz. Wenn es in diesem Teil der Ehe stimmt, kommt meistens auch alles andere in die richtigen Bahnen.

Jesus Christus sagt uns, daß wir ohne ihn nichts tun können. Er weiß auch, daß wir ohne seine Leitung keine wirklich glückliche Ehe führen können. Wenn sich ein Ehepaar nicht des höchsten Segens erfreut, den Gott ihm zugedacht hat, sollte es zuerst versuchen, mit Jesus Christus ins reine zu kommen. Beide Partner müssen ihm Seele, Geist und Leib übergeben. Das kann eine wunderbare Besserung in ihren Beziehungen bewirken.

ner warnten davor, daß eine solche Legalisierung zu häufigem Partnerwechsel, Untreue, Geschlechtskrankheiten und Schuld führen würde. Wer kann bestreiten, daß sie mit ihrer Voraussage recht behalten haben?

Es gibt zwei Arten des Abgangs von ungeborenen Kindern – den natürlichen und den künstlich herbeigeführten. Obwohl die medizinische Wissenschaft nicht immer einen Grund dafür angeben kann, verlieren manche Frauen auf natürlichem Wege ihre Kinder.

Vielleicht begegnet die Natur dadurch Geburtsfehlern oder anderen Gefahren vor der Geburt.

Künstlich herbeigeführte Abgänge sind medizinisch kein Problem, wenn ein guter Arzt sie in einem frühen Schwangerschaftsstadium durchführt. Es gibt zwei Gründe für eine künstliche Abtreibung: 1. Wenn eine solche Handlung zur Rettung des Lebens der Mutter notwendig ist – man nennt das „medizinische Indikation"; und 2. wegen der Bequemlichkeit der Mutter, weil sie entweder ledig ist oder das Kind nicht will. In solchen Fällen müssen die Frauen, die solch eine Entscheidung treffen, die moralische Verantwortung für ihr Handeln übernehmen.

Christen wissen, daß die Bibel den Mord verurteilt; folglich benutzen viele das sechste Gebot als Rechtfertigung dafür, jede Form der Abtreibung abzulehnen. Die Schwierigkeit liegt darin, daß die Bibel nicht klar feststellt, wann die befruchtete Eizelle eine Person ist – im Augenblick der Empfängnis, oder wenn sich der Embryo mit drei bis sechs Monaten zu einer vollen menschlichen Gestalt entwickelt hat. Wenn man die befruchtete Eizelle nur als „lebende Zelle" betrachtet, die einmal zum Menschen werden kann, wird man der Abtreibung in irgendeiner Form leichter zustimmen als wenn man glaubt, daß sich bei der Empfängnis schon eine Seele bildet.

Wir standen diesem Problem erstmals gegenüber, als eine Mutter von vier Kindern schwanger wurde, die meinte, sie dürfe keine Kinder mehr bekommen. Aufgrund einer ungewöhnlichen Blutkrankheit riet ihr der Arzt: „Wenn Sie keine

Abtreibung vornehmen lassen, bedeutet die Geburt dieses Kindes den Tod für Sie."

Hätten wir uns auf das sechste Gebot berufen, hätte unsere Reaktion in jedem Falle Mord bedeutet – an der Mutter oder dem ungeborenen Kind. Nach langem Gebet rieten wir dem Paar, der Empfehlung des Arztes zu folgen.

Ein anderer Fall betraf das unschuldige, vierzehnjährige Opfer einer Vergewaltigung. Das Verbrechen geschah auf dem Nachhauseweg von der Schule. Nachforschungen ergaben, daß sie den Mann nie zuvor gesehen hatte. Wir waren der Ansicht, daß das Mädchen schon genug Not erlitten hatte. Ein liebender Gott forderte sicher nicht, daß ein unschuldiges Mädchen – Opfer der tierischen Begierde eines Mannes – die Schule verlassen, neun Monate Schwangerschaft ertragen und vor ihrem fünfzehnten Geburtstag Mutter sein sollte.

Die Zustimmung ihres Seelsorgers war nach unserer Erkenntnis sehr wichtig für ihre geistige und geistliche Wiedergenesung. Bis auf diesen Tag wissen nur sechs Menschen von dieser Tragödie, und heute, einige Jahre danach, ist sie eine glückliche, normale Mutter.

Ein weiterer Fall betraf ein Ehepaar, das ein behindertes Kind hatte und ein weiteres erwartete. Eine genetische Untersuchung ergab, daß auch dieses ungeborene Kind Mißbildungen zeigte. Nach langem Gebet und gründlicher Erforschung des Herzens sprachen wir uns für eine medizinische Abtreibung aus. Natürlich müssen wir uns eines Tages für diese Entscheidung vor Gott verantworten, aber da wir zu dieser Zeit nach unserem besten Bibelverständnis und mit Frieden im Herzen handelten, bereuen wir sie nicht. Aufgrund dieser Erfahrungen haben wir den folgenden Standpunkt zu diesem Thema gefunden.

Wir sprechen uns gegen eine Abtreibung aus allen persönlichen oder selbstsüchtigen Gründen aus, befürworten aber eine medizinisch angezeigte Abtreibung in den seltenen Fällen, in denen ein Arzt, der Christ sein sollte, der Seelsorger und die Eltern im Gebet übereinstimmend zu der Überzeugung gelangen, daß es für die Mutter oder das ungeborene Kind das beste ist. Wenn ein Mädchen oder eine Frau aufgrund von Unsittlichkeit schwanger wird, sollte sie die Verantwortung für ihr Handeln übernehmen und das Kind zur Welt bringen. Ist sie minderjährig, empfehlen wir, daß man nach einem christlichen Ehepaar sucht, das sich ein Kind wünscht und das Kind sofort nach der Geburt adoptiert. Der verantwortliche Mann sollte alle Ausgaben einschließlich Wohnung und Verpflegung des Mädchens während der Schwangerschaft bezahlen. Wir glauben nicht, daß eine ,,Muß"-Ehe in jedem Fall eine gute Lösung ist, es hängt vom Alter der beiden Menschen ab und davon, ob beide ungläubig oder gläubig sind. Wenn das Paar zu einer Ehe noch nicht reif ist, wird diese von vornherein stark belastet und wächst sich bald zu einer Tragödie aus. Besser ist es, die Sünde vor Gott zu bekennen und dann in Verantwortlichkeit das Nötige zum Besten des ungeborenen Kindes zu tun.

Ablehnung

,,Ich hörte Sie über Sexualität sprechen und war, offen gesagt, kaum beeindruckt. Warum mag ich Sex nicht und lehne ihn ab?"

Sie sind wahrscheinlich von einer Abneigung erfüllt, die zunächst Ihrem Vater gegenüber bestand und die sie nun auf Ihren Mann übertragen. Ihr seelisches Schneckenhaus, in dem Sie Schutz suchen, schließt Ihre natürlichen Gefühle aus und läßt Sie sehr egoistisch werden. Wenn Sie sich nicht ernsthaft Ihrer Verantwortung Gott gegenüber und der seelischen Nöte Ihres Mannes und Ihrer Kinder bewußt werden, zerstören Sie Ihre Ehe. Seelischer Selbstschutz hält Schäden nicht wirklich ab, denn dadurch verwunden Sie Ihre Angehörigen und letztlich sich selbst. Unser Herr sagt: *,,Gebet, so wird euch gegeben"* *(Lukas 6, 38)* – das gilt besonders in der Liebe.

Alter

„In welchem Alter hört bei einem Ehepaar die körperliche Liebe auf?"

Während dieses Buch entstand, waren wir eines Abends mit zwei langjährigen engen Freunden beim Essen zusammen. Er ist sechsundsiebzig und sie drei oder vier Jahre jünger. Wir schätzen diese Freundschaft und die vorbildliche, wunderbare Beziehung der beiden seit langem. Als wir über unser Thema sprachen, sagte der Mann im Scherz: „Ich könnte euch viel für euer Buch sagen." Irgendwie hatte ich den Mut, ihn zu fragen, wie oft sich er und seine Frau in ihrem Alter liebten. Er erwiderte lächelnd: „Wenigstens dreimal in der Woche!" Dann fügte er hinzu: „Jetzt muß ich nicht mehr arbeiten, da haben wir mehr Zeit dafür."

Zwei gesunde Menschen sollten sich auch noch in ihren Achtzigern lieben. Wir hörten schon von mehreren Ehepaaren, die ihre Goldene Hochzeit mit einem Liebesakt abschlossen.

Wenn der Mensch älter wird, ermüden auch die Organe. Aber über diesen Prozeß kann man genausowenig etwas Bestimmtes sagen wie über den jeweiligen Menschen. Die einen haben diese Funktionsstörung, die anderen jene. Wenn in den Jahren der Reife die Vitalität abnimmt, setzt man viele Tätigkeiten aus der Jugend mit weniger Energie und seltener fort. Es ist nicht ungewöhnlich, wenn ältere Menschen, besonders Männer, bei der Liebe gelegentlich Störungen erleben. Unglücklicherweise meinen sie vorschnell, daß nach einigen Erlebnissen dieser Art nun „alles vorbei" sei. Würden sie ihre Situation gelassener betrachten, dann müßten sie auch Dinge bemerken, die ihnen Hoffnung und Veranlassung zu einem neuen Versuch geben. Entgegen der festen Vorstellung von Männlichkeit muß ein Mann nicht ejakulieren, um den Koitus zu genießen. Auf eine Erregung hin kann sich bei ihm eine gute Erektion einstellen, er kann in seine Frau eindringen, viele Minuten erregender Reizung erleben, sie zum Orgasmus bringen und allmählich seinen Drang zur Ejakulation verlieren. Anstelle des gewohnten Höhepunktes scheint sich sein Gefühl ohne den üblichen Ausbruch zu legen. Obwohl das nicht so befriedigt wie der Höhepunkt der Ejakulation, den er sonst so genießt, stellt es doch seinen Geschlechtstrieb und auch den seiner Frau zufrieden. Wenn er sich auf diese nicht bis ins letzte gesteigerte Erfahrung einstellt, wird es gelegentlich auch noch zur Ejakulation kommen, und mit seinem Selbstvertrauen steigt auch die Häufigkeit des Erfolgs.

„Wenn man ins mittlere Alter kommt und sich für den Geschlechtsverkehr zu müde fühlt, wie kann dann das Leben noch bedeutungsvoll und aufregend sein?"

Der Geschlechtstrieb eines Menschen geht mit seinen anderen Trieben parallel. Sie nehmen miteinander ab. Menschen im mittleren Alter, die sich müde fühlen, sollten einen Arzt aufsuchen und ihre Eßgewohnheiten überprüfen, um zu sehen, ob sie ihre Vitalität durch falsche Ernährung herabmindern oder ob möglicherweise Vitaminmangel festzustellen ist. Wir kennen müde Leute in den fünfziger Jahren, die das Problem dadurch lösten, indem sie eine Stunde früher zu Bett gingen. Allein das gab ihnen schon mehr Lebensfreude. Einer Reihe von Leuten in unserer Gemeinde ging eines Tages auf, daß ein üppiges Frühstück, ein bescheidenes Mittagessen und ein knappes Abendessen – ohne zusätzlichen Nachtimbiß – nicht nur unerwünschten Speck verschwinden ließ, sondern auch neue Energien brachte. Gesteigerte Sexualität ist die natürliche Folge dieser Maßnahmen, und meistens steigt sie noch mit den erholten Lebensenergien.

„Warum schwindet der Wunsch nach körperlicher Liebe, wenn wir älter werden?"

Im Alter nehmen die meisten Triebe des Menschen an Stärke ab, auch die Sexualität, aber auf keinen Fall sollten sie gänzlich verschwinden. Vierzig Jahre lang konnte ich zum Beispiel hervorragend sehen, aber in den letzten Jahren mußte ich mich mit einer Brille abfinden. Und das ist nur eines der vielen natürlichen Zugeständnisse, die wir machen müssen, wenn wir älter werden. Da die Menschen heute länger leben als früher, treten diese Symptome stärker hervor, und weil wir uns körperlich nicht so sehr betätigen, wie wir eigentlich sollten, verstärkt sich das Problem noch. Vor allem ist die geistige Einstellung des Menschen überaus wichtig. Wenn man glaubt, daß die Sexualität schwindet, dann schwindet sie auch. Die meisten Paare im mittleren Alter genießen den Koitus noch, sooft sie wollen – sie wollen nur nicht mehr so oft wie früher. Unsere Umfrage zeigte, daß viele Paare eine bessere Ausdrucksform der Liebe erlernt haben und sich in diesen Jahren an einem reicheren Liebesleben erfreuen, auch wenn die Zahl der Erfahrungen abnimmt.

Christliche Beratung

„Wo kann eine Christin bei einem sexuellen Problem in ihrer Ehe Hilfe erhalten?"

Der Seelsorger ist die richtige Adresse, an die man sich wenden sollte. Viele von ihnen sind heute erfahrene Berater, und man kann ihrer Verschwiegenheit sicher sein. Sollte er aber nicht in der Lage sein, Ihnen zu helfen, kann er wahrscheinlich einen anderen Berater empfehlen.

Ehebruch

„Kann einem Menschen Ehebruch wirklich vergeben werden?"

Die Sünden des Ehebruchs, der Homosexualität und des Mordes galten in der Bibel als Schwerverbrechen, die dafür bestimmte Todesstrafe verdeutlicht das (3. Mose 20, 10). Natürlich ist das menschliche Leben nach dem Wort Gottes von höchster Wichtigkeit, und diese Sünden betreffen alle den Fortbestand des Lebens. Dennoch reicht das Opfer Jesu Christi am Kreuz auch zur Reinigung von diesen Sünden – ebenso wie auch jeder anderen – aus (1. Johannes 1, 7 und 9).

Gottes Vergebung dafür wurde deutlich, als Jesus der beim Ehebruch ergriffenen Frau die Schuld erließ (Johannes 8, 1–11) und auch der Frau vergab, die schon fünf Männer gehabt hatte und nun mit einem anderen zusammenlebte (Johannes 4, 1–42).

„Kann ein Christ die Ehe brechen?"

Ein Christ kann jede dem Menschen bekannte Sünde begehen, aber er kann sich dem infolge der Sünde vom Heiligen Geist bewirkten Schuldgefühl nicht entziehen (Johannes 16, 7–11). Aus diesem Grund fordert Paulus die Christen auf, nicht im Fleisch, sondern im Geist zu wandeln (Galater 5, 16–21).

Wenn ein Christ in seinem Geist bösen Gedanken eine Zeit-lang Raum gibt, begeht er schließlich auch die entsprechenden Taten. Daher setzt Jesus Christus böse, lüsterne Gedanken mit Ehebruch gleich (Matthäus 5, 28). Bei der Flut sexueller Versuchung in unseren Tagen heißt das Gebot der Stunde, auf seine Gedankenwelt zu achten.

„Wie kann ich mir die Untreue meinem Partner gegenüber vergeben?"

Untreue ist einer der schwersten Schläge für eine Ehe und bringt eine Reihe schlimmer Folgen mit sich. Das Schuldgefühl des Übertreters spielt dabei eine schwerwiegende Rolle. Wir konnten schon beobachten, daß eine solche Schuld den untreuen Partner in einen Nervenzusammenbruch getrieben hat. Die Bibel sagt: „Der Verächter Weg bringt Verderben" (Sprüche 13, 15). Das gilt besonders bei sexuellen Sünden.

Alle Selbstvergebung setzt Gottes Vergebung voraus. Wenn

die Überzeugung in einem Menschen Raum gewinnt, daß das Bekenntnis der Sünde im Namen Jesu Christi ihn von aller Ungerechtigkeit gereinigt hat, kann er auch sich selbst vergeben. Zwei Dinge können dabei helfen: 1. man nimmt eine Bibelkonkordanz zur Hand, schreibt jeden Vers aus der Heiligen Schrift zum Thema der Sündenvergebung auf und liest das dann mehrmals durch 2. jedesmal, wenn man an seine Sünde denkt, nimmt man sich Zeit und dankt aufgrund von 1. Johannes 1, 9 durch den Glauben Gott dafür, daß er vergeben hat. Allmählich kommt man dahin, die Vergebung als Tatsache anzunehmen, anstatt sich immer noch wegen der schon bekannten Sünden zu verdammen.

„Wie kann ich meinem Partner die Untreue vergeben?"

Es gibt wahrscheinlich keinen größeren Vertrauensbruch als eheliche Untreue, deshalb kann der Betrogene seinem Partner nicht selten nur unter großen Schwierigkeiten vergeben. Man sollte aber nicht in Schmerz und Haß steckenbleiben – auch auf verständlichem Haß läßt sich keine Beziehung aufbauen. Daher zerbrechen viele Ehen nach einem Seitensprung, auch wenn die Reue folgt und der Schuldige das unerlaubte Verhältnis abbricht.

Unser Herr Jesus Christus lehrt in Matthäus 6, 14 und 15, Epheser 4, 32 und an vielen anderen Stellen, daß Vergebung nötig ist. Gott verlangt aber nie etwas von uns, wofür er uns nicht auch die notwendige Kraft gibt. Man kann daher vergeben, wenn man nur will. Bleibt man aber in Verbitterung und Groll, kommt man wahrscheinlich nie darüber hinweg. Eine betrogene Frau, die sich mit diesem Problem herumschlug, fragte ich einmal: „Wollen Sie für den Rest Ihres Lebens glücklich oder unglücklich sein? Es liegt bei Ihnen!"

„Wenn der Partner einmal die Ehe gebrochen hat, kann man ihm dann je wieder trauen? Macht nicht ein Seitensprung weitere wahrscheinlich?"

236

Das hängt alles davon ab, ob er seine Sünde bereut, sie vor Gott und seinem Partner bekannt und jeden Kontakt mit der anderen Person abgebrochen hat. Ist das geschehen, sollte man seinem Partner jede Chance einräumen, seine Treue zu beweisen, indem man die Vergangenheit vergibt und vergißt. Etwas anderes würde ihn nur zu dem Schluß verleiten, daß er „den Kuchen gleichzeitig essen und behalten" kann.

In einer solchen Zeit sollte man sein eigenes geistliches Leben aufrichtig unter die Lupe nehmen und nach Wegen suchen, wie man seine eigene Einstellung und sein Verhalten mit Gottes Hilfe so nach biblischen Grundsätzen ändern kann, daß man in geistlicher, gefühlsmäßiger und körperlicher Sicht der bestmögliche Partner wird. Wenn ein Mann oder eine Frau untreu wird, hat der treue Partner in der Regel auf einem bestimmten Gebiet die Wünsche und Bedürfnisse des anderen nicht erfüllt.

In jeder Ehe, in der ein oder beide Partner Christen sind, sollte ein Paar alle Mittel ausschöpfen, bevor es sich zu einer Scheidung entschließt, auch wenn einer der beiden die Ehe gebrochen hat. Scheidung sollte immer das letzte Mittel nach vielen aufrichtigen Versuchen zur Versöhnung bilden.

Erregung

„Sollte sich die Frau vor dem Geschlechtsverkehr selbst erregen, um in Stimmung zu kommen? (Das erscheint mir nicht richtig, aber die meisten Sex-Kliniken lehren das)."

Wir sehen darin nichts Unrechtes, aber es wäre besser, wenn Ihr Mann Sie durch ein richtiges Vorspiel erregte. Sich selbst zu erregen ist nie so aufregend wie die Erregung durch den geliebten Menschen.

„Kann man zur Erregung während des Liebesaktes „Hilfsmittel" verwenden?"

Mit „Hilfsmitteln" meinen Sie wahrscheinlich Massagegeräte, um die Erregung zu steigern. Diese können bei Impotenz des Mannes hilfreich sein oder wenn die Frau nicht auf clitoriale Reizung reagiert, aber sonst sind sie unnötig. Darüber hinaus können sie sich für alle die als gefährlich auswirken, die normal reagieren und sie nur zum Spaß benutzen, weil sie übermäßig erregen und dann die Begierde nach einem solchen Grad der Erregung immer wieder aufkommen lassen, den der Partner von Natur aus nicht geben kann.

„Wie viele Frauen sprechen auf den Anblick eines männlichen Körpers an, wie es die Männer beim Anblick einer Frau tun?"

Nicht viele Frauen müssen sich die Erregung aufgrund eines Anblicks erst anlernen. Viele Frauen geben an, daß es sie erregt, wenn sie ihrem Mann beim Ausziehen zusehen, aber das ist mehr eine Reaktion auf die Vorfreude als auf den Anblick.

Fernsehen

„Ein Arzt soll jungen Paaren dazu raten, sich keinen Fernseher zu kaufen, bevor sie nicht wenigstens ein Jahr verheiratet sind. Meinen Sie das auch?"

Ja, wir meinen das auch, nicht nur im Hinblick auf Jungverheiratete, sondern auch auf andere. Das Tempo und die Unübersichtlichkeit des heutigen Lebens bringen es mit sich, daß die Menschen sowieso wenig Zeit füreinander haben. Die wenigen Stunden, die sie allein in ihrem Haus oder in ihrer Wohnung haben, sollten sie zur Gemeinschaft auf jeder Ebene verwenden und sich nicht vom Fernseher die beste Zeit nach dem Abendessen bis zum Zubettgehen nehmen lassen. Anstatt miteinander zu sprechen, zu scherzen, sich zu lieben und sich freimütig

238

auszutauschen, lassen sie sich oft den ganzen Abend über unterhalten und versäumen so die notwendige gegenseitige Anteilnahme. Das gilt besonders im ersten Ehejahr.

Wir stellten fest, daß sich unsere beiden verheirateten Kinder schon früh in ihrer Ehe außerordentlich gut aufeinander einstellten. Da sich keines im Seminar oder auf der Universität einen Fernseher leisten konnte, schlossen wir daraus, daß das in direkter Beziehung zueinander stand.

Das Fernsehen stiehlt die Liebe, nicht nur bei jungen Ehepaaren, sondern in den meisten Ehen. Eine Frau mit kleinen Kindern freut sich auf einen gemeinsamen Abend mit ihrem Mann. Sie wird aber ärgerlich, wenn ihr Schatz nur ein paar brummige Worte und ein Kopfnicken für sie übrig hat. Außerdem gewöhnt man sich daran, jeden Abend bis zu den Spätnachrichten fernzusehen. Dann ist natürlich mindestens einer der Partner zu müde zu begeisternder Liebe. Unserer Meinung nach steigert sich die Häufigkeit der Liebe bei fast jedem Paar, wenn es den Fernseher abmeldet oder das Fernsehen wenigstens einschränkt und sich daran gewöhnt, regelmäßig um 22 Uhr oder schon früher zu Bett zu gehen. Wahrscheinlich erhöht sich auch die Qualität des Liebesaktes. Wenn man es so ansieht – so gut ist das Fernsehen auch wieder nicht!

Freie Liebe

„Warum sollten gesunde junge Leute, die erst nach mehreren Jahren an eine Ehe denken können, keine freie Liebe praktizieren, solange sie es ehrlich miteinander meinen? Es ist eine natürliche Art, ihre sexuellen Bedürfnisse zu befriedigen."

Diese Frage liegt auch jungen Christen heute schwer auf der Seele. Und sie beweist die Wirkung der humanistischen Philosophie, die von den meisten weltlichen Erziehern angeboten wird. Aus folgenden Gründen sollte man unserer Meinung nach die geschlechtlichen Beziehungen auf die Ehe beschränken:

1. Wegen der seelischen und körperlichen Gesundheit. Jede außereheliche Beziehung wird von der Bibel verurteilt. Man kann sich zu keinem starken, reifen Christen entwickeln, wenn man freie Liebe praktiziert. Sie bringt außerdem auch körperliche Gefahren mit sich, denn ein Abbruch der Beziehungen führt zur Bindungslosigkeit. Der Rektor einer Universität berichtet, daß einer von fünf Studenten geschlechtskrank war. Freie Liebe ist also eine riskante Angelegenheit.

2. Sexualität wurde nicht als unpersönliche Möglichkeit zur Körperertüchtigung geschaffen wie Schwimmen oder Fußball. Sie hat starke Auswirkungen auf das Gefühl, daher hemmt voreheliche Sexualität ohne Liebe nach der Hochzeit den Menschen, die Sexualität als Ausdruck der Liebe zu verstehen.

3. Freie Liebe schafft gewöhnlich ungerechte und unnötige Vergleiche. Ein Don Juan kann als Liebhaber großartig, als Mensch aber minderwertig sein, dagegen kann ein hervorragender Ehemann und Vater im Bett seine Schwächen haben. Manche Ehefrauen schätzen ihren Mann auf jedem anderen Lebensgebiet, aber aufgrund ihrer Vorerfahrungen haben sie auf sexuellem Gebiet Vorbehalte.

4. Wenn ein Mensch etwa dreißig Jahre alt wird, stürzen Schuldgefühle oft wie eine Flut über ihn herein, besonders bei der Frau und zerstören die Fähigkeit zu Liebeserlebnissen fürs ganze Leben.

5. Man findet dadurch nicht den richtigen Partner für die Ehe. Gleich und gleich gesellt sich gern – man wird unter den Anhängern der freien Liebe keine verbindlichen Christen finden, unter denen man den Partner fürs Leben auswählen kann.

6. Freie Liebe ist nicht frei. Ein einundzwanzigjähriges Mädchen schrieb an den „Kummerkasten" und bat dringend, die jungen Frauen zu warnen und ihnen zu sagen, daß freie Liebe in Wirklichkeit nicht frei sei. Anscheinend hatte sie seit dem vierzehnten Lebensjahr ungebundenen Geschlechtsverkehr und mußte sich nun einer Operation unterziehen, damit die Geschlechtskrankheit ihr Leben nicht völlig zerstörte. „Das hat mich die Möglichkeit gekostet, jemals Mutter zu werden."

Am Tag, als ich diese Geschichte las, mußte ich an den einundzwanzigjährigen ehemaligen Vietnam-Soldaten denken, der während seiner Dienstzeit „freie Liebe" praktiziert hatte. Unter Tränen sagte er: „Die Geschlechtskrankheit hat mich völlig steril werden lassen."

Einige aufregende Erlebnisse in der Jugend können die Liebesbeziehungen mit dem Ehepartner nicht aufwiegen, die ein Leben lang dauern, die Elternfreuden gar nicht mitgerechnet.

7. *Freie Liebe ist unrecht*. Gottes Grundsätze kann man nicht abwandeln, und auch die Zeit verändert sie nicht. Eine aufrichtige Gesinnung, sexuelle Beherrschtheit und Zurückhaltung bilden immer noch die Grundbausteine für eine Ehe. Niemals kam eine Frau mit einem Schuldkomplex zu mir, der daher gerührt hätte, daß sie rein in die Ehe gegangen war, aber viele haben aus dem gegenteiligen Grund um Rat gebeten. Der Teufel ist seit jeher ein „Durcheinanderbringer" der Menschheit, und unser Herr nennt ihn mit Recht einen „Vater der Lüge". Freie Liebe ist eine solche Verwirrung, eine Lüge des Teufels. Menschen, die darauf hereinfallen, sind „unweise".

„Was sollen Eltern tun, wenn ihr Sohn oder ihre Tochter mit jemandem zusammen lebt, ohne mit ihm verheiratet zu sein?"

Dies ist eine der traurigsten Erfahrungen, die Eltern machen können. Eine Mutter rief aus: „Ich hätte lieber vom Tod meiner Tochter erfahren!"

Ich weiß nicht, ob sie das wirklich so meinte, aber es erschien ihr zu diesem Zeitpunkt so. Ein solcher Ausbruch zeigt jedenfalls die Betroffenheit der Eltern.

Einerlei, was Ihr Kind tut, es bleibt immer noch Ihr Kind und braucht Ihre Liebe. Brechen Sie daher nicht allen Kontakt mit ihm ab. Es weiß, daß Sie sein Verhalten nicht billigen, und Sie können es vielleicht nicht in seinem Zuhause besuchen, ohne dabei das Gefühl zu haben, seine Tat zu sanktionieren. Aber wir glauben, daß Sie die beiden bei sich zu Hause empfangen können, ohne sie nur die ganze Zeit anzupredigen oder zu verurteilen – das tut schon der Heilige Geist. Wenn Sie dem Kind weiterhin Ihre Liebe (nicht aber Ihre Billigung) beweisen, können Sie ihm später helfen, wenn es nach dem Zerbrechen seiner unrechten Beziehung die Trümmer seines Lebens zusammensucht. Lesen Sie die Geschichte vom Vater des verlorenen Sohnes in Lukas 15.

Geburtenkontrolle

„Darf der Christ Empfängnisverhütung betreiben?"

Fast jedes Paar wendet irgendeine Art der Geburtenkontrolle an, da sonst die Familien viel größer wären, als es der Fall ist. Wenn die Partner nicht eine oder mehrere der wissenschaftlichen Methoden anwenden, wie sie in Kapitel 11 beschrieben sind, so üben sie zumindest während der fruchtbaren Tage der Frau Enthaltsamkeit. Damit tut man aber der Frau unrecht, da sie gerade zu dieser Zeit am meisten geliebt werden will. Es ist besser, ein bewährtes Verhütungsmittel zu verwenden, als sie um die Freude zu bringen, die Gott ihr für ihre Ehe gab. Wenn wir auch glauben, daß Gott nichts gegen eine Begrenzung der Familie im Blick auf die Kinderzahl hat, die man wirklich zu seinem Dienst erziehen kann, wollte er unserer Meinung nach nie, daß Eltern die Empfängnisverhütung praktizieren, um überhaupt keine Kinder zu bekommen. Davor warnten wir schon im Kapitel 11. Kinder sind eine *„Gabe des Herrn"* (Psalm 127, 3) und eine große Quelle des Segens, die sich jedes Paar wünschen sollte.

„Zeigt Gottes Zorn über Onans Tat nicht, daß er gegen eine Geburtenkontrolle ist?"

Wenn man mit einer solchen Beweisführung beim Tod von Ananias und Saphira in Apostelgeschichte 5 arbeiten wollte, könnte man daraus schließen, daß es Gott mißfällt, wenn jemand seinen Besitz verkauft und ihm den Erlös als Opfer

242

bringt. In beiden Beispielen tötete Gott die Schuldigen, weil sie zwar eine fromme Handlung vorspielten, aber etwas ganz anderes im Sinn hatten und ausführten. In 1. Mose 38, 1–10 lesen wir, daß Onan seinen Bruder um sein rechtmäßiges Erbe betrog, indem er im Namen seines Bruders kein Kind zeugen wollte, wie es nach dem Gesetz Vorschrift war. Daher kann man diesen Text nicht aus dem Zusammenhang reißen und zu einer Verurteilung der Geburtenkontrolle heranziehen.

„Bitte erläutern Sie die Stellung der Bibel zur Geburtenkontrolle. Eine meiner Freundinnen erwartet ihr siebtes Kind – das fünfte Baby in fünf Jahren. Ihr Mann hält nichts von der Empfängnisverhütung (außer Zeitwahl).“

Es gibt keine klar umrissene Bibelstelle, die Empfängnisverhütung empfiehlt, aber auch keine, die sie verurteilt. Die Haltung der Christen diesem Thema gegenüber ist unterschiedlich, die Empfängnisverhütung wird aber mehr und mehr akzeptiert. Die Bibel wurde lange Zeit vor der Entwicklung solcher Methoden geschrieben, daher kann man ihr Schweigen zur Belegung beider Standpunkte heranziehen – solange ein Ehepaar Kinder nicht überhaupt ablehnt. Wenn der Mann aus dem obigen Beispiel das achte Kind gebären müßte, so meinen wir, daß es zu einem neunten nicht mehr käme. Als Berater kann ich nur auf den übersteigerten Egoismus des oben erwähnten Mannes verweisen. Offenbar ist ihm liebevolle Rücksicht auf Gesundheit, Lebenskraft, Interessen oder Persönlichkeit seiner Frau unbekannt. Natürlich kann ein Ehepaar auch in unserer Zeit durchaus sieben und noch mehr Kinder haben, aber diese Entscheidung sollte von beiden Partnern getroffen werden.

„Sterilisation beim Mann oder bei der Frau – kann man das tun, wenn man dem Herrn wirklich vertraut?“

Wenn man „dem Herrn vertraut“, bekommt man Kinder. Dieser Wille zeigt sich auch in der Art, wie er unseren Körper schuf – zur Erhaltung der menschlichen Art. Die Frage ist, bei welcher Zahl man aufhört – bei zwei, vier, sechs oder mehr? Diese Frage muß jeder einzelne für sich entscheiden. Wir haben keine Hemmungen, uns einen entzündeten Blinddarm oder eine Gallenblase entfernen zu lassen – kann man das tun, wenn man dem Herrn vertraut?

Wir wenden die moderne Wissenschaft und Medizin auf vielen Gebieten an, warum sollten Ehepaare das nicht auf ihre Geschlechtsorgane beziehen, wenn ihre Familie einmal die Größe erreicht hat, bis zu der sie ihrer Meinung nach die Kinder noch verantwortlich zum Dienst für Gott erziehen kann?

„Seitdem mein Uterus operativ entfernt wurde, kann ich nicht mehr zum Orgasmus kommen, und ich habe seitdem immer häufiger mit Depressionen zu tun."

Sie haben zwei Probleme – Orgasmusstörungen und Depressionen. Beide rühren wahrscheinlich von derselben Ursache her – der Angst vor Minderwertigkeit. Die meisten Frauen befürchten, daß sie nach einer Hysterektomie als Frau nicht mehr vollwertig und unfähig zur sexuellen Erfüllung sind. Das entspricht durchaus nicht den Tatsachen. Es stimmt, daß durch eine Hysterektomie die monatliche Periode aufhört, aber die Angst vor einer Auswirkung auf die Freude an der ehelichen Liebe ist medizinisch völlig unbegründet. Im Gegenteil zeigen viele Frauen nach einem solchen Eingriff weniger Hemmungen und mehr Freude auf diesem Gebiet. Sie müssen aber den Gedanken beiseite schieben, daß Ihr Körper wegen der Entfernung Ihres Fortpflanzungsorgans nicht mehr normal reagieren kann.

Depressionen sind ein anderes Kapitel. Meistens sind sie in einem solchen Fall das Ergebnis von Selbstmitleid darüber, daß man diese Operation über sich ergehen lassen mußte. Danken Sie im Glauben Gott (1. Thessalonicher 5, 18) und murren Sie nicht ihm gegenüber. Sie werden staunen, wie sich Ihr Zustand daraufhin bessert. Wenn sich die Verhältnisse nicht in ein bis zwei Wochen ändern, suchen Sie Ihren Arzt auf – vielleicht brauchen Sie Hormonspritzen. Natürlich ist die Operation ein seelisch erschütterndes Ereignis, aber Selbstmitleid macht es nur schlimmer und verzögert die Heilung.

„Darf sich eine Christin Silikoneinspritzungen in die Brust geben lassen?"

Wenn das schon geschehen ist und Ihr Gewissen Sie drückt, bekennen Sie es und vergessen Sie es dann. Wenn es noch nicht geschehen ist, sollten Sie es auch nicht planen. Wenn Sie sich unnötigerweise einen Fremdkörper einpflanzen lassen, können sich Komplikationen ergeben. Abgesehen davon sollten Sie es lernen, sich so anzunehmen, wie Gott Sie schuf – da liegt Ihr Problem. Außer körperlichen Übungen (und ihre Wirksamkeit ist fraglich) kann man von Natur aus sehr wenig tun, um die Brustgröße zu verändern. Viele Frauen, denen eine Brust amputiert wurde, würden gern mit Ihnen tauschen. In Wirklichkeit sind Frauen mit großer Brust möglicherweise weniger empfindsam als ihre neidischen kleinen Freundinnen. Warum? Alle Frauen haben dieselbe Zahl von Nervenendungen, aber in einer großen Brust liegen sie wahrscheinlich weiter auseinander und nicht so nahe an der Hautoberfläche.

„Wie lerne ich, mit meinem Mann offener über sexuelle Dinge zu reden?"

Sexualität ist das aufregendste Thema der Welt, und doch sprechen die meisten Menschen nur mit Verlegenheit darüber. Das gilt vor allem für Ehepartner, wenn sie nicht von Anfang an damit beginnen – in ihren Flitterwochen oder kurz danach. Je länger man damit wartet, desto schwerer fällt es gewöhnlich. Angenommen, diese Frage käme von jemandem, der schon längere Zeit verheiratet ist, so würden wir folgende Schritte vorschlagen:

    1. Bitten Sie Gott um Führung und Leitung.

2. Wählen Sie eine für sich und den Partner günstige Zeit, wenn Sie nicht in Eile sind und nicht gestört werden.

3. Versichern Sie Ihrem Mann oder Ihrer Frau Ihre völlige Liebe, und sprechen Sie dann freundlich über Ihre eigentlichen Gefühle. Sagen Sie, daß Sie meinen, in Ihrem Liebesleben fehle etwas, und daß Sie gern darüber reden möchten.

4. Der schwierigste Schritt zur Bewältigung des Problems ist, daß beide Partner das Problem zugeben müssen. Wenn man Schwierigkeiten hat, über Sexualität zu sprechen, kann man wahrscheinlich auch schwer über andere Dinge sprechen.

5. Versuchen Sie, Ihren Partner dazu zu bewegen, dieses Buch zu lesen und offen mit Ihnen darüber zu reden.

5. Erwarten Sie eine Lösung – stellen Sie sich nicht alles zu trostlos vor; mit Gottes Hilfe können Sie das Problem überwinden (Philipper 4, 13).

7. Wenn die Schwierigkeiten nicht aufhören, beschließen Sie miteinander einen Besuch bei Ihrem Seelsorger.

„Wie kann man einem Mann klarmachen, daß die Leidenschaft einer Frau von den Sorgen und Problemen des Tages beeinträchtigt wird und daß ihre Müdigkeit und mangelnde Leidenschaft keineswegs eine Abweisung des Mannes bedeuten?"

Indem man es ihm sagt – freundlich und mit Liebe. Versichern Sie ihm, daß Sie die Müdigkeit nicht als Ausrede gebrauchen. Schlafen Sie ein wenig, bevor Ihr Mann nach Hause kommt? Wenn Sie meistens zu müde sind, wenn er die Liebe wünscht, dann ist vielleicht körperlich etwas nicht in Ordnung. Vielleicht brauchen Sie eine ärztliche Untersuchung, Vitamine, Training, mehr Ruhe oder Arbeitsentlastung.

„Wie weit sollte ein Ehepaar über frühere Beziehungen sprechen (einige davon pervers)?"

Praktisch nicht. Die Bibel lehrt uns, zu „vergessen, was dahinten ist", und dem nachzudenken, was rein ist (Philipper 4, 8).

Zwingen Sie sich, nur an die guten Seiten des Lebens zu denken, besonders an die Liebe zu Ihrem Partner.

„Wir sind so aktiv in unserer Gemeinde (Versammlungen am Abend usw.), daß wir kaum für die Liebe Zeit finden. Wie sollen sich Christen in der Ehe verhalten?"

Wenn Eheleute vor lauter Aktivität nicht mehr zur Liebe kommen, dann sind sie zu aktiv! Nichts sollte diesen wichtigen Bereich aus dem Leben verdrängen – nicht einmal die Gemeinde. Gott schuf beides – Gemeinde und Zuhause. Sie sollten nie miteinander konkurrieren. Gott wollte ein harmonisches Zusammenspiel. Wenn die Gemeinde auf Kosten der Ehe zuviel Zeit wegnimmt, setzen Sie Ihre Prioritäten falsch.

Wir empfehlen, daß Sie sich einmal Ihre Zeiteinteilung ansehen, und wenn Sie wirklich Ihr Heim und Ihre Familie vernachlässigen, um jeden Abend eine Versammlung zu besuchen, wird es Zeit, daß Sie einige Aktivitäten aufgeben und zu Hause bleiben.

„Wenn jemand Jesus Christus immer näher kommt, tritt dann die Sexualität nicht zurück und wird unwichtig, weil die echte geistliche Liebe ein Ehepaar zusammenhält?"

Das Aufsehen auf Christus ändert nichts an den Bedürfnissen und Funktionen unseres Körpers. Geisterfüllte Christen haben auch Hunger und Durst und werden müde, warum sollte nicht auch ihr Wunsch nach Liebe lebendig bleiben? Die sexuelle Liebe ist unter Eheleuten wirklich ein geheiligtes Erlebnis. Unsere Umfrage zeigt, daß geisterfüllte Christen sich durchschnittlich öfter lieben als andere Ehepaare in unserer heutigen Gesellschaft. Außerdem sucht „wahre Liebe" eine Ausdrucksform, der Liebesakt ist ein von Gott geschaffener Bezirk, um Liebe zu beweisen.

„Was kann eine Frau tun, wenn ihr Mann nicht öfter als ein- oder zweimal im Monat Geschlechtsverkehr wünscht (und die Frau zwei- oder dreimal in der Woche)?"

Sprechen Sie offen mit ihm. Vielleicht masturbiert er nebenher oder weiß nichts von Ihrem Wunsch. Prüfen Sie, ob Sie ihm untertan sind, wenn nicht, so kann das unbewußt seine Art sein, es Ihnen heimzuzahlen. Dann versuchen Sie, verführerischer zu wirken. Es gibt kaum einen Mann, der nicht von einer sexuell aufreizenden Ehefrau erregt wird.

Homosexualität

„Ist es ein Zeichen von Abartigkeit, wenn ein Kind mit seinen Geschlechtsorganen spielt?"

Neugier ist ein Kennzeichen aller Kinder, bei manchen mehr, bei manchen weniger. Es ist natürlich, wenn das Kind beim Anblick seiner und anderer Geschlechtsorgane neugierig ist, und kluge Eltern fassen das auch so auf. Schimpfen, Strafe oder Einschüchterung haben keinen Sinn, denn das Kind befindet sich in einer normalen Entwicklungsphase. Wenn es Ihre entspannte Einstellung bemerkt, kommt es bald über seine auffällige Beschäftigung mit diesen Dingen hinweg. Sie können solche Gelegenheiten nutzen, um mit ihm über all seine sexuellen Fragen zu sprechen. Benutzen Sie auch gelegentlich die richtigen medizinischen Ausdrücke für die verschiedenen Körperteile, dann faßt das Kind die Sexualität als natürliches Lebensgebiet auf.

Am besten informieren sich die Eltern über die sexuelle Entwicklung und überlegen sich die Antwort schon, bevor das Kind fragt.

„Wie sollte sich ein Christ der Homosexualität gegenüber verhalten?"

Dieses Problem nimmt in der heutigen Welt immer mehr überhand. Mein Amtsbruder und ich debattierten in einer Rundfunksendung mit zwei homosexuellen Pastoren, wobei diese ihre Einstellung rechtfertigen wollten. Interessanterweise konnten sie keine Bibelstelle als Unterstützung für ihre Thesen anführen. Als einziges versuchten sie die Feststellung des Paulus zu verwenden: „Ich bin allen alles geworden, damit ich allenthalben etliche rette" (1. Korinther 9, 22). Das ist aber eine völlige Verdrehung der Absicht des Apostels.

Die Bibel äußert sich klar zur Homosexualität. Nach Römer 1, 27 ist sie unnatürlich und schändlich. Den Kindern Israel befahl Gott, die Homosexuellen zu steinigen (3. Mose 20, 13), ein hartes Urteil, das eine Ausbreitung verhindern sollte. Jeder Homosexuelle verbreitet die Homosexualität möglicherweise weiter und verleitet viele junge Menschen auf seinen sündigen Lebensweg.

Die weitverbreitete Propaganda der weltlichen Universitäten bringt die Gesellschaft mehr und mehr dahin, die Homosexualität als normal anzusehen und alle gesetzlichen Schranken gegen sie aufzuheben. Daraufhin wird sich ihre Zahl wohl in tragischer Weise vervielfachen. Auch wenn dem Christen die Nächstenliebe aufgetragen ist, sollten wir in unseren Gemeinden alle nur möglichen Schritte unternehmen, um den Gesetzgeber zu Maßnahmen gegen diese Entwicklung zu veranlassen. Der Christ verhält sich beim Gebrauch seiner Rechte, die er zur Erhaltung von Moral und Anstand hat, viel zu passiv. Homosexualität wird in der Bibel als eine sehr schwere Sünde dargestellt, auf die hin Gott die Menschen preisgibt, wie es in Römer 1, 27 geschieht, um sie vom Erdboden auszurotten, wie er es zur Zeit Sodoms und Gomorras und in der Sintflut zur Zeit Noahs tat. Wenn man auch als Christ die Sünde der Homosexualität verurteilt, sollte man doch mit dem einzelnen Menschen Mitleid haben und ihm das Evangelium von Christus verkünden. Das ist die einzige Macht, die einen Menschen von diesem schrecklichen Laster befreien kann.

„Welche Ursachen hat die Homosexualität?"

Es gibt keine Patentantwort auf diese Frage, meist entsteht sie durch das Zusammentreffen mehrerer Faktoren. Eine der häufigsten Ursachen ist ein abnormer Haß auf das Gegengeschlecht, der durch eine herrschsüchtige Mutter, die „die Hosen anhatte", und einen weichlichen Vater ausgelöst wird. Dieser unbewußte Haß des Knaben auf seine Mutter überträgt sich und hemmt das Gefühl der Anziehung durch Mädchen seines Alters. Bei Frauen, sogenannten Lesbierinnen, bereitet oft eine Abneigung gegen den Vater das spätere perverse Leben vor. Ein Kind, das in einer gesunden Atmosphäre elterlicher Liebe groß wird, entwickelt nur selten eine Veranlagung zu abartigen Sexualpraktiken.

Ein weiterer Grund für Homosexualität oder lesbische Liebe ist die anormale, verwöhnende Liebe eines Elternteils zum Kind. Sie unterdrückt die gottgegebene instinktive Reaktion des Kindes auf das andere Geschlecht. Wenn eine Mutter von ihrem Mann keine Liebe erfährt, füllt sie oft in egoistischer Weise diese Leere in ihrem Herzen durch abnorme Liebe zu ihrem Sohn. Auch wenn sie dabei an nichts Böses denkt, baut doch diese übergroße Liebe in dem Jungen Schuldkomplexe auf, die seine normalen Reaktionen auf das andere Geschlecht unterdrücken. Im Unterbewußtsein hält er solche Gefühle für einen Verrat an der mütterlichen Liebe. Ebenso ist es bei einem Mädchen, das von seinem Vater derartig mit Liebe überhäuft wird, der selbst vielleicht von seiner Frau nicht genügend Liebe erfährt. Dr. Howard Hendricks stellte auf vielen unserer Seminare deutlich heraus, daß „*Kinder zwar Liebe brauchen, aber doch immer wissen sollten, daß sie im Herzen der Eltern erst an zweiter Stelle rangieren. Wenn sie sich für die Nummer eins halten, haben sie im Erwachsenenalter Schwierigkeiten, normal auf das andere Geschlecht einzugehen.*"

Normale Liebesreaktionen bei Kindern gedeihen am ehesten in einer herzlichen, liebevollen Atmosphäre zwischen den Eltern. Die seelische Entwicklung ist dann so normal, daß sie sich dem anderen Geschlecht gegenüber ohne Spannungen verhalten können. Obwohl die Eltern vor ihren Kindern nicht zu intim werden sollten, ist es doch gut für sie, wenn sie sehen, wie ihre Eltern sich umarmen und sich echte Liebe bezeigen.

Denken Sie auch daran, daß sich die Kinder in der Zeit der Pubertät häufig dem eigenen Geschlecht zuwenden. Jungen zum Beispiel „hassen" dann die Mädchen. Zu Beginn der Pubertät kann eine unerklärliche Zuneigung zu einem anderen Jungen oder Mann auftreten. Daher sollte man die Heranwachsenden zu Hause oder in der Gemeinde gründlich im Blick auf Gottes Prinzipien unterweisen, daß nämlich freundschaftliche Beziehungen zwischen Jungen und Mädchen richtig und normal sind. Voreheliche und gleichgeschlechtliche sexuelle Beziehungen sind abzulehnen. Solche Unterweisungen wirken bewahrend in dieser kritischen Lebensphase, auch wenn der Junge manchmal nicht weiß, ob er „Fisch oder Vogel" ist. Später entwickelt er dann meist eine gesunde Zuneigung zum anderen Geschlecht.

Bei vielen Homosexuellen ist fast jeder Fall ähnlich gelagert. Ein Junge mit einem großen Liebesbedürfnis trifft auf einen Vertreter der Homosexualität, der dieses Liebesbedürfnis stillt, und zwar erst auf platonische Weise, indem er ihn zum Fischen oder zum Gewichtheben mitnimmt oder sonst Zeit für ihn hat. Der junge Mensch ist sich kaum bewußt, daß ihm genauso sorgsam der Hof gemacht wird, wie es zwischen Mann und Frau geschieht. Wenn er dann emotionell geködert ist und homosexuelle Beziehungen vorgeschlagen werden, werden die ersten Gedanken an Ablehnung beiseite gefegt durch die Angst, er könnte „den einzigen Menschen verlieren, der ihn je liebte".

Der Junge ist sich dessen kaum bewußt, daß er die spätere normale Liebesbeziehung zu einer Frau und vielleicht auch die Aussicht auf Kinder aufs Spiel setzt für die Befriedigung seines spontanen Liebesbedürfnisses.

Man muß sich fragen: „Wenn sie zuerst eigentlich gar nicht wollen, warum sind sie dann am Ende doch überzeugte Homosexuelle?" Weil Homosexualität erlernt wird. Man kann auf allen Gebieten ein Begehren entwickeln, wenn man etwas nur oft genug tut. Ist es einmal soweit, dann entwickelt der Mensch alle möglichen Rechtfertigungen dafür. Schließlich ist sein von Gott gegebenes Gewissen „herausgebrannt wie mit einem glühenden Eisen", und er brüstet sich noch mit seiner Sünde, und damit erscheint ein weiterer Vertreter der Homosexualität.

„Gibt es überhaupt Heilung für einen Homosexuellen oder eine Lesbierin?"

Die Antwort auf diese Frage hängt davon ab, ob ein Mensch bereit ist, Jesus Christus als seinen Herrn und Heiland anzunehmen. Ist er dazu bereit, kann man ihn heilen, jede andere Behandlung aber zeigt wenig Erfolg. Ein bekannter Psychiater räumt ein: „Ehrlich gesagt, ich konnte noch nie einen Homosexuellen heilen, und ich kenne auch niemanden, der damit Erfolg hatte."

Zu allem Unglück versuchen die meisten Psychiater, Erzieher und Berater nicht einmal, eine Heilung zu bewirken, sondern ermutigen den Betreffenden noch, sein Begehren nicht als abartig anzusehen, sondern als „andere Ausdrucksform der Sexualität" anzunehmen.

Ein Bibelvers ist außerordentlich ermutigend für jeden in Sünde verstrickten Menschen, er trifft auch für Homosexuelle zu: *„Bei den Menschen ist es unmöglich, aber nicht bei Gott: Denn bei Gott sind alle Dinge möglich"* (Markus 10, 27).

Wir konnten mehrmals beobachten, daß sich ein Homosexueller zu Jesus Christus bekehrte und sich durch seine Macht aus der Verstrickung dieser Sünde befreien ließ. Das ist nie leicht, aber mit Gottes Hilfe ist es möglich. Das folgende Schema haben wir bei mehreren Personen angewandt:

1. Nehmen Sie Jesus Christus als Herrn und Heiland Ihres Lebens an.

2. Betrachten Sie Homosexualität und lesbische Liebe als Sünde (Römer 1, 26, 27, 32).

3. Bekennen Sie diese Sünde (1. Johannes 1, 9).

4. Bitten Sie Gott, daß er sie von dieser Sünde befreit (1. Johannes 5, 14 und 15).

5. Leben Sie unter dem Einfluß des Heiligen Geistes. Lesen Sie täglich die Bibel und seien Sie gehorsam gegenüber den Anweisungen und Lehren der Bibel (Galater 5, 16–25; Epheser 5, 17–21; Kolosser 3, 15–17).

6. Brechen Sie den Kontakt mit allen früheren homosexuellen Freunden ab.

7. Meiden Sie Orte, wo sich solche Menschen treffen.

8. Entwickeln Sie eine gesunde Denkweise und lassen Sie bei sich nie Vorstellungen von abartigem oder unmoralischem Verhalten zu (Philipper 4, 8).

9. Suchen Sie sich einen charakterstarken Freund, der Christ ist, dem Sie Ihre Not anvertrauen und an den Sie sich um Hilfe wenden können, wenn die Versuchung an Sie herantritt.

Ein Mann, den ich vor Jahren beraten habe, wollte aufrichtig von dieser schrecklichen Sünde loskommen. Er versprach mir, nie wieder in den Stadtpark zu gehen, wo er früher oft andere Männer getroffen hatte. Zu seiner weiteren Festigung vereinbarten wir, daß ich ihn jederzeit zu seinem Besten fragen dürfte: „Waren Sie kürzlich in der Nähe des Parks?"

Später bekannte er: „Es war mir in der Versuchung eine große Hilfe zu wissen, Sie würden mir hin und wieder begegnen, mir in die Augen sehen und mich das fragen." Man kann mit dieser Gewohnheit auch ohne einen solchen Freund brechen, es ist aber viel leichter, wenn man einen hat.

Mit der Zeit verschwinden der Trieb und die Versuchung, wenn man dagegen angeht, aber jedesmal, wenn man es wieder tut oder daran denkt, verstärkt man die Bindung und erschwert die Überwindung.

Denken Sie an das Prinzip von Saat und Ernte: Man erntet, was man sät – aber es braucht Zeit. Die Gefühle, die wir im Augenblick haben, sind zum Beispiel weitgehend das Ergebnis der Taten und Gedanken der letzten dreißig bis sechzig Tage. Wenn man nach weiteren dreißig bis sechzig Tagen eine bessere

Ernte an Gefühlen, Trieben und Wünschen haben will, dann muß man heute mit Gottes Hilfe in seinen Gedanken besseren Samen ausstreuen.

„Wachsen Kinder, die nur von einem Elternteil erzogen werden, mit einer natürlichen Haltung zum eigenen und zum anderen Geschlecht auf?"

Diese Frage geht mir nahe, weil meine Mutter Witwe war. Ich war fast zehn, meine Schwester fünf Jahre und mein Bruder sieben Wochen alt, als mein Vater starb. Alle entwickelten wir normale Beziehungen zum anderen Geschlecht, und wir können auf drei glückliche Ehen und insgesamt dreizehn Kinder schauen.

Mein Bruder, der seinen Vater nicht kannte, hat fünf Kinder und ist Oberfeldwebel bei der Luftwaffe. Augenscheinlich verhält er sich Männern wie Frauen gegenüber durchaus normal.

Die Bibel verheißt, daß Gott „ein Vater der Waisen ist" (Psalm 68, 6). Wir haben das wirklich erfahren. Es scheint, als ob sich ein Kind mit nur einem Elternteil sogar leichter im Leben zurechtfindet als ein Kind, das in einem Zuhause groß wurde, wo unter den Eltern Haß und Streit herrschte. Wenn eine Witwe oder geschiedene Frau ihre Kinder allein erziehen muß, erkennen sie offenbar ganz selbstverständlich die Führungsrolle der Mutter an. Wenn die Frau nicht übers Ziel hinausschießt und die Kinder verwöhnt oder zu arg bevormundet, entwickeln sie ein völlig normales Verhältnis zum anderen Geschlecht. Es ist für eine Mutter unter solchen Umständen eine Hilfe, wenn sie damit rechnet, daß Gott sich um das seelische Wohlergehen ihrer Kinder kümmert. Dann überträgt sich die Erwartung einer völlig normalen Entwicklung auf die Kinder, und so entfalten sie sich dann auch.

Außerdem ist ein aufgeschlossenes Gespräch mit den Kindern über ihre Zukunft immer gut. Verwenden Sie beispielsweise für die Zukunft nie das Wort „falls". „Wenn du dann erst einmal verheiratet bist" oder „wenn du erst einmal auf die höhere Schule gehst", ist immer ein besserer Ausdruck als „falls du einmal heiraten solltest" oder „falls du je zur höheren Schule gehst". Die positive Haltung einer Mutter, die in jeder Lebensphase ihres vaterlosen Kindes Erfolg erwartet, ist nach der Zusage des himmlischen Vaters, „ein Vater der Waisen" zu sein, der tragfähige Grund für einen jungen Menschen.

Liebe

„Kann man sexuelle Beziehungen auch ohne eine enge, liebevolle seelische Bindung genießen?"

In einer solchen Beziehung leben Millionen Paare in der ganzen Welt. Ein Paar, das die Liebeskunst kennenlernte, hat gelegentlich Koitus, aber nie so häufig und leidenschaftlich wie echte Liebende. Liebe ist ein Gefühl, das man pflegen muß; kein Christ sollte sich mit einer Ehe ohne Liebe abfinden. Das erste Kennzeichen eines vom Heiligen Geist erfüllten Lebens ist Liebe. Wenn Sie gegenüber Ihrem Partner keine solche Liebe empfinden, sollten Sie Ihr geistliches Leben prüfen.

„Ist es wirklich egoistisch, wenn ich mehr sein will als das Mittel zum sexuellen Glück meines Mannes? Ist es falsch, wenn ich es auch genießen will?"

Sicher nicht! Jede Frau erwartet mit Recht in der Liebe den Orgasmus. Ihr Mann fühlt sich vielleicht als schlechter Liebhaber, weil er Sie nicht befriedigen kann und überspielt das. Anstatt es zuzugeben, tut er so, als wäre nichts. Sprechen Sie mit ihm, empfehlen Sie ihm die Lektüre dieses Buches. Jeder Mann kann für seine Frau ein aufregender Liebhaber werden – wenn er rücksichtsvoll genug ist und an die Bedürfnisse seiner Frau denkt.

Menopause

„Was bedeutet „Menopause", und wodurch wird sie verursacht?"

In der Menopause (oder den Wechseljahren) nimmt die Aktivität der Eierstöcke allmählich ab. Obwohl es große Unterschiede gibt, beginnen die unregelmäßigen Menstruationszyklen bei den meisten Frauen in den vierziger Jahren, aber bis in die fünfziger Jahre hören die Monatsblutungen nicht auf. Mit zunehmendem Alter vermindert sich die Östrogenproduktion, die für die Entstehung der Eifollikel verantwortlich ist; dabei treten einige Veränderungen in der Lage des Uterus auf, die Unregelmäßigkeiten verursachen. In einigen Extremfällen erleben die Frauen in der Menopause ein Nachgeben der Brüste, Verbreiterung der Hüften und eine wachsende Gewichtszunahme. Manche Frauen klagen über plötzliche Hitzegefühle, während andere niedergedrückt, weinerlich und reizbar werden. Jede Frau mit solchen Symptomen sollte ihren Arzt aufsuchen, weil man viele dieser Erscheinungen durch Geben von Östrogen unter Kontrolle bringen kann.

„Warum haben manche Frauen während der Menopause größere Schwierigkeiten als andere?"

Alle Frauen unterscheiden sich in ihrem Temperament, ihrer geistigen Einstellung, den Drüsenfunktionen und der Aktivität ihres Körpers.

Meist spielen zwei Faktoren die Hauptrolle:

1. Östrogenmangel. Dabei kann nur der Arzt helfen, aber nach Aussage vieler Frauen trat nach der Einnahme der verschriebenen Östrogengaben eine spürbare Besserung ein.

2. Die richtige Geisteshaltung. Sie ist wichtiger als die meisten Menschen glauben. Wenn eine Frau von der Menopause ein vollkommenes „Umkippen" erwartet, findet sie sich darin gewöhnlich bestätigt. Ist sie aber aktiv, hat Freude am Leben und rechnet damit, diese Zeit „im Vorübergehen mitzunehmen", gelingt das meistens auch.

„Wirkt sich die Menopause negativ auf die Sexualität der Frau aus?"

Das kommt auf die Frau und ihren Mann an. In einer gespannten Ehesituation kann die Menopause sicher zum Problem werden, in einzelnen Fällen kann sie auch eine gesunde Ehe über Gebühr beanspruchen. Bei manchen Frauen schwinden aber auch die Hemmungen, wenn ihre Menstruation langsam aufhört. Nach dem derzeitigen Stand der Forschung zeigen viele Frauen nach dem vierzigsten Lebensjahr größeres Interesse am Sex als vorher. Es hängt viel davon ab, ob die Frau durch das Schwinden ihrer Periode einen Verlust ihrer Weiblichkeit befürchtet. Wenn sie sich einmal im klaren darüber ist, daß ihre Weiblichkeit nicht von der monatlichen Periode abhängt, kann sie noch viele Jahre lang an der ehelichen Liebe Freude haben.

Nach der Menopause können bei manchen Frauen beim Geschlechtsverkehr Schmerzen auftreten, weil aufgrund des niedrigen Hormonspiegels die Scheidenwände dünner und weniger elastisch werden. Infolgedessen empfinden sie den Koitus als unangenehm. Das kann man aber gewöhnlich durch die Einnahme einer entsprechenden Menge Östrogen verhindern oder durch Anwendung einer Scheidencreme vermeiden, die Östrogen enthält und durch die Haut aufgenommen wird. Eventuell verwendet man auch ein künstliches Gleitmittel.

Im allgemeinen kann man feststellen, daß Frauen mit befriedigendem Geschlechtsverkehr, ein- oder zweimal wöchentlich, in den Jahren der Menopause weniger Symptome von Hitzewallungen, Reizbarkeit und Nervosität zeigen. Auch weisen sie wesentlich geringere Veränderungen der Scheidenwände und nur ein geringes oder gar kein Absinken des Hormonspiegels auf.

„Kann eine Frau in der Menopause schwanger werden?"

Ja, das ist möglich. Hier liegt der Grund des Ausdrucks „Wechseljahre-Kind". Viele Frauen meinen irrtümlich beim Ausbleiben einiger Monatsblutungen, daß sie nun über den Berg wären. Die Ovulation kann bei der Frau auch ohne Menstruation auftreten, und dann ist sie für eine Schwangerschaft bereit. Wahrscheinlich werden nur sehr wenige Frauen in dieser Phase schwanger, aber man kann keine Voraussagen darüber machen. Manche Ärzte empfehlen den Frauen, noch ein Jahr nach ihrer letzten Periode Empfängnisverhütungsmittel anzuwenden. Nach dieser Zeit kann man als sicher annehmen, daß die Eierstöcke nicht mehr in Tätigkeit sind.

„Was kann der Mann tun, wenn seine Frau in die Wechseljahre kommt?"

Bei seiner Hochzeit versprach er, sie „in guten wie in bösen Tagen" zu lieben. Auch wenn der Mann das als die schlimmste Phase der Ehe ansieht, erwartet Gott von ihm, daß er seine Frau liebt. Manche Frauen fühlen sich in dieser Zeit unsicher und brauchen Gewißheit, daß ihr Mann sie liebt und ihre Weiblichkeit anerkennt. Der Mann kann ihr als einziger wirklich geben, was sie braucht: Liebe, Geduld, Freundlichkeit, Langmut und Verständnis. Er sollte daran denken, daß Gott nichts von ihm verlangt, wofür er ihm nicht auch Hilfen gibt. Er gibt ihm bestimmt so viel Liebe für seine Frau, wie er braucht, um ihr zu helfen.

Sie wird auf das Verhalten ihres Mannes voller Liebe reagieren und es ihm nach der Menopause danken. Es handelt sich nur um eine vorübergehende Phase, und es können noch lange Jahre der Zärtlichkeit folgen.

Der Mann kann in dieser Zeit seiner Frau auch dadurch helfen, daß er ihre Gesellschaft sucht und sie an möglichst vielen Bereichen seines Lebens Anteil nehmen läßt. In diesem Alter beanspruchen die Kinder gewöhnlich nicht mehr die ständige

Aufmerksamkeit der Mutter. Sie könnte darum auf den Gedanken kommen, es fehle ihr an Verantwortung und sie habe viel zuviel Zeit, darum muß sie das Bewußtsein haben, daß jemand sie wünscht und braucht.

Auch eine gute Gemeinde kann für Mann und Frau hilfreich sein, die Gemeinschaft mit anderen Menschen ihres Alters und der christliche Dienst können den Einsatz lohnen.

Menstruation

„Kann man den Geschlechtsverkehr während der Monatsblutung medizinisch empfehlen?"

Heute halten die meisten Fachleute auf medizinischem Gebiet den Geschlechtsverkehr während der Menstruation für unschädlich. Es ist aber eine unsaubere Angelegenheit, die man meiden sollte, weil die weiblichen Geschlechtsorgane in dieser Zeit manchmal verengt sind und leicht verletzt werden können. Die Stimmung der Frau kann dann sehr schnell von liebevoll-zärtlich auf kühl-abweisend umschlagen. Interessanterweise wird in dieser Zeit aber auch ihr sexuelles Interesse leicht erregt.

„Verbietet die Bibel den Geschlechtsverkehr während der Menstruation?"

Die Reinheitsvorschriften des Alten Testaments besagten, daß die Frau nach der Menstruation sieben Tage lang als unrein gelten sollte. Geschlechtsverkehr war daher in dieser Zeit verboten (3. Mose 15, 19). Meistens hatten die Reinheitsgesetze sowohl hygienische als auch geistliche Hintergründe. Aber diese Gesetze wurden vor dreieinhalbtausend Jahren gegeben – vor der Verbreitung von Duschen und Bädern und vor der Erfindung von Tampons, Desinfektionsmitteln und anderen bewährten hygienischen Maßnahmen. Der Tod Christi hat ein für allemal diese Reinheitsgesetze, Rituale und Verordnungen gegenstandslos gemacht (Hebräer 9, 1–10, 25), deshalb sind wir nicht mehr an sie gebunden. Unserer Meinung nach ist Geschlechtsverkehr während der Menstruation keine Sünde, aber man sollte ihn während der Tage der Blutungen meiden.

Orale Sexualität

„Was bedeutet ‚orale Sexualität‘?"

Zwei Ausdrücke sind zur Beschreibung oraler Sexualität gebräuchlich. Bei der Fellatio nimmt die Frau den Penis des Mannes in den Mund und reizt die Glans penis mit Lippen und Zunge. Cunnilingus bedeutet, daß der Mann seine Frau mit dem Mund in der Schamgegend reizt, gewöhnlich berührt dabei seine Zunge die Clitoris. Bei beiden Arten von oraler Sexualität kann man den Orgasmus erreichen.

„Dürfen Christen orale Sexualität praktizieren?"

Fast jede Woche erreicht uns diese Frage brieflich oder bei Beratungen, besonders während der letzten Jahre. Männer wünschen dieses Erlebnis offenbar mehr als Frauen, aber in letzter Zeit scheint auch bei den Frauen, aufgrund der vielen Bücher zur Sexualität auf dem Markt, eine wachsende Neugier aufzutreten. Ohne Zweifel ist diese Praxis auf dem Vormarsch. Nach Meinung eines Autors haben sich 80 Prozent der Ehepaare schon darin versucht, aber obwohl sie vielleicht Freude daran finden, haben viele deswegen Schuldgefühle.

Die Bibel schweigt zu diesem Thema völlig, trotzdem haben wir schon die verschiedensten Meinungen gehört. Von den christlichen Ärzten aus unserer Umfrage hielten 73 Prozent diese Methode auch für Christen für annehmbar, solange beide Partner Freude daran haben, 27 Prozent billigen sie nicht. Zu unserer Überraschung hielten 77 Prozent der Seelsorger sie für erlaubt und 23 Prozent nicht. Seltsamerweise berichten viele Menschen, die uns um unsere Meinung fragen, daß sie bereits mit einem Seelsorger gesprochen hätten, der diese Methode ablehnte.

Gewöhnlich trifft man auf starke Ablehnung, wenn man das Thema anspricht, nur wenige scheinen es zu befürworten, aber wer weiß, was die Menschen in der Intimität ihres Schlafzimmers tun? Manche haben wahrscheinlich aufgrund persönlicher Vorurteile Einwände gegen diese Praxis, die sie dann hygienisch oder geistlich begründen, aber die Ärzte sagen uns, daß es nicht gesundheitsschädlich ist. Jedes Ehepaar muß seine eigene Entscheidung treffen.

Wir persönlich empfehlen es nicht, lehnen es aber auch nicht ab. Wir haben keine biblische Begründung für ein Verbot, wenn beide Ehepartner Freude daran haben. Wir glauben allerdings nicht, daß diese Praxis ein Ersatz für den Koitus sein kann. Wenn sie einen Platz in der Ehe hat, so sollte sie sich auf das Vorspiel beschränken. Eine Warnung sollte aber nicht verschwiegen werden: Die Liebe gebietet, daß ein Partner dieses Erlebnis nie vom anderen fordert.

„Hat orale Sexualität hygienische Auswirkungen?"

Die heutige Mode der oralen Sexualität kann sich als wesentlich schädlicher erweisen als ihre Befürworter wahrhaben wollen. Einige Forscher halten es für möglich, daß durch orale Sexualität Hautkrankheiten übertragen werden, die in einigen Fällen sogar zu Gebärmutterhalskrebs führten. Der folgende Brief von Dr. Louis Berman, einem Studentenberater an der Universität von Illinois, an die Journalistin Ann Landers ist in diesem Sinne sehr aufschlußreich:

„Liebes Fräulein Landers,
in einem Artikel warnten Sie vor kurzem vor einer kaum bekannten, aber gar nicht so seltenen Krankheit, die man als Herpes simplex II bezeichnet und die zu Sterilität und Krebs führen kann.

Ich bin kein Arzt, sondern Studentenberater und erfuhr von Herpes durch das traurige Erlebnis eines netten, fröhlichen Studenten, der sich während einiger Ferientage infizierte, als er die Bekanntschaft mit einer früheren Freundin erneuerte. Während unseres Gesprächs erinnerte er sich, daß seine Freundin mit einem Mann intim gewesen war, der häufig unter Ausschlag litt.

Herpes ist ein Virus, der Ausschlag verursacht und wegen des ständigen Anwachsens der oralen Sexualität immer mehr zur Geschlechtskrankheit wird. Pornographische Filme und „Kunst" verbreiten die orale Sexualität in einem Maße, wie man es noch vor zehn Jahren kaum für möglich hielt.

Als Berater habe ich die Erfahrung gemacht, daß viele meiner Kollegen (wie die Sexualforscher) orale sexuelle Spielarten direkt oder indirekt anregen. Ich halte es nur für angebracht, daß man die Öffentlichkeit mit den Risiken bekannt macht, die diese Praxis zur Folge hat.

Mir sind viele Artikel über Herpes in Zeitungen und vielgelesenen Zeitschriften begegnet, aber meines Wissens wurde der Zusammenhang zwischen Herpes und oraler Sexualität nie erwähnt. Vielleicht fehlt vielen Autoren der Mut, die Tatsachen zu berichten. Wie steht es mit Ihnen, Ann Landers?"

Zusätzliche Untersuchungen könnten sehr wohl einige dieser schwerwiegenden Möglichkeiten untermauern und die orale Sexualität, die manche ohnehin als abstoßend empfinden, als extrem gesundheitsschädlich herausstellen.

Petting

„Was versteht man unter Petting?"

Jemand schlug vor, alles als „Necking" zu bezeichnen, was sich zwischen zwei unverheirateten Menschen verschiedenen Geschlechts oberhalb des Halses abspielt, und als „Petting" alles Berühren unterhalb des Halses. Eigentlich ist Petting ein spitzfindiger Ausdruck, der ein unerlaubtes sexuelles Vorspiel unter

Unverheirateten beschreibt, und das ist gefährlich. Fast alle Mädchen, die ein uneheliches Kind bekommen, stimmten intimem Petting zu, bis sie dann schließlich zum Geschlechtsverkehr kamen. Petting soll eigentlich als Vorbereitung zum Geschlechtsverkehr die Leidenschaft anregen, daher sollten es nur Ehepartner praktizieren. Die Voraussetzung für das Petting sollte immer der Trauschein sein. Die meisten Mädchen denken nicht daran, daß die Zeit im Monat, in der sie sich am meisten nach Liebe sehnen, auch ihre fruchtbarste Zeit ist und daß sie dann ihre Leidenschaften am wenigsten unter Kontrolle haben. Petting ist für sie gerade zu dem Zeitpunkt am gefährlichsten, wo sie es am liebsten erleben möchten.

Unter Ehepaaren gilt es gewöhnlich als der erregendste Zeitvertreib.

„Schadet intimes Petting vor der Ehe einem guten Ehebeginn auf sexuellem Gebiet? (Bei uns war das so – wir hatten erhebliche Schuldgefühle).“

Die meisten Berater halten das für eine häufige Erfahrung.

Phantasien

„Sind sexuelle Phantasien unrecht, solange man keinen Ehebruch begeht? Obwohl ich mich deswegen schuldig fühle, finde ich sie erregend. Drei Psychiater sagten mir, es sei völlig normal, und jeder hätte sie.“

Das Phantasieren im Hinblick auf eine andere Frau als die eigene ist ein hübscher Ausdruck für die altmodische „Lust“, die Jesus Christus mit Ehebruch gleichsetzt (Matthäus 5, 28). Die Bibel sagt viel zur Reinerhaltung unserer Gedankenwelt (Philipper 4, 8), „wir zerstören damit Anschläge . . . und nehmen gefangen alle Gedanken unter den Gehorsam Christi“ (2. Korinther 10, 5). Gedanken sind die Tür zu den Gefühlen und zum Herzen. Wenn man böse oder lüsterne Gedanken hegt, regt sich die Lust. Phantasien bewirken oft, daß jemand seinen Partner eher benutzt als ihn oder sie zu lieben. Eine Überreizung und von daher eine zu frühe Ejakulation kann die Folge sein, oder es werden unrealistische Erwartungen aufgebaut. Nur weil etwas erregend ist, ist es noch lange nicht gut.

„Wie kann ich meine Gedankenwelt beherrschen?"

In sechs Schritten kann man seine Gedanken kontrollieren lernen:

1. Bekennen Sie alles Böse als Sünde (1. Johannes 1, 9).

2. Leben Sie unter der Herrschaft des Heiligen Geistes (Galater 5, 16–25).

3. Bitten Sie Gott um den Sieg über diese Gewohnheit (1. Johannes 5, 14, 15).

4. Meiden Sie möglichst alles entsprechende Material, das heißt: Sex-Filme, fragwürdige Fernsehsendungen und Pornographie.

5. Sind Sie verheiratet, so denken Sie nur an Ihre Frau oder Ihren Mann. Sind Sie ledig, zwingen Sie sich zu reinen Gedanken über alle anderen Menschen (Philipper 4, 8).

6. Wiederholen Sie das in den Punkten 1–5 Gesagte öfter, wenn lüsterne Gedanken auftauchen.

Es dauert etwa dreißig bis sechzig Tage, eine neue Gedankenwelt zu schaffen. Erwarten Sie daher den Erfolg nicht über Nacht und gestatten Sie Ihren Gedanken keine Ausnahme. Allmählich wird es Ihnen leichter fallen, Ihre Gedanken unter Kontrolle zu halten, aber hin und wieder werden sich Mann und Frau stärkeren Versuchungen dieser Art gegenübersehen.

„Sollte sich eine Frau in der Liebe durch sexuell erregende Gedanken oder Vorstellungen stimulieren? Wie sollten sie aussehen? Sind solche Gedanken Sünde (wenn sie sich nicht auf den eigenen Mann beziehen)?"

Ja und nein. Ja – es ist völlig in Ordnung, wenn sich die Frau die Umarmungen und Liebkosungen ihres Mannes vorstellt. Nein – die Frau sollte sich nicht in den Armen eines anderen Mannes vorstellen, das ist unerlaubte Lust, die von unserem Herrn ausdrücklich verboten ist. *„Ich aber sage euch: Wer eine Frau ansieht, ihrer zu begehren, der hat in seinem Herzen schon Ehebruch mit ihr begangen" (Matthäus 5, 28).*

„Wieviel Sex oder Lust kann man sich bei den täglichen Gedanken erlauben?"

Keine! Lust ist wie eine Krankheit – sie wird immer schlimmer. Machen Sie Ihre Gedanken Jesus Christus untertan (2. Korinther 10, 5) und verwerfen Sie alle bösen Vorstellungen.

Romantik

„Die meisten sexuellen Lehrbücher raten den Paaren, hin und wieder zu einem kleinen Liebesurlaub wegzufahren, aber wie kann sich ein Pastor mit einem sehr schmalen Geldbeutel einen solchen Luxus leisten?"

Als erstes sollte er im Gebet prüfen, ob sein Gehalt im Vergleich zum ganzen Gemeindehaushalt zu klein ist. Ist das der Fall und kann die Gemeinde es sich leisten, ihm eine Gehaltserhöhung zu geben, sollte er im Gebet erwägen, ob er nicht mit dem Gemeindevorstand reden sollte. Wenn der jährliche Haushalt erstellt wird, sollte er offen sagen, daß er mit seinem Gehalt nur schwer auskommt und sollte eine angemessene Erhöhung beantragen. Hier gilt Matthäus 6, 33; wenn man zuerst nach dem Reich Gottes trachtet, ist es durchaus in Ordnung, an dritter oder vierter Stelle auch nach einem vernünftigen Gehalt zum Leben zu trachten. Das schuldet man seiner Familie.

Wenn man die Gemeinde nach einer Gehaltserhöhung fragt, bedeutet das aber noch nicht, daß man sie auch bekommt.

(Wenn man dann auch in der Gemeinde weiß, wie der Pastor oder Prediger ehrlich denkt.) Am besten legt man sich auch noch einen „Plan B" zurecht. Dazu schlagen wir vor, daß man seinen Wunsch zu einem besonderen Gebetsanliegen macht. Gott wird dann für irgendeine Nebentätigkeit oder eine besondere Gabe eines Gemeindegliedes sorgen oder es irgendwie anders ermöglichen. *„Bittet, so wird euch gegeben" (Matthäus 7, 7).* Es geht darum, einen solchen „kleinen Liebesurlaub" auf seiner Wertskala als vorrangig einzustufen – Sie und Ihre Frau brauchen das!

Wir werden nie das rücksichtsvolle Ehepaar vergessen, das uns für eine Woche in einem Hotel in Palm Springs einmietete, als wir damals keinen Pfennig in der Tasche hatten. Ich kann nur wünschen, daß mehr Gemeindeglieder ihrem Hirten und seiner Frau gegenüber so großzügig sind.

Man kann auch die Geldgeschenke von der Hochzeit sparen und sie für eine gelegentliche Fahrt zu einem „kleinen Liebesurlaub" verwenden. Außerdem muß sich nicht nur ein Pastor mit seiner Frau hin und wieder einmal von den Kindern und der Hausarbeit absetzen, jede Ehe kann von dieser Praxis nur profitieren. Auch wenn man an allen Ecken und Enden sparen muß, lohnt sich diese Ausgabe.

Sexualität in der Schwangerschaft

„Ich bin schwanger (erstes Kind), und mein Mann hat übermäßig Angst, mich oder das Kind zu verletzen. Das hemmt unser Geschlechtsleben sehr. Ist das normal?"

Seien Sie glücklich, daß Sie einen so rücksichtsvollen, besonnenen Mann haben. Seine grundlose Furcht aber betrügt Sie beide um viele wundervolle Gelegenheiten, sich Ihre gegenseitige Liebe zu beweisen. Die meisten Ärzte meinen, daß Liebesbeziehungen bis etwa sechs Wochen vor dem voraussichtlichen Geburtstermin völlig unbedenklich sind. Bewegen Sie Ihren Mann zu einem Gespräch mit dem Arzt, der kann am besten die Vorstellungen Ihres Mannes im Blick auf dieses Thema richtigstellen.

Selbstbefriedigung

„Ist es unrecht, wenn man sich als Christ selbst befriedigt?"

Auf sexuellem Gebiet gibt es wahrscheinlich keine umstrittenere Frage als diese. Noch vor wenigen Jahren hätte jeder Christ ohne Überlegung „Ja" gesagt, aber das war vor der sexuellen Revolution und bevor die Ärzte erklärten, daß es nichts Gesundheitsschädliches ist. Ein Vater kann heute seinen Sohn nicht mehr mit gutem Gewissen warnen, daß „Hirnschäden, Schwäche, Haarausfall, Erblinden, Epilepsie und Geisteskrankheit" die Folgen von Selbstbefriedigung sind. Manche bezeichnen sie immer noch als „Selbstmißbrauch" und „Sünde", andere befürworten sie als notwendige Erleichterung für den unverheirateten und Hilfe für den verheirateten Mann, dessen Frau schwanger ist oder der aus Geschäftsgründen nicht zu Hause leben kann.

Der Einfluß des Humanismus zeigt sich darin, daß interessanterweise in unserer Umfrage von fünfundzwanzig christlichen Ärzten 18 die Masturbation befürworten und sieben sie als falsch empfanden. Im Unterschied dazu billigten von den Seelsorgern, die in einem Seminar studiert und oft eine christliche Höhere Schule besucht hatten, nur 13 Prozent die Selbstbefriedigung, und 87 Prozent hielten sie für falsch.

In den meisten Fällen kennen sich die Seelsorger bei diesem Thema aus, wahrscheinlich haben sie in Beratungen öfter damit zu tun als Ärzte. Sicherlich werden sie auch durch alleinstehende Männer in ihrer Freizeit- und Jugendarbeit damit konfrontiert. Unter den Teilnehmern unserer Umfrage erklärten 52 Prozent der Männer und 84 Prozent der Frauen, sie hätten sich nie oder nur selten selbst befriedigt, 17 Prozent der Männer und 4 Prozent der Frauen gaben zu, daß sie häufig und regelmäßig masturbiert hätten. Viele davon stellten ausdrücklich fest, daß sie es nicht mehr praktizierten, seit sie Christen geworden seien.

Leider schweigt die Bibel zu diesem Thema, daher ist es gefährlich, feste Behauptungen aufzustellen. Obwohl wir durchaus Verständnis für die Leute haben, die die altehrwürdigen Tabus an dieser Stelle aufheben wollen, möchten wir doch folgende Gründe anführen, die uns zu der Ansicht kommen lassen, daß diese Praxis für Christen unannehmbar ist.

1. Zur Masturbation gehören gewöhnlich lüsterne Vorstellungen, und die Bibel verurteilt solche Gedanken (Matthäus 5, 28).

2. Das Geschlechtsleben wurde von Gott für die Gemeinschaft zweier Menschen verschiedenen Geschlechts geschaffen, daher ergibt sich eine gesunde und notwendige Abhängigkeit voneinander. Masturbation widerspricht dieser vorherbestimmten Abhängigkeit.

3. Fast immer finden sich Schuldgefühle als Folge der Selbstbefriedigung, es sei denn, daß die Betroffenen durch humanistische Philosophie geprägt waren, die nicht mit einem von Gott gegebenen Gewissen und oft nicht einmal mit Gut und Böse rechnet. Solche Schuldgefühle behindern das geistliche Wachstum und führen besonders alleinstehende junge Menschen in Niederlagen. Für diese bedeutet die Selbstbefriedigung gewöhnlich ein Hindernis, das sie durch Selbstbeherrschung überwinden müssen, um in Jesus Christus zu wachsen und im Heiligen Geist zu wandeln.

4. Masturbation steht gegen 1. Korinther 7, 9: *„Heiraten ist besser als in Glut geraten."* Wenn ein junger Mann sich selbst befriedigt, fällt wahrscheinlich ein notwendiger und wichtiger Beweggrund für die Ehe weg.

5. Durch Selbstbefriedigung entsteht vor der Ehe eine Gewohnheit, auf die man sich später als Notlösung zurückziehen kann, wenn Mann und Frau Streit miteinander haben und es nicht zum Koitus kommt.

6. Sie ist ein Betrug an der Frau (1. Korinther 7, 3–5). Kein verheirateter Mann sollte sein steigendes, gottgegebenes Be-

gehren nach seiner Frau anders befriedigen als durch den Koitus. Seine Frau fühlt sich sonst ungeliebt und unsicher, und viele kleine Probleme werden durch dieses unnatürliche Abreagieren seines Geschlechtstriebes unnötig aufgebauscht. Das gilt besonders, wenn ein Paar in die mittleren Jahre kommt.

„Als Geschiedener habe ich sexuelle Bedürfnisse, die nach Erfüllung verlangen. Ist es besser, einen Massagestab zu benutzen oder freien Geschlechtsverkehr zu haben?"

Beide Möglichkeiten sind falsch und schädlich. Dazu sollte man andere Lösungen in Betracht ziehen. Der Gebrauch von speziellen Massagestäben wird zwar von Humanisten nicht nur gebilligt, sondern sogar empfohlen, da sie den Menschen nur für eine Art Tier halten. Viele populäre Sexautoren befürworten diese Methoden heute. Wir glauben aber, daß sie gefährlich und seelisch schädlich sind. Der Geschlechtstrieb ist bei Mann und Frau grundlegend. Man sollte ihn in der Ehe pflegen, bei Alleinstehenden aber bis zur Hochzeit zurückhalten.

Wenn ein Alleinstehender diesen Trieb mit einem Massagegerät oder ähnlichen Mitteln befriedigt, wird der Hauptbeweggrund für eine Ehe in Frage gestellt. Es ist auch deshalb gefährlich, weil dabei ein erotisches Hochgefühl entstehen kann, das kein Mensch auf natürliche Weise erreicht. Wenn sich der Betreffende wieder verheiratet, kommt er unter Umständen in die Versuchung, wieder auf diese Praxis zurückzugreifen, weil der sexuelle Verkehr mit dem Partner dieses Gefühl nicht auslösen kann. Das bedeutet, den Partner zu „betrügen".

„Wenn Masturbation unrecht ist, was kann dann ein Verwitweter oder Geschiedener zur Beherrschung seiner Geschlechtlichkeit tun?"

Diese Frage stellte uns eine hübsche junge Frau, deren Mann bei einem Verkehrsunfall umkam. Sie fragte: „Was macht eine

Frau, die an etwa zehnmaligen Orgasmus in der Woche gewöhnt ist, wenn sie plötzlich keinen Mann mehr hat?"

Natürlich hatte sie Schwierigkeiten. Sie mußte lernen, daß 1. Gottes Gnade auch für ihre Not genügt; 2. ihre große Begierde bei Nichtbefriedigung mit der Zeit verschwinden würde; 3. daß sie ihre Gedankenwelt durch Bibellesen und Gebet reinhalten müsse; 4. sie alle gefährlichen und zweideutigen Situationen mit dem anderen Geschlecht meiden müsse; 5. daß sie in der örtlichen Gemeinde aktiv werden sollte.

Außerdem sollte sie Gott zutrauen, daß er ihr einen anderen Menschen geben kann, mit dem sie neue innige Liebe verbindet. Gott kann und will ihr auch die nötige Selbstbeherrschung für ihr Problem geben (1. Korinther 10, 13); schließlich kann sie Gott bitten, daß er ihre Sehnsucht wegnimmt (1. Johannes 5, 14 und 15).

Glücklicherweise war diese junge Witwe ein geistlich tief verwurzelter Mensch. Gott sorgte dann auch wirklich für ihre Bedürfnisse. Zwei Jahre später heiratete sie wieder und bezeugt heute, daß Gott in aller Not helfen kann, wie er es im Philipperbrief 4, 19 verheißt.

Ein naher Freund von uns verlor seine Frau, mit der er seit siebzehn Jahren verheiratet war und kam zuerst in ernsthafte Schwierigkeiten. Schließlich betete er inständig, Gott möge ihm helfen, und Gott dämpfte sechs Jahre lang seinen Geschlechtstrieb. Als er einer anderen Frau begegnete, die er schließlich heiratete, kehrte sein normales Verlangen nach körperlicher Liebe schnell wieder zurück.

„Kann man eine Reizung der Clitoris durch Zusammenpressen der Beine vor dem Geschlechtsverkehr als Masturbation bezeichnen?"

Diese Technik ist wenig bekannt, wahrscheinlich weil nicht alle Frauen, je nach Lage der Clitoris, der Körpergröße und aus anderen Faktoren, sie praktizieren können. Unserer Meinung nach könnte man sie als eine Art Vorspiel bezeichnen, wenn sie

270

zur Erhöhung der sexuellen Spannung in Erwartung des Liebesaktes praktiziert wird. Ohne Ehemann ist es Selbstbefriedigung.

Temperament

„Beeinflussen die vorherrschenden Charakterzüge auch die Haltung und Gefühle in den sexuellen Beziehungen?"

Je unternehmungslustiger ein Mensch ist, desto aktiver ist er auch in der Liebe, umgekehrt fühlen die mehr Passiven auch weniger Begehren. Unsere Umfrage zeigt, daß Sanguiniker sehr stark in der Liebe ansprechen. Cholerische Männer sind „schnelle" Liebhaber und befriedigen ihre Frau vielleicht nicht, während es bei den cholerischen Frauen zwei Gruppen gibt: Frauen, die den Orgasmus recht bald kennenlernen, werden in der Liebe oft aktiv; die, die ihn nicht erfahren, entwickeln eine Abneigung dagegen. Melancholiker sind von Natur aus empfindsamer und können gute Liebhaber sein. Voraussetzung ist allerdings, daß sie nicht aufgrund ihrer Neigung zum Perfektionismus die traurige Angewohnheit entwickeln, im Geiste eine „Liste von Pflichten" aufzustellen, die erfüllt sein muß, bevor sie lieben können.

Wir fanden besonders interessant, daß phlegmatische Frauen öfter Befriedigung erfahren als phlegmatische Männer. Der Grund liegt wahrscheinlich darin, daß phlegmatische Frauen eher auf das Verlangen ihres Mannes eingehen.

Das Temperament ist nicht der einzige Faktor, der diese Reaktion beeinflußt. Übung, Kindheitserfahrungen und richtige Kenntnisse auf sexuellem Gebiet spielen auch eine Rolle. Unserer Meinung nach ist aber der wichtigste Faktor für ein glückliches Liebesleben eines Ehepaares die Fähigkeit, uneigennützig aufeinander einzugehen. Egoismus ist der Feind der Liebe, Uneigennützigkeit läßt Liebe wachsen.

Unzucht

„Gibt es einen Unterschied zwischen Ehebruch und Unzucht?"

Die Bibel (Urtext) verwendet die Ausdrücke „Ehebruch" und „Unzucht" an einigen Stellen mit einem Wort, an anderen mit verschiedenen Wörtern. Manche Menschen meinen, daß „Ehebruch" Untreue unter Eheleuten bedeutet, „Unzucht" dagegen aber den Geschlechtsverkehr, wenn keiner der Partner oder nur einer verheiratet ist. Wir können keinen Unterschied erkennen. Beide werden von der Bibel verboten und verurteilt mit der Feststellung, daß *„die Ungerechten das Reich Gottes nicht ererben werden" (Galater 5, 19–21; vergleiche 1. Korinther 6, 9).*

Ungestört sein

„Wie kann man ungestört sein, wenn Kinder im Haus sind? Wie kann man sich entspannen und lieben, wenn man Angst hat, gehört zu werden?"

Alle Ehepaare sollten ihre Schlafzimmertür abschließen können, und die Kinder sollten lernen, nicht ins Elternschlafzimmer zu gehen. Richten Sie die Zimmer der Kinder so ein, daß diese nicht jedes Geräusch aus dem Elternschlafzimmer hören können.

Und schließlich entspannen Sie sich – Kinder haben gewöhnlich einen festen Schlaf.

„Sollten sich christliche Eltern vor ihren Kindern nackt zeigen (z. B. beim Baden oder Anziehen)? Kommt es durch übertriebene Zurückhaltung nicht zu sexueller Befangenheit?"

Eine der schädlichen Marotten des Humanismus der letzten dreißig Jahre ist die Empfehlung an die Eltern, sich von ihren Kindern nackt sehen zu lassen. In der Heiligen Schrift wird das ausdrücklich verboten, und für die Entwicklung des Kindes ist es unnötig.

Uns könnte heute etwas Zurückhaltung nicht schaden. Man sollte den Kindern keine Angst anerziehen, ihre Eltern nackt zu sehen, aber aus Achtung vor ihnen sollten sie es nicht tun.

Verliebt sein

„Ich glaube, daß junge Menschen feste christliche Grundsätze im Hinblick auf ihre Sexualität vor der Ehe brauchen. Können Sie mir bitte die wichtigsten sagen und erklären, warum sie so wichtig sind?"

Sexuelle Aufklärung, die mit moralischen Prinzipien gekoppelt ist, sollte von den Kirchen und Gemeinden durchaus erteilt werden, dieses Thema übersteigt aber die Aufgaben unseres Buches. Wir teilen unseren jungen Leuten in jedem Fall die folgenden Grundsätze mit:

1. *Dein Leib ist der Tempel des Heiligen Geistes.* Du solltest ihn daher heilig halten. „Oder wisset ihr nicht, daß euer Leib ein Tempel des in euch wohnenden Heiligen Geistes ist . . . und daß ihr euch nicht selbst gehört? Denn ihr seid teuer erkauft, darum verherrlicht Gott mit eurem Leibe" (1. Korinther 6, 19 und 20).

2. *Bewahre deinen Körper für deinen Ehepartner.* „Wisset ihr nicht, daß eure Leiber Christi Glieder sind? Soll ich nun die Glieder Christi nehmen und Hurenglieder daraus machen? Das sei ferne! Wisset ihr aber nicht, daß, wer einer Hure anhängt, ein Leib mit ihr ist?. Denn es werden, spricht er, die zwei ein Fleisch sein." Wer aber dem Herrn anhängt, ist ein Geist mit ihm. Fliehet die Unzucht! Jede Sünde, die der Mensch begeht, ist außerhalb des Leibes; der Unzüchtige aber sündigt an seinem eigenen Leib" (1. Korinther 6, 15–18).

3. *Halte dich bei der Liebe nur an Christen,* denn Verliebtsein ist die Vorstufe zur Ehe. „Ziehet nicht am gleichen Joch

mit den Ungläubigen. Denn was haben die Gerechtigkeit und Gesetzlosigkeit miteinander zu schaffen, was das Licht für Gemeinschaft mit der Finsternis (2. Korinther 6, 14)?

4. *Verhalte dich immer so, als wäre Jesus Christus anwesend.* „Ihr esset nun oder trinket oder was ihr tut, so tut alles zu Gottes Ehre" (1. Korinther 10, 31).

„Wie ist es mit oraler Sexualität vor der Ehe? Das ist doch kein richtiger Geschlechtsverkehr, oder?"

Vielleicht nicht, aber viel zu intim für Unverheiratete. Bevor Sie nicht Mann und Frau sind, sollten Sie die Hände von Ihren Geschlechtsorganen lassen. Viele Ehefrauen leiden heute noch unter Schuld- und Schamgefühlen, weil sie sich auf solche Praktiken einließen, bevor sie ihren Mann kennenlernten.

Man sagt, Liebe sei blind – so blind, daß sie nicht immer auf eine Ehe zuläuft. Wir kennen Fälle, wo ein Paar nach der Heirat seine Heimatgemeinde verlassen mußte, weil die Frau dem Mann nicht mehr gegenübertreten konnte, mit dem sie vor der Auflösung ihrer Verlobung so intim war.

Vorspiel

„Warum haben es die Männer bei der Liebe immer so eilig? Mein Mann versteht anscheinend nicht, daß ich längere Zeit brauche, bevor ich so leidenschaftlich bin wie er."

Im Gespräch mit Frauen stoßen wir immer wieder auf dieses weitverbreitete Problem. Aus nur Gott bekannten Gründen braucht die Frau längere Zeit, um zum Höhepunkt zu kommen, als der Mann. Leider ist den meisten Männern diese Tatsache nicht bewußt. Wüßten sie darum, würden viel mehr Frauen in ihrem Mann einen großartigen Partner haben. Weil der Mann keine lange Anlaufzeit braucht, verfällt er oft in den schlimmen Fehler, seine Frau an sich anpassen zu wollen, anstatt ihre Bedürfnisse zu befriedigen.

Der kluge Ehemann paßt seinen Stil beim Geschlechtsverkehr den Gefühlen seiner Frau an, zeigt seine Liebe und gefühlvolle Zärtlichkeit schon früh am Abend und baut bei seiner Frau nach und nach ein starkes Liebesbedürfnis auf. Bei der richtigen Vorbereitung wird der ganze Körper der Frau für seine Berührungen empfänglich, und mit großer Freude kann er ihre Reaktion auf sein zärtliches Streicheln beobachten. Der alte Spruch „Gut Ding will Weile haben" gilt sicher auch in der Liebe.

„Ist die Clitoris bei der Frau immer die Stelle, an der sie die Berührung des Mannes wünscht, um sie sexuell zu erregen?"

Sicher nicht! Die Frau ist keine Maschine, bei der die Anwendung der Skalen, Hebel und Knöpfe immer dieselbe Wirkung zur Folge hat. Sie ist weitgehend abhängig von ihren Stimmungen und ihrem Zyklus, und der Mann muß sehr sorgfältig auf ihre Bedürfnisse eingehen.

Wenn die Frau besonders leidenschaftlich ist, kann der Mann ihre Clitoris sofort liebkosen, aber das ist die Ausnahme, nicht die Regel. Gewöhnlich will sie geküßt, gestreichelt und an vielen Stellen ihres Körpers liebkost werden, bevor sie dazu bereit ist, daß ihr Mann ihre Clitoris sanft streichelt. Viele Frauen klagen darüber, daß ihr Mann oft grob daran stößt, als wäre sie der Anlasser für den Motor ihrer Erregung. Das Begehren der Frau kann der Mann nur mit sanfter Zärtlichkeit wecken.

„Was läßt sich zur Liebkosung der Brüste mit dem Mund sagen?"

Das ist bei vielen Paaren sehr häufig Teil des Liebesspiels. Viele Frauen genießen es sehr, andere nicht. Wenn Ihre Frau es nicht mag, suchen Sie nach anderen Methoden, um sie zu erregen.

Zusammenpassen in der Ehe

„Mein Mann und ich paßten nicht zusammen. Wären wir bei unserer ersten Begegnung Christen gewesen, hätten wir gewußt, daß wir nicht gleich hätten heiraten dürfen. Was können wir nun als Christen in einer solchen Lage tun?"

Zuallererst schlagen Sie sich die Gedanken an eine Scheidung aus dem Kopf, das ist keine christliche Lebensmöglichkeit. Die Bibel sagt: *„Bist du an eine Frau gebunden, so suche keine Lösung"* *(1. Korinther 7, 27).* Das heißt nun aber nicht, daß Sie für den Rest Ihres Lebens unglücklich sein müssen. Gott will, daß Sie einander lieben, also haben Sie auch die Möglichkeit dazu. Da Sie nun Christen geworden sind, haben Sie eine neue Quelle, aus der Sie Liebe füreinander schöpfen können. Wir konnten schon beobachten, wie sich manche verfahrenen Ehen durch die Macht des Heiligen Geistes zu liebevoller Gemeinschaft wandelten. Lernen Sie Liebe füreinander.

Verschiedenes

„Warum wendet die Frau den Sex als Waffe an?"

Weil es gewöhnlich die letzte Waffe ist, die sie zur Verfügung hat – aber warum müssen Liebende „Waffen" gebrauchen? Wenn eine Frau Sex als Waffe gebraucht, klammert sie sich an den letzten Stohhalm, der ihr geblieben ist, und zu allem Unglück führt das zum sexuellen Selbstmord. Offenbar ist sich eine Frau in dem Fall der Liebe ihres Mannes nicht sicher. Ein Mann sollte auf ein solches Verhalten seiner Frau nach zwei Richtungen hin reagieren: Er sollte liebevoll mit ihr sprechen und ihr sagen, daß er dies ablehnt, aber er sollte auch sein Verhalten ihr gegenüber beobachten. Vielleicht ist dieses gefährliche Handeln ein verzweifelter Hilfeschrei, weil sie mehr Liebe, Zärtlichkeit und Rücksicht braucht. Solche Eigenschaften führen automatisch zu einer besseren Beziehung und intensiverer Liebe.

276

„Kann die sexuelle Beziehung auch eine geistliche Erfahrung sein?"

Alle Handlungen eines von Jesus Christus beherrschten Christen sind geistlich. Das umfaßt das Essen, das Ausscheiden, den Kindern einen Klaps zu geben oder den Mülleimer auszuleeren. Warum sollte man die Sexualität in der Ehe als eigenständiges Gebiet betrachten? Viele geisterfüllte Christen beten vor dem Zubettgehen, und dann ist es oftmals nur eine Sache von ein paar Minuten, und sie sind beim Vorspiel, bei der Erregung, dem Koitus und schließlich beim Orgasmus angelangt. Warum sollte das nicht genauso geistlich sein wie jede andere Handlung eines Ehepaares? Unserer Meinung nach sind beide sogar um so liebevoller und zärtlicher miteinander, je geistlicher sie gesinnt sind, und folglich werden sie einander auch häufiger lieben. Der Koitus sollte eigentlich der höchste Ausdruck einer reichen geistlichen Erfahrung sein, der die Beziehung des Paares immer wieder bereichert.

Weitere Bücher zum Thema Ehe, Familie, Erziehung:

Tim Stafford
LIEBE, SEX UND DU

Guter Rat ist bei dem großen Thema für die junge Generation oft sehr teuer. Wie verhält sich ein Christ? Wo handelt es sich um bloße Tradition, wo aber um biblische Normen?
Der Autor weiß, wie schwer oft die richtigen Antworten zu geben sind. Aber er hat welche, die weiterhelfen. Mit auffallend großem Einfühlungsvermögen und Verständnis für die Probleme der jungen Menschen geht er auf Themen ein wie Datin, Petting, Homosexualität, Scham, Wohngemeinschaft oder Selbstbefriedigung.
Die Sprache des Buches ist lebendig und konkret. Wiedergebene Briefe werden beantwortet.
Tim Stafford hat selbst erfahren, daß Jesus Christus der beste Ratgeber fürs Leben (eingeschlossen die Sexprobleme) ist.
Taschenbuch. 224 Seiten.

Best.-Nr. 15 590

Ed Wheat
LIEBE IST LEBEN

Das Buch richtet sich an alle Ehepaare – ganz gleich, ob sie miteinander glücklich, gleichgültig oder zerstritten sind. Es führt in den komplizierten Prozeß der Liebe ein, der erlernt werden muß. Das Themenmosaik umfaßt das erste Stadium des Verliebtseins und die Rolle der Emotion wie die Fürsorge, die kameradschaftliche Zuwendung und das Verlangen nach romantischer Liebe.
256 Seiten.

Best.-Nr. 15 345

James Dobson
DAS SOLLTEST DU ÜBER MICH WISSEN

Viele Ehen wären glücklicher, wenn der Mann wüßte, welche oft komplizierten Vorgänge sich seelisch und körperlich in der Frau abspielen. Dobson spricht über viele Probleme, die im Leben einer Frau eine bedeutende Rolle spielen. Dr. Dobsons Bücher erreichen in den USA Millionenauflagen.
192 Seiten.

Best.-Nr. 15 336

Eberhard u. Claudia Mühlan
MENSCHENSKINDER

Es gibt eine erzieherische Praxis, die sich auch heute in
Alltagskonflikten bewährt. Die Autoren – Eltern von 5
eigenen und 6 angenommenen Kindern – haben sie gefunden: Sie verbinden biblische Maßstäbe und moderne
pädagogische Erkenntnisse. Ein Plädoyer für die Familie
als die wichtigste Stütze unserer Gesellschaft.
144 Seiten

Best.-Nr. 15 347

Beverly LaHaye
DAS GEISTLICHE LEBEN DER FRAU

Ein ungemein praktisches Buch, in dem anhand der vier
Temperamente wichtige Stationen im Leben einer Frau
dargestellt werden. Ob junges Mädchen, alleinstehende,
berufstätige Frau oder auch Witwe: jede wird sich wiederfinden, aber auch Gottes Behandlungsmöglichkeiten
deutlich sehen können. Die Autorin, die über eine lang-
jährige Erfahrung in der Eheberatung verfügt, gibt praktische Ratschläge.
176 Seiten.

Best.-Nr. 15 355